U0542573

/ 江苏省"十四五"时期重点图书出版规划项目 /

GOVERNANCE STRATEGY ON DRUG PROBLEM:
THEORIES AND PRACTICES

毒品问题治理策略：理论与实务

刘 柳 著

当代中国社会心态和社会治理

丛书主编 陈云松

南京大学出版社

图书在版编目(CIP)数据

毒品问题治理策略:理论与实务 / 刘柳著. —南京:南京大学出版社,2023.12
(当代中国社会心态和社会治理 / 陈云松主编)
ISBN 978-7-305-26484-9

Ⅰ.①毒… Ⅱ.①刘… Ⅲ.①戒毒-工作-研究-中国 Ⅳ.①D669.8

中国国家版本馆 CIP 数据核字(2023)第 011991 号

出版发行	南京大学出版社		
社　　址	南京市汉口路 22 号	邮　编	210093

丛 书 名　当代中国社会心态和社会治理
丛书主编　陈云松
书　　名　**毒品问题治理策略:理论与实务**
　　　　　DUPIN WENTI ZHILI CELÜE LILUN YU SHIWU
著　　者　刘　柳
责任编辑　还　星　　　　　　　　　编辑热线　025-83593052

照　　排　南京南琳图文制作有限公司
印　　刷　苏州市古得堡数码印刷有限公司
开　　本　718 mm×1000 mm　1/16　印张 14　字数 225 千
版　　次　2023 年 12 月第 1 版　2023 年 12 月第 1 次印刷
ISBN 978-7-305-26484-9
定　　价　65.00 元

网址：http://www.njupco.com
官方微博：http://weibo.com/njupco
官方微信号：njupress
销售咨询热线：(025) 83594756

* 版权所有,侵权必究
* 凡购买南大版图书,如有印装质量问题,请与所购图书销售部门联系调换

序

刘柳的新著《毒品问题治理策略》即将出版，她邀请我写序。我虽然对毒品问题研究不多，但还是欣然应许，一是因为我跟刘柳的关系，二是因为刘柳对犯罪学研究的努力与坚持。

我认识刘柳十几年，相互之间亦师亦友。我们虽然每年见面的次数不多，但见面时总能无所不谈。十多年来，刘柳心无旁骛，一直在犯罪学领域努力耕耘，自己也从一名"青椒"成长为教授。刘柳做研究比我踏实、认真多了。我答应给这本书写序，也是想把我的这点感受写出来。

其实，对于毒品问题，我曾组织过两次大型国际会议，也一直在跟踪一些民间戒毒机构，但仅限于兴趣，从未出版过相关问题的专著，所以我的这篇序言难免说些外行话。但是，刘柳及她的这本书确实有很多打动我的地方。

首先是本书作者对越轨人群的宽容与爱。我经常对我的学生说：我们学犯罪学的人，学到最后，会发现自己越来越宽容了。因为每一个罪犯、每一个越轨者，都是和我们一样有血有肉的人，他们可能只是因为某些偶然机会/环境才犯罪。

为了完成这部新著，作者持续访谈了 132 位正在戒毒的人,跟他们聊家常、聊人生,理解他们的无奈,感受他们的绝望,同时记挂着如何帮助这些处于困境中的人更快、更好地回归社会。或许因为对踏入歧途的人天生反感,我以前对吸毒者没有太多的同情,也没有专门研究他们的行为和生活,更不关心他们会不会有好的结果。我常常想,他们自己选择了那样的生活,就应该自己承担后果。

2015年,由于组织会议,我开始跟上海的戒毒机构交往。过去8年间,从官方强制戒毒局到民间戒毒所,从戒毒医院到戒毒家庭(就是自愿者把戒毒者组织成一个互帮互助的家庭),从戒毒机构到戒毒个体,我陆陆续续跟踪做了十几篇深度访谈。我第一次去戒毒家庭做访谈,是应一个合作的同事之邀。我那天去访谈,不是为那些在"家庭"里戒毒的人员去的,是冲着那个"家长"去的。我很好奇他怎么能那么淡定地每天跟几十名曾经的瘾君子在一起生活。所以,我去之前没有想过要跟那些戒毒人员面对面聊天,我担心他们不仅有身体问题,而且有心理问题,害怕跟他们聊天会导致大家都不愉快。直到我在这个"家庭"里遇到一位A先生。他有42岁,长得高高大大,性格平和,面容干净。我跟"家长"聊天的过程中,他一直很自然地给我们的茶杯加水,表情、动作、语言都很得体。我意识到:原来他们跟我们一样。

但是,作者能够进一步把吸毒者作为弱势人群,希望给予他们更宽容的政策支持和福利照顾,设计和开展有效的戒毒项目和戒毒服务,以便在他们需要时能更好地帮助他们。这种爱与宽容,是一名学者被自己那颗柔软的心牵引的结果。

其次是本书的研究视角。正如作者所言,既有研究要么从刑事司法视角研究吸毒人群,把吸毒者当成犯罪人进行打击和制裁,要么从医学视角把吸毒者看作需要治疗的病人,很少有从吸毒者自身视角看待吸毒问题的作品。刘柳的这本书从吸毒者的生活状态和毒品使用经历开始,通过分析吸毒者的毒品使用生涯不同阶段的发展历程、他们对待毒品的态度以及与毒品使用行为相联系的各种生活事件,把吸毒者的毒品使用历程分为四个阶段,即体验阶段、扩张阶段、维持阶段、戒断阶段(如果不成功就复吸),使吸毒者使用毒品的历程清晰地呈现在读者面前,是对中国吸毒人群吸毒历程和生活状态的一次系统性研究。更为重要的是,作者基于吸毒者视角的戒毒政策、福利政策和社工项目建议,第一次把吸毒者当成需要帮助的弱势人群来对待,这让我的一些困惑有了出口。

我的数次访谈始终笼罩着"戒毒难"的情绪，虽然不同的角色对"难点"会有不一样的感受，但大家都会提到"要终身戒掉太难了"。我跟踪的戒毒者个人和戒毒家庭都反复跟我强调一件事：吸毒之前的那些问题如果没有解决，戒毒之后不复吸的可能性很低。我跟踪的对象，有从十几岁就开始戒毒的吸毒者，有从戒毒家庭进出共七次的吸毒者，也有在强戒所、社区戒毒中心、戒毒家庭之间穿梭如家常便饭的吸毒者。我跟踪的 B 先生给我的第一印象非常好：他穿着时尚得体，长得很秀气，看起来还有点酷酷的样子。但是，那是他第七次戒毒。他在 20 多年的戒毒生涯中，去过社区戒毒所、戒毒医院、强戒所，也去过戒毒家庭，最后还是回到吸毒的老路上。这印证了戒毒家庭家长说的那几句话：戒毒为什么不容易？不是因为他们的身体离不开毒品，而是因为他们吸毒之前的生活已经出了问题。而这些问题一直在那里，从没有得到解决。当他们吸毒后，有些问题更严重了，所以他们戒毒出去之后，每当面对那些问题而无力解决，被折磨、被诱惑的时候，毒品依然大概率会成为他们的选择。这段话是我在 2016 年的一次访谈中的记录，当时我就在这段话的后面用括号备注了一句话：他的视角或许最值得我们研究。现在读到刘柳的这本书，我感到刘柳已经在研究这个视角了。

第三，刘柳的这本书，既是一本严谨的学术著作，又是一本戒毒科普读物。研究严谨、规范、一丝不苟，但作者在行文走笔时用了非常简洁明了、通俗易懂的语言和文字。同时，作者选取生涯理论阐述吸毒者与毒品关系的四个阶段，即便只上过小学、初中的吸毒者也能够根据自己的经历理解这个历程。学者在本书中看到的是研究方法、资料收集、理论框架等；决策者在本书中看到的是该如何通过政策促使戒毒者回归社会；社工可以根据戒毒者所处的不同阶段制定不同的支持方案；吸毒者则不仅可以评估自己究竟处在什么阶段，还可以清晰地判断自己真正的问题是什么，如何配合社工的支持方案等。

然而，通读全书，我觉得毒品使用生涯的理论框架还可以被更深入地挖掘。首先是对吸毒者使用毒品生涯的分析还可以更清晰。正如本书呈现的那样，每个吸毒者染上毒品都与一些"特殊生命事件"有关。而据我对吸毒者的跟踪调查，吸毒人群在吸毒与戒毒之间来来回回地不断"折腾"也都是因为一些"特殊生命事件"在起作用，例如受不良朋友圈的影响、缺乏家庭温暖、事业不顺、感情受挫、婚姻失败等。所以，如果能够归纳总结并分析这些"事件"的类型及不同类型的影响程度,我们至少可以帮助戒毒者明白他们需要改变的是什么。其次是对策的分析可以更加紧扣毒品使用生涯的理论框架。作者把吸毒者当作社会弱势群体来看待,自然是非常了不起的一次突破,但如果能够针对这个弱势群体毒品使用生涯的不同阶段来制定政策、提供福利以及更多的社工支持,或许戒毒效果会更好。

  前段时间陪刘柳去访谈在戒毒领域颇有名气的两位同伴组织负责人,他们都提到自己几十年工作的心得。我在旁边怂恿刘柳:你跟他们合作吧,把他们的经验提升到理论高度来分析。当时刘柳及访谈对象都觉得我的提议不错。看完刘柳的这本书,我感觉刘柳的下一本书已经在召唤她了。

邱格屏

2023 年 10 月于华东政法大学

目 录

前言 ……………………………………………………………………… 1

引言 ……………………………………………………………………… 1

第一章 毒品、吸毒者及反毒品实践 …………………………………… 7

  第一节 毒品及其危害 ………………………………………………… 7

  第二节 吸毒者群体 …………………………………………………… 10

    一、影响吸毒的因素分析 ………………………………………… 10

    二、毒品对吸毒者的健康损害 …………………………………… 12

    三、青少年吸毒者与女性吸毒者 ………………………………… 15

  第三节 戒毒治疗方法与实践 ………………………………………… 17

    一、中国的戒毒方法与实践 ……………………………………… 17

    二、西方国家常见的禁毒和戒毒模式 …………………………… 20

    三、毒品主要产地的禁毒和戒毒策略 …………………………… 31

    四、各地禁毒戒毒模式评述 ……………………………………… 37

第二章 重新检视吸毒者：理论的阐释 ………………………………… 39

  第一节 毒品使用生涯理论 …………………………………………… 39

  第二节 关于毒品使用的其他社会学解释 …………………………… 43

    一、亚文化理论 …………………………………………………… 43

    二、社会学习理论 ………………………………………………… 45

三、标签理论 …………………………………………………… 46
　　四、社会排斥与社会融入理论 ………………………………… 47

第三章　吸毒者的毒品使用生涯 …………………………………… 50

第一节　接触毒品 ………………………………………………… 52
　　一、初次接触毒品的过程 ……………………………………… 52
　　二、接触毒品的缘由 …………………………………………… 62

第二节　进入毒品的世界 ………………………………………… 64
　　一、对毒品依赖的形成 ………………………………………… 65
　　二、融入"毒友圈" ……………………………………………… 68
　　三、改变对毒品的态度和看法 ………………………………… 74

第三节　维持毒品使用行为 ……………………………………… 77
　　一、经济压力与解决 …………………………………………… 78
　　二、家庭成员的暧昧态度 ……………………………………… 80
　　三、社会排斥与标签化经历 …………………………………… 82

第四节　戒毒的成效与复吸 ……………………………………… 86
　　一、自愿戒毒决定与体验 ……………………………………… 86
　　二、社区戒毒经历 ……………………………………………… 91
　　三、强制隔离戒毒所戒毒经历 ………………………………… 92
　　四、戒毒与回归社会 …………………………………………… 98

第四章　禁毒戒毒政策与福利安排 ………………………………… 106

第一节　毒品使用生涯理论视域下的中国吸毒者 …………… 106
　　一、毒品使用生涯的开始 ……………………………………… 106
　　二、毒品使用生涯的扩张 ……………………………………… 108
　　三、毒品使用生涯的维持 ……………………………………… 109
　　四、毒品使用生涯的终止 ……………………………………… 110

第二节　社会政策与社会福利服务改进 ……………………… 112
　　一、社会排斥与社会偏见：制度层面与社会层面的双重影响 ……… 112

二、吸毒者弱势地位根源与社会政策改进方向 ……………… 115

　　三、构建整合式社会政策支持体系 ……………………………… 120

第五章　社会工作干预策略与服务模式 …………………………… 124

第一节　将社会工作应用于禁毒/戒毒服务：西方经验 ………… 124

　　一、西方社会禁毒/戒毒社会工作的理念、模式和方法 ……… 125

　　二、西方社会针对不同类型吸毒者的社会工作干预实践 …… 127

第二节　中国社会工作介入禁毒/戒毒工作领域的实践及主要实务模式

　　………………………………………………………………… 128

　　一、介入理念与服务原则 ………………………………………… 129

　　二、介入领域 ……………………………………………………… 130

　　三、中国禁毒/戒毒社会工作服务改进方向 …………………… 134

第三节　预防毒品使用 ………………………………………………… 135

　　一、毒品知识普及和禁毒教育方案 ……………………………… 135

　　二、高危人群的甄别和重点教育 ………………………………… 140

第四节　强制隔离戒毒所戒毒干预 ………………………………… 143

　　一、医疗干预和毒品依赖的评估 ………………………………… 143

　　二、心理干预与心理咨询服务 …………………………………… 144

　　三、教育项目体系化与规范化 …………………………………… 145

第五节　社区戒毒与回归社会方案 ………………………………… 146

　　一、社区戒毒方案 ………………………………………………… 147

　　二、回归社会方案 ………………………………………………… 149

第六章　禁毒/戒毒社会工作操作方法与干预技术 ……………… 151

第一节　禁毒/戒毒社会工作方法 ………………………………… 151

　　一、理论依据 ……………………………………………………… 151

　　二、专业方法 ……………………………………………………… 153

第二节　干预技术 …………………………………………………… 156

　　一、动机式访谈 …………………………………………………… 156

二、理性情绪疗法 …………………………………………… 159
  三、同伴教育 ………………………………………………… 160
  四、应对非自愿案主 ………………………………………… 161

第七章　总　结 ……………………………………………… 163
  第一节　重读欣的故事：分阶段综合式干预与服务 ………… 163
  第二节　增加专业人员配置及提升专业化水平 ……………… 167
  第三节　结论，但尚未终结 …………………………………… 168

后　记 ………………………………………………………… 171

参考文献 ……………………………………………………… 173

前 言

当前,国际毒潮泛滥,毒品已然成为国际公害。毒品不但危害人体健康,而且对人类的生存和发展构成重大威胁。毒品问题与政治、经济、社会、民族、文化甚至宗教相互交织,已不单是公共卫生或医学议题,治理难度非常大,因而逐渐发展成为全球性治理难题。

中国也曾经是一个深受毒品侵害的国家。毒品在中国的使用可追溯至数个世纪之前的封建时代。唐代,阿拉伯商人首次将鸦片作为一种珍贵的礼物带入中国;宋代,鸦片仅被作为药物使用;进入明代以后,鸦片开始被贵族作为"享乐"之用;自清代晚期,英国殖民者向中国大量输入鸦片,用以换取丝绸、茶叶以及白银。自此,鸦片在中国开启了大规模流行的历史。在 20 世纪初,中国已成为世界上最主要的罂粟种植与鸦片生产国,并拥有当时世界上最大规模的鸦片使用人群,该情况一直持续到中华人民共和国成立前。1949 年中华人民共和国成立后,中国政府用三年时间彻底扫清了鸦片的种植与使用,并在之后的三十年间一直将毒品挡在国门之外。改革开放之后,毒品再一次经由西南边境逐渐渗透进入中国。由于在地理上与"金三角"等传统罂粟种植地和阿片类毒品生产地接壤,中国在很长一段时间内成为国际贩毒集团眼中运输海洛因等阿片类毒品的"黄金通道"。随着毒品在过境过程中的不断渗透和蔓延,中国国内的吸毒人数逐年攀升,尤其是青少年吸毒者数量迅速增多。虽然相较于西方国家,中国的吸毒人群所占比例相对较低,但基于中国庞大的人口基数,吸毒人数的增加越来越受到社会关注。20世纪末,中国境内开始出现冰毒、摇头丸、K粉等新型合成类毒品,这些药物与镇静剂型的海洛因等阿片类药物不同,可带给使用者持久的兴奋及幻觉,因而备受年轻人的喜爱,并形成了新的毒潮。

无论何种毒品都会在一定程度上令吸毒者对其产生生理和心理上的依赖,并在持续使用的过程中造成吸毒者生理和精神上的损害。此外,吸毒亦被发现与越轨及犯罪行为有紧密的联系。毒品的使用不仅给人们带来了严重的健康威胁,同时也对社会的安定、团结造成影响。在这一背景下,如何为吸毒群体提供帮助,促使其戒除毒瘾,便显得尤为必要。虽然中国采用了机构式戒毒和非机构式戒毒相结合的复合型戒毒治疗模式为吸毒人群提供戒毒服务,帮助其戒除对毒品的依赖并重归正常的社会生活,但在维持戒毒效果方面仍有可提升之处。事实上,无论是自愿戒毒、医疗戒毒、社区戒毒,还是强制隔离戒毒,多数吸毒者在戒毒项目中虽然能取得一定的戒毒效果,但完成戒毒项目后的复吸率依然很高。正因如此,民间有着"一朝吸毒、终生戒毒"的说法。可见,现行的戒毒项目在戒毒目标的最终达成以及戒毒成效的维持方面还具有可改进的空间。

设计和开展有效的戒毒项目和戒毒服务必须基于对吸毒人群的吸毒经历和生活状态全面而详细的了解。只有在充分了解他们使用毒品的过程、对毒品的认知以及对待戒毒的态度的基础上,我们才有可能更好地设计有针对性的社会政策以及戒毒项目和服务。然而,目前鲜有系统性的关于中国吸毒人群吸毒历程和生活状态的研究,而这也便成为本书的落脚点与着重点。

从全书的逻辑来看,本书首先回顾了毒品及其危害、吸毒者以及反毒品实践(详见第一章)。在打破传统的研究吸毒人群的刑事司法视角(即将吸毒者看作犯罪者并强调打击和制裁)和医学视角(即将吸毒者看作需要治疗的病人)的前提下,本书选择从吸毒者自身的角度出发,分析中国吸毒群体的生活状态和毒品使用经历。因此,本书采用毒品使用生涯理论作为主要的理论框架,并辅助以亚文化理论、社会学习理论、标签理论以及社会排斥与社会融入理论作为解释视角(详见第二章)。

之后,经过严谨而细致的分析,在毒品使用生涯理论的框架下,基于吸毒者毒品使用生涯不同阶段的发展历程,本书研究了吸毒者的毒品使用经历、对待毒品的态度,以及与毒品使用行为相联系的各种生活事件(详见第三章)。

第一,吸毒者开始毒品使用生涯并不完全是偶然和随机的,而是在众多因素促成下的一种谨慎而理性的选择。虽然大多数吸毒者在开始吸毒之前对毒品的了解并不多,但是他们依然会缜密地考虑吸食毒品的种类以及由谁介绍他们使用。他们的选择或基于自己有限的毒品知识,或基于一些所谓的"功能性"的需求。虽然一些吸毒者的生活充满了越轨与犯罪行为,吸毒不过是其中"自然"的一环,但更多的吸毒者认为自己走上吸毒道路与某些"特殊生命事件"有关,例如受不良朋友圈的影响、缺乏家庭温暖、事业不顺、感情受挫或婚姻失败等。大多数吸毒者从青少年时期便开始其毒品使用生涯,并且女性相较于男性可能会在更小的年龄接触毒品。以冰毒为代表的新型非阿片类合成毒品已经取代海洛因等传统阿片类毒品,成为如今年轻人最常选择的开启其毒品使用生涯的药物,这一结果也和中国毒品市场的变化高度契合。虽然一些吸毒者表示他们是在酒吧、夜店等场所接触到毒品的,但更多人表示他们选择在家中(自己或朋友的)或酒店房间等较为私密的场所开启他们的毒品使用生涯,因为其更加"安全"与"自由"。

第二,在经历了初次毒品使用的体验之后,吸毒者们便来到了毒品使用生涯的扩张阶段。他们在这个阶段与毒品建立起紧密的联系,也在此时体验了"上瘾"的感觉,对毒品的依赖度逐渐增加。使用海洛因等传统阿片类毒品的吸毒者通常在较短时间内就会有成瘾的体验,并产生稳定增长毒品的需求;而使用冰毒等非阿片类合成毒品的吸毒者则较少谈及他们的成瘾性体验,且更加倾向于将使用冰毒等看作一种"娱乐"或"消遣"的方式。同时,随着吸毒者使用毒品越来越频繁,他们的交际网络也随之发生变化。吸毒者们逐渐融入"吸毒者的世界",形成固定的以毒品使用为中心的交际网络——毒友圈,并在与毒友的交往中逐渐形成毒品"无害"与毒品使用"常态化"的错误观点。

毒品使用生涯的第三阶段是维持阶段。此时,吸毒者的生活重心大多已围绕毒品展开。他们不仅需要维持毒品的使用,而且需要面对维持毒品使用所带来的经济问题、家庭问题以及"社会歧视"与标签化的问题。吸毒者往往采用不同的方式筹措毒资。这既包括工作、做生意、投资等合法收入来源,也包括家庭供给、向亲戚朋友拆借等亲友渠道,亦包括一些不为法律与社会所认可的"特殊方式"——如加入帮派或参与犯罪行为,或涉足色情、赌博等灰色行业。而家庭成员在吸毒者的毒品使用生涯中也有很重要但并非完全正面的影响作用。尽管大多数家庭成员在得知吸毒者吸毒后均表示愤怒和不满,并试图采用各种不同的方式劝说其戒毒,然而这些劝说或督促所起到的作用却十分有限。甚至很多父母在得知子女吸毒后,一方面劝其戒毒,另一方面却因"不忍心"而选择纵容,并在经济上支持其吸毒。此外,因吸毒在中国被视为严重的越轨行为,一旦吸毒者的吸毒行为被他人所知晓,其便会面临相应的标签化、"社会歧视"所带来的社会排斥。吸毒者也因此承受了很大的心理压力,并产生自卑的心理,从而更易选择"自暴自弃"的越轨生活方式,很难下定决心回归正常的社会生活。

第三,吸毒者毒品使用生涯的终止往往因其进入监狱或强制隔离戒毒所(外界的强制干预)而被迫停止吸毒行为。尽管很多吸毒者表示他们曾考虑过、甚至尝试过自愿戒毒,然而他们甚少能够依靠自愿戒毒摆脱毒品依赖而开始新生活。同时,吸毒者们也普遍表示,他们经历过的社区戒毒的成效并不是十分明显。相反,大部分吸毒者认为,强制隔离戒毒所的劳动/职业训练项目和教育项目对他们十分有效。他们不仅能够戒除毒瘾,身体状况和精神状况得到了改善,而且学会了很多劳动技能和毒品知识,并形成了良好的日常作息和行为习惯。不过,这种戒毒成效却很难在吸毒者结束强制隔离戒毒并回归社会之后长久保持。有些吸毒者因被抓而被迫进入强制隔离戒毒所进行戒毒治疗,其自身的戒毒意愿并不强烈,这在很大程度上导致他们"出所"之后迅速复吸;而另一些吸毒者虽然有很强的戒毒意愿和信心,却在"出所"后受到"社会歧视"、标签化以及"毒友圈"的影响,回归社会的道路十分艰难,最终无法坚持下去。

基于中国吸毒人群的毒品使用经历,本书首先提出了相应的政策建议和社会福利计划(详见第四章)。由于标签化以及社会排斥的存在,在社会政策制定者和社会服务实践者的眼中,吸毒者与传统的社会弱势群体的形象还是有所差别的;学者们在考虑为弱势群体提供政策支持时,也较少涉及这一群体。这也就造成了事实上的吸毒群体被社会福利体系所"排斥"的局面。然而,从社会福利及社会政策的视角出发,吸毒者不应仅仅被看作有偏差行为的群体,而更应被列入弱势群体的行列。他们因为使用毒品,健康受损,也无法保持正常的生活,还可能遭遇社会排斥。因此,制定针对吸毒人员的社会政策或社会福利安排,将十分有利于减少吸毒人群所面临的社会排斥,并起到促进其戒毒与回归社会的作用。具体而言,针对吸毒者所遇到的社会排斥状况,本书尝试以消除观念的排斥为中心建立整合式社会政策支持体系,并辅助以针对吸毒者的社会保障体系的改进,就业与再就业政策的调整,以及普及基层社区戒毒社会工作以提高吸毒者的人际交往技能、改善其家庭关系,帮助吸毒者消除和应对各种回归社会的障碍。

而所谓的整合式社会政策支持体系不仅应强调在政策层面的横向整合,而且应更多关注如何令现行政策更好地落到实处,并能够顺利地为包括吸毒者在内的弱势群体服务。因此,整合式社会政策支持体系也是一种纵向维度上的整合,而其整合的关键便在于建立和普及专业化的禁毒/戒毒社会工作机构和禁毒/戒毒社会工作专业服务。社会工作与社会政策有紧密的联系,两者通常相互配合,以达到输送社会福利、帮助弱势社群的目的。对于吸毒者这样的弱势群体而言,他们大多受教育程度不高,且几乎没有经济资本与社会资本,因此在遇到困难时很难迅速应变,也往往很难判断应求助于何种部门。此时,必须有专门的、拥有专业资质的人员和机构承担输送社会福利的职责,并充当政府和普通民众(尤其是弱势群体)之间的桥梁,以实现社会政策体系的纵向整合。鉴于目前中国专门为吸毒者服务的专业社会工作机构和社会工作者数量还不是很多,吸毒者很难有机会在遭遇生活困境或需要戒毒服务时及时向社会工作机构求助,这也是其无法摆脱困境或很难摆脱毒品依赖的一个重要原因。可见,专业的禁毒/戒毒社会工作尚需要普及和完善,以保证为吸毒者提供必要的、有很强专业性的戒毒服务。具体而言,这些禁毒/戒毒社会工作应包括:毒品知识的普及和禁毒教育工作,强制隔离戒毒所社会工作介入服务,以及社区戒毒与社区康复工作介入服务(详见第五章)。总的来说,社会工作介入计划不仅应覆盖吸毒者毒品使用生涯的全过程,而且应针对社会大众进行系统性的禁毒教育以减少其对吸毒者的偏见。而达成这一目标的前提便是,有更多、更加专业的社会工作者加入禁毒、戒毒的工作,而这又有赖于政府在此方面的投入。诚然,目前中国投入到反毒品运动以及矫治吸毒者上的人力、物力、财力并不算少,取得的成效也有目共睹,但具体到禁毒/戒毒社会工作这一领域却还有可提升的空间。具体而言,我们可在增加专业禁毒/戒毒社会工作者的配备,提高专业禁毒/戒毒社会工作者的薪资待遇,以及改进社会工作教育并增强禁毒/戒毒方向的社会工作专业技能等几个方面做出努力。最后,本书还着重介绍了在禁毒/戒毒领域较为实用的社会工作干预技术和相关工具(详见第六章),可为在该领域工作的实务工作者们提供帮助。

总之,虽然吸毒者在整个中国的人口中只占很小的一部分,但这一群体仍然是值得我们关注的。衷心希望本书能够成为一个起点,起到抛砖引玉的作用,引发更多学者在此领域做出更多深入的研究,并为中国的毒品问题治理事业做出贡献。

引 言

我们先读一段欣的故事。

我是23岁结婚的。我老公就是那种在外面"玩"的人。他有很多朋友,都是"混社会"的。那时候,我觉得他挺风光的,特别羡慕这种"玩"得好的人,就嫁给他了。我们结婚以后,生活很稳定,他对我特别好,样样都顺着我。我俩的经济状况挺好的,20世纪90年代初的时候,我们就有五十几万了。这一方面是因为我们两家本身的经济状况就很好,另一方面也因为那时候我们两个人赚得多。我当时在酒店餐饮部做经理,他在外面跟朋友做生意,都挺赚钱的。

我开始接触海洛因大概是1994年。当时我老公在外面做生意,接触的人多,其中就有吸毒的。他整天和这些朋友在一起,不知什么时候就"玩"上了(指吸海洛因)。一开始,我不知道他吸毒。但慢慢地,我觉得不对劲。我发现我老公每天都要花两千多块钱。这很不正常,开销太大了。我就问他,为什么这段时间开销这么大?他瞒我,说是用在应酬上,还跟我说,这种花销是很正常的。我那时候不怎么出去玩,确实也不怎么了解这种应酬的花销,就傻乎乎地相信了我老公的话。

后来有一天,我因为牙痛整夜睡不着觉。他看我难受的样子,可能有点心疼,就跟我说:"给你两片药吃吃吧,吃完就不疼了。"我听了还挺好奇的,心想:什么药这么神奇?他就把那个(指海洛因)拿出来了。这一看,我就懵了。我虽然那时候还没吸过海洛因,但是我见过这个东西!我一眼就认出来了。我当时特别惊讶,也特别生气,就质问他:"你不会告诉我,你在玩这个吧?!"他竟然还狡辩,说这东西不会上瘾。海洛因怎么可能不上瘾?!我后来才知道,其实那时候他已经上瘾了。我斩钉截铁地跟我老公说,我绝对不会用这个东西。而且,我跟他说,他要是继续用,以后就不要想拿家里的一分钱。

结婚以后，家里的钱都归我管。自那天以后，我老公就拿不到家里的钱了。这时候，不知道他的哪个朋友给他出了个馊主意，就是想办法把我"拖下水"。理由很简单，只有我也吸毒，他才能再从我这儿拿到钱。那时候，我虽然不吸毒，但我的烟瘾挺大的。他就和朋友一起偷偷在我的香烟上做了手脚，把那个东西（指海洛因）放在我的烟里面。我一开始没有察觉，只感觉好像香烟的味道有点不同，但也没有太往心里去，还是继续抽。就这样连着抽了大概一个星期的时间，我就感觉越来越不对劲了。我的烟瘾虽然大，但如果真的不抽，也不会怎么样。但那一个星期的感觉完全不同。如果一个晚上没有抽烟，我就浑身不舒服；但一抽，就立刻感觉好多了。这个时候，我就开始怀疑我老公在我的香烟上做了手脚。虽然怀疑，但我还是不敢相信他竟然会害我！后来，在我的不断逼问下，他终于承认了。我知道这个事实之后，又生气、又难过。这是我最亲的人了！我一怄气，就这样吸上了。我现在想想，很后悔，那时候自己还没怎么上瘾，如果当时果断点，肯定是能戒掉的。

那时候，我怀孕还不到一个月。我自己也知道吸毒对孩子不好，也害怕对孩子有影响，就有把孩子打掉的想法。但我又觉得有点舍不得，毕竟这是第一个孩子。我很矛盾，一直犹豫，下不了决心。怀孕四五个月的时候，我终于下定决心把孩子生下来。这时，我就逼着自己戒（毒），一直撑到孩子出生。万幸的是，小孩生下来没什么大问题，只是有点"犯瘾"的症状。这时，我妈终于知道了我吸毒的事情。她非常生气，还一直骂我，但我也只能默不作声。

因为这个事情（指吸毒），我妈不放心小孩跟着我，就说她来带。所以我儿子一出生就被我妈抱回去了。我后来才知道，儿子头两个月"犯瘾"很厉害，晚上一直哭，一哭就出一身汗，跟我们"犯瘾"时候的症状一模一样。我因为怀孕生小孩已经半年多没碰海洛因了，也算是戒了。要不是我老公一直在吸，我就真戒了。我老公不戒，我看到以后很难控制。就这样，我没戒掉，直至2000年。

2000年，我被强制戒毒三个月，那时候我老公已经被送去劳教[①]了。记得我在戒毒所的时候，我妈抱着我儿子来看我。我见儿子"妈妈，妈妈"地叫着，心里特别难过。我跟我妈保证，肯定不再吸了。这次是三个月的戒毒期，我如果再吸，也

---

① 指劳动教养。劳动教养制度已于2013年12月废止。

会被送去劳教,那儿子该怎么办?从戒毒所出来以后,我真的没有再吸,一直坚持到我老公回来。

那时候已经是2002年底了。我老公回来以后,我就跟他说,不要再吸了。孩子越来越大了,我们都去吃官司(指强制戒毒和劳教)的话,小孩怎么办?他当时答应了,但两个星期一过,他又开始整天整夜地不回家。我问他,他就说朋友有事情。我肯定不相信啊,就说给他一个月时间把外面的事情全部处理好,然后回家安安生生过日子,否则就离婚。他以为我是随便说说的,没当真,毕竟我俩感情一直挺好的。后来我真的提出离婚,他急了,在家待了一个月。

之后你猜怎么着?我竟然撞到他在家里吸,在家里!当时我太生气了,要求马上签字离婚。他被我逼得没办法,只能同意。但说实话,我俩感情确实没什么问题。一直到现在,他还经常写信给我,说一直等我,想复婚。离婚以后他也没有再找别人,就这么一直等着我。但是毒品,他戒不了。后来,他陆陆续续又被劳教和强制戒毒好几次,进进出出的(指反复被劳教及强制隔离戒毒)。最近一次,他因为贩毒被判了三年有期徒刑,去年(指2015年)底刚刚放出来。听我妈说,他这次出来没再吸毒了,就在家里看看店,帮忙照顾家里的生意。我想可能是为了儿子吧。儿子现在已经大了,上高中了,和我老公(指前夫,下同)的关系有点僵。他们的脾气都犟,这一点父子俩还挺像的。这次我老公回去(指出狱),我就写信给他,跟他说儿子大了,要跟儿子讲道理,不能犟。我还跟他说,作为父亲,要以身作则,给儿子做榜样,遇到矛盾要从自己身上找原因。

2008年,我认识了一个男朋友。从外表看,他很老实。那时候,我男朋友在管道公司工作,他跟他老婆(指前妻)离婚五年了,有一个女儿。我跟他认识的时候,他的女儿刚刚上小学五年级。我们交往的前两年还都是安安稳稳的,他上他的班,我也在帮我的小姐妹管理浴场。

两年过后,他说管道公司忙,想换个工作。我就去找我姐帮忙,把他安排到报社工作。报社的工作时间是固定的。有一天,我看他六点钟还没有回来,觉得奇怪,就打了个电话给他,结果通了没人接。我想,不会有什么事情吧,就准备去他单位看一下,也放心。到他单位一看,他的电瓶车停在那儿,说明人还在。我就直接到他办公室去了,结果发现他办公室的门在里面上了锁。我敲门,没有声音;但门里面明显有灯光。我就叫他,他一听是我的声音,就把门打开了。往里一看,我就明白了。我对那个场景真的太熟悉了!

说实话,我跟他认识后,没跟他讲过我前面的事情。他也没提过,只跟我说他以前的老婆"玩"这个(指吸毒),他没试过。我当时特别生气,也特别难过,想想自己真不走运,找的第一个男的就吸毒,离婚了又找一个还吸毒。那时候,家里的一切费用都是我在承担。我怎么想都觉得不值得。我当时就想,那好吧,也没什么指望了,就一起"玩"吧(指一块儿吸毒)。我就又吸毒了。

2010年,他被抓送去强制戒毒,这时候我就又想把粉(指海洛因,下同)戒了。戒毒说起来容易,但做起来还是挺难的,特别是自己戒。我已经吸了这么久,一时间很难停下来。就在这个时候,有个朋友跟我说:你想戒海洛因的话,可以用"冰"顶(指吸冰毒)。她说用"冰"(指冰毒,下同)肯定管用。我那时候非常想把海洛因戒掉,也考虑不了太多其他的事情,就听了朋友的话,决定用"冰"戒。她和几个小姐妹过来帮我,把我带到乡下的一个地方,一起帮我戒海洛因。其实,现在回想起来,也不能怪她们害我。现在我知道冰毒也是对人体伤害很大的毒品,但当时我还想不到这些,毕竟海洛因犯起瘾来生不如死。我们在乡下住了大概半个月吧,她们天天陪着我一起"玩冰"(指吸冰毒,下同),后来我的海洛因的瘾真的没了。

说实话,我一开始感觉"玩冰"没劲,而且还在犯海洛因的瘾,浑身难过。这时候,小姐妹跟我说,只要挺过第一夜,第二天就好了。那一夜真是说不出的难受。我一直吐,吐了一夜。到第二天,我已经不想再继续了,觉得很难过。但小姐妹们又劝我说,第二天肯定比前一天好,想要戒海洛因就得继续。我是真的想把海洛因戒了,就听她们的。第二天,我确实感觉没前一天那么难过了,犯瘾的时间也延长了。到第三天的时候,我就几乎感觉不到犯瘾的那种腰酸背痛了。第三天没有犯瘾的感觉以后,我就感觉人轻松了很多。到了第八天,她们问我,你现在没有犯瘾了吧?她们一提,我才反应过来,对啊,海洛因的瘾没有了。她们就跟我说,出去不能再"玩粉"(指吸海洛因)了,不然就真的戒不掉了。我就听她们的,回来后没再吸过海洛因,却直接改用"冰"了。

"冰"的感觉和海洛因完全不一样。只要有"冰"在,我可以几天几夜不睡觉,精神特别好,很兴奋。但是这个药性一过就觉得很累,浑身没劲,一直想睡觉。这时候我就想继续用,因为只要一"溜冰"(指使用冰毒),精神马上就好了。就这样,我感觉我也逐渐对"冰"产生了依赖。

现在回过头来想想,我从开始吸毒到现在,这么多年来,最对不起的就是我爸。我爸在我这次"进来"(指进强制隔离戒毒所,下同)的前夕过世了。其实2010年的时候,他就已经不舒服了,老是胃疼,去检查的时候已经是胃癌晚期了。我"进来"之前刚刚送走了我爸。他才走,我就被抓了,我感觉特别对不起他。我爸住院的时候,我在医院陪着他。只有两个半月的时间,我看着他一天比一天瘦。那段时间,我一点毒品都没碰过,就整日整夜地陪着我爸。我哥、我姐他们都有点怪我,说我爸本来身体挺好的,因为我的事情着急才得了癌症。我爸那时候意识还很清醒,让他们不要怪我,说只要我能改好就行。他都那样了,还相信我,并跟我妈说,以后他不在了,要跟我生活在一起,钱也要留一半给我,另一半留给他的孙子,就是我哥的儿子。我爸那时候就想多关照我,帮我多存点钱,方便我以后养老。所以我感觉特别对不起他。

我也快"出去"了(指强制隔离戒毒快要结束了),现在想着,出去以后不会再犯了。我妈经常来看我。每次一看到她,我就想,她这么大岁数了,还要为我来回奔波、操心。我看到她这样子也很难过。我现在在这里面这么久了,"冰"戒了,身体也比以前好多了。我不年轻了,四十出头了,要再"回头"(指继续吸毒)的话,能有多少时间这样耗着呢?另外,儿子也一天天长大了,我还得为他着想。我现在想着,出去以后可能会跟我老公一起搞好我们的那两家店。复不复婚,我暂时没考虑,但至少要为儿子好好努力。我跟我妈也是这么讲的。当然,我也不会再和以前的小姐妹联系了,还是安安稳稳在家里过日子,给儿子做个好榜样,这样最实际。

欣的故事是千千万万个吸毒者经历的缩影。从她的叙述中,我们可以很清楚地看出,毒品的使用并不是突然发生的,而是与她的生命历程、生活事件息息相关的。同时,毒品又在欣的生活中占有重要的位置,尤其当她对毒品的依赖(既是身体上的、又是精神上的)越来越深的时候,她的生活逐渐围绕毒品展开。欣也并非没有想过戒毒,她的努力尤其体现在她使用冰毒作为戒断海洛因的"神药"的描述中。她"成功"地摆脱了海洛因,然而却再次陷入对冰毒依赖的状态中。最后,在强制隔离戒毒所中,欣对自己的吸毒经历与前半段人生进行了反思,同时对"出去"后的生活有了自己的打算。

　　回顾欣的"毒品使用生涯",我们不禁要想,在这二十多年的时光中,我们在哪个阶段给予欣恰当的帮助,可以令其避免接触毒品,或令其避免成为毒品依赖与成瘾者,或在其希望戒毒时能够帮助她顺利戒除毒瘾且降低复吸的可能？此外,我们给予她什么样的帮助最为有效,涉及哪些技能、专业知识以及资源？为了回答这些问题,我们必须首先对毒品、毒品使用行为以及毒品使用人群有全面而细致的了解。基于此,我们才能够有针对性地运用专业知识和技能对欣这样的吸毒者开展适当的干预和治疗。具体而言,本书着重在全面了解吸毒群体生活状态的基础上,研究使用何种干预模式以及如何使用特定的治疗方法达到有效帮助吸毒人群戒除毒瘾以及恢复正常社会生活的目的。从学术角度而言,本书在全面了解吸毒人群生活状态的前提下,发掘最合适的有效治疗毒品成瘾和帮助吸毒人群康复的干预方法。这在一定程度上填补了该领域研究与实际相脱节的空白。而从现实角度来讲,本书的研究成果可以直接为基层禁毒戒毒工作者服务,提供能有效帮助吸毒人群康复及回归社会生活的建议。这对于帮助吸毒人群这一社会弱势群体具有非常重要的现实意义,从而为创建社会主义和谐社会作出贡献。

第一章

毒品、吸毒者及反毒品实践

第一节 毒品及其危害

当前,国际毒潮泛滥,毒品已然成为国际公害。毒品对人体健康造成了危害,也对人类的生存和发展构成重大威胁。近些年来,毒品和药物滥用已经引发了全球性的社会与公共卫生危机,引起世界各国的关注和警惕。并且,毒品问题也不仅是简单的公共卫生或医学议题,而是与政治、经济、社会、民族、文化甚至宗教相互交织的复杂问题,治理难度非常大,因而逐渐成为全球性治理难题。许多中国学者也将毒品问题看作社会问题,并在这一逻辑上提出治理对策(胡金野,2005;袁忠民,2009;詹复亮,2015)。

毒品指能够使人形成瘾癖的药物(刘柳、段慧娟,2017)。依据《中华人民共和国刑法》第357条的规定,中国将鸦片、海洛因、甲基苯丙胺(冰毒)、吗啡、大麻、可卡因,以及其他被国家管制的、列于《麻醉药品及精神药品品种目录》中的能够使人形成瘾癖的麻醉药品和精神药品划归毒品的范畴。在中国,按照流行时间划分,毒品可被粗略地划分为传统毒品和新型毒品两大类。传统毒品主要指鸦片、吗啡、海洛因等流行于中国毒品市场多年的阿片类药物,他们都是从植物罂粟中直接提取或以罂粟提取物为基础合成的,具有镇静、放松和抑制中枢神经系统的作用,长期使用会造成人体多器官损伤;而新型毒品则指较晚出现的、由实验室人工合成的毒品,主要为冰毒、K粉、摇头丸等苯丙胺类或氯胺酮类药物,这些药物大多为兴奋剂和致幻剂,可以刺激人的中枢神经以产生持久的兴奋或使人出现幻觉(刘柳、段慧娟,2017),长期使用将侵害人体中枢神经系统并造成不可逆的健康危害。

  毒品在中国的使用可追溯至数个世纪之前的封建时代(Lu et al.,2008;Tang et al.,2006)。在唐代,阿拉伯商人首次将鸦片作为一种珍贵的礼物引入中国;宋代,鸦片仅被作为药物使用;明代以后,鸦片开始被贵族作为"享乐"之用;自清代晚期,英国殖民者开始向中国大量输入鸦片,用以换取丝绸、茶叶以及白银(Fang et al.,2006;Li et al.,2010)。自此,鸦片在中国开启了大规模流行的历史(Lu et al.,2008)。在20世纪初,中国已成为世界上最主要的罂粟种植与鸦片生产国之一,并拥有当时世界上最大规模的鸦片使用人群,该情况一直持续到中华人民共和国成立前(Fang et al.,2006;Lu & Wang,2008;Zhang & Chin,2015)。1949年,中华人民共和国成立时,中国大约5%的人口为吸毒者,贩毒者则有约50万(Liu et al.,2006;Li et al.,2010)。彼时,中国是世界上最"重要"的鸦片种植区及产地(Buxton,2006;张绍民、石竣淏、张翔鹰,2004)。中国政府认识到,鸦片给中国带来了巨大的社会危害且对人民的健康造成了极大的负面影响,因此,毒品问题成为中华人民共和国成立初期亟须解决的问题(齐霁、李珏曦,2008)。随后,在中国共产党的领导下,中国政府用三年时间彻底扫清了鸦片的种植、生产与使用,并令中国在之后的三十年间一直保持"无毒国"的状态,将毒品挡在国门之外(Fang et al.,2006;Zhang & Chin,2015)。

  然而,受到国际毒潮的影响,毒品在20世纪80年代初再次进入中国(Huang et al.,2011;Liu & Chui,2018)。由于在地理上与"金三角"等传统罂粟种植地和阿片类毒品生产地接壤,中国在很长一段时间内成为国际贩毒集团眼中运输海洛因等阿片类毒品的"黄金通道"。毒品通常从中国与"金三角"接壤的西南边境进入中国,并通过在中国境内的运输通道抵达香港、上海等国际港口,再销往欧美等西方国家和地区(王新建,2001;韦先泽、梁春香,2016;Huang et al.,2011;Liu & Chui,2018;Zoccatelli,2014)。随着毒品在过境过程中的不断渗透和蔓延,中国国内的吸毒人数逐年攀升,尤其是青少年吸毒者人数增长迅速;中国也由单纯的毒品贸易"过境国"逐渐变成为毒品的"消费国",出现了消费与贩运并存的局面(刘柳、段慧娟,2015,2018)。虽然相较西方国家,中国的吸毒人群所占比例很小,但基于中国庞大的人口基数,吸毒人数的增加依然值得全社会关注。数据显示,自1988年至1998年,中国毒品的消费量增长了1200%(Zoccatelli,2014)。由于接近产地,彼时最受吸毒人群欢迎的便是海洛因这一由罂粟提纯且具有极强成瘾性的药物(刘柳、段慧娟,2017)。自20世纪末,中国的娱乐场所(如歌舞厅、夜店、酒吧等)中出现了冰毒、摇头丸、K粉等新型非阿片类合成毒品的身影。这些药物与镇静剂型的海洛因等阿片类药物不同,可带给使用者持久的兴奋及幻觉,因而备受年轻人的喜爱,使用人数迅速增加,形成了新的毒潮(刘柳、段慧娟,2017)。截至2016年底,中国官方登记的吸毒人数(即至少一次因吸毒而被公安机关抓获的吸毒者)已超过250万,而其中超过60%的人群为非阿片类新型合成毒品的使用者(中国国家禁毒委员会办公室,2018)。近些年来,得益于中国政府对毒品问题的有效治理以及禁毒教育和戒毒项目的日趋完善,官方登记的吸毒人数呈现逐年下降趋势(Deng et al.,2021),但非阿片类新型合成毒品依然是大多数吸毒者的选择。

中国政府为了治理毒品问题付出了巨大的努力,也取得了相当的成绩。然而,考虑到毒品所带来的公共健康危机和社会危害,对毒品问题的治理依然是中国政府需要关注及应对的重要事项之一。目前中国的毒品使用者数量依然庞大,且毒品使用呈现出复杂的、传统/新型毒品交织的状况。以海洛因为代表的传统阿片类毒品消费依然存在,以冰毒为代表的新型合成类毒品的消费也表现出增长的态势(刘小瑜、王倩,2012)。这两类毒品的使用者既相互重叠,同时又有所差异(李骏,2009),使得目前中国的吸毒人群呈现出多元化、复杂化的特点(刘柳、段慧娟,2015,2018)。此外,越来越多的年轻人步入吸毒者的行列,35岁以下的青年和青少年吸毒者是目前吸毒人群的主体(孟向京、王丹瑕,2000;中国国家禁毒委员会办公室,2017)。相对于男性而言,女性吸毒者虽然所占比例相对较小,但女性吸毒人数的增长却较男性迅速,可以说,青年女性吸毒者是目前中国吸毒者中增长最快的人群(刘柳、段慧娟,2018)。

无论何种毒品都会在一定程度上令吸毒者对其产生生理和心理上的依赖,并在持续使用的过程中造成生理和精神上的损害。依据世界卫生组织(World Health Organization, WHO)的统计数据显示,药物滥用(包括吸毒与酗酒)造成了全球约 4%的死亡,引发了全球 5.4%的严重疾病(WHO,2009,2010)。有研究证明,长时间使用毒品(无论何种类型)会引发严重的健康问题。例如,长期使用海洛因将会导致较差的生理和心理健康状况,如感染病毒性肝炎或结核病,或表现出诸如焦虑等精神不良症状(Grella & Lovinger,2012;Han et al.,2010);长期使用冰毒会造成多巴胺降低,而这又会引发诸多的精神障碍,如抑郁、偏执、精神错乱、妄想等(Anglin et al.,2000;Sherman et al.,2008)。同时,吸毒人群的 HIV 感染率也显著高于社会其他人群(王昊鹏、杨静静、邓小昭等,2010)。

此外,吸毒亦被发现与越轨及犯罪行为有紧密的联系(Bennett et al.,2008;Tonry & Wilson,1990)。即便排除了毒品贩运等与毒品相关的犯罪行为,已有的研究发现依然显示,吸毒人群大量牵涉进各种类型的犯罪行为之中(索斯,2012;Baltieri,2014;Liu,Chui et al.,2018)。例如,冰毒的使用者有比普通人群更高的概率涉足危险驾驶、骚扰、抢劫、绑架等越轨和犯罪行为之中(Cartier et al.,2006;Sommers & Baskin,2006)。每年的中国官方数据亦显示,吸毒人员大量涉及暴力攻击、自杀自残、毒驾肇事等刑事案件(中国国家禁毒委员会办公室,2017)。因此,毒品的使用不仅给社会带来了严重的健康威胁,也同时对社会安全和安定团结造成负面影响(王新建,2001)。

第二节 吸毒者群体

一、影响吸毒的因素分析

吸毒者选择开始吸毒以及维持毒品使用行为的理由很多,从生命历程(life course)的角度而言,吸毒是吸毒者生命历程中的一个重要环节。因此,吸毒者如何踏上吸毒的道路以及如何在这条道路上持续走下去是研究者以及政策制定者们普遍关注的议题,因其有助于他们设计和开发相应的干预措施以减少人们触碰毒品的可能,帮助吸毒者摆脱对毒品的依赖。在这一议题上,中外学者的研究大多发现,致使吸毒者吸毒以及维持毒品使用行为的原因通常不止一个,而是多个因素彼此相互作用,并共同影响吸毒者个体,促使其做出吸毒的决定(朱晓东、陶丽丽、窦正毅,2014;Abolghasemi & Rajabi, 2013;Liu et al., 2016)。

对于具体因素的分析,学者们的观点主要如下。

第一,吸毒者在心理、性格和人格方面的独特特征可能造成其吸毒行为的选择(姜微微、李治民、张卫,2007)。那些感情冲动、盲动性、低自控性等人格特征被认为会造成个体的越轨行为,而这其中也包括尝试使用毒品(林洋,2016;阴家宝,1997)。同时,吸毒者在使用毒品后会通过毒品获得"情感寄托",形成"依附性人格",并表现出冲动、易怒、激动、自控能力差等人格特征(谢久明、封蕴、李璨,2005)。个体精神状态,如易冲动和兴奋,不能控制情绪和自我调节能力偏低等因素也被认为是导致个体吸毒的原因(Blackson et al., 1994;Chassin et al., 1993)。

第二,一些西方研究显示,大多数个体吸毒,尤其是使用较为烈性的毒品,被发现与其早期使用酒精、烟草或大麻等"软性"毒品的经历有关(Reid et al., 2007;Tennant Jr. & Detels, 1976)。早期的越轨行为也可能导致个体使用毒品(Bry, 1983;Donovan & Jessor, 1985)。除此之外,较低的受教育程度也被认为与个人选择吸毒相联系,因个体无法清楚地了解吸毒可能产生的危害(Liu et al., 2016;Parsons et al., 2007)。

第三,家庭环境对个体毒品的使用也是有一定影响的(Richardson et al., 2013;Sheridan et al., 2009)。而其中最重要的便是家庭教育和家庭成员之间的关系(何志雄、罗伟导、丘志文等,2004)。考虑到大部分吸毒者从青少年时代便开始接触毒品(Liu, Chui et al., 2018),而家庭是青少年社会化的第一场所,因此家庭因素对青少年吸毒行为有重要影响。家庭残缺破碎、家庭功能发挥不足、父母教育方式不当等均被认为是青少年走上吸毒道路的重要因素(廖龙辉,2001)。同时,不良的家庭教养方式、父母的情感互动较低、父亲的严厉惩罚、母亲的过度干涉和过度保护等也对青少年吸毒行为造成了一定的影响(刘玉梅,2009)。

第四,从环境诱因来说,朋友圈和交际网络的作用等都有可能导致个体,尤其是年轻的社会成员走上吸毒的道路。西方早期的调查显示,导致药物成瘾主要有以下几个因素:毒品的获得较为方便、毒品亚文化在吸毒群体中流行、缺乏人际关怀以及缺乏适当和有效的立法等(Chatterjee, 1985)。一些针对中国吸毒者的研究也显示,无论是吸毒者初次接触毒品,抑或是戒毒后的复吸,最主要的诱因都在于其所结交朋友的诱惑与影响(林洋,2016;Liu et al.,2016)。吸毒行为往往呈现出一种明显的群体性特征,即个体常在熟悉的同辈群体中开始接触、逐渐认可并最终沉溺于毒品(Liu et al.,2016)。同辈群体使用毒品的经历或同辈群体压力也是个体选择开始使用毒品的理由(Brecht et al.,2007;Farrell & Danish,1993)。可见,亚文化群体对吸毒者毒品使用行为影响极大。它通过其固有的内在机制——亚文化氛围、同类价值、学习模仿、文化压力、去个性化等——对其群体成员施加影响,并促使个体被卷入毒品使用活动之中(张胜康,2002)。同时,个体吸毒后遭遇的社会排斥也令他们很难回归主流社会。这些排斥既包括因其吸毒身份带来的道德污名与生活机会的丧失,也包括吸毒者的自愿性排斥,即在毒品世界中更容易找到自我认同(王嘉顺、林少真,2014)。

第五,从宏观因素来看,个体选择吸毒与社会大环境也有紧密的联系。例如,以色列的一项研究证明,粮食不安全与失业、缺乏教育以及对社会福利的依赖等因素导致了吸毒群体人数的增加(Kaufman et al.,2005)。此外,区域经济发展水平、区域毒品市场地位和禁毒财政投入这三个外部环境因素也对吸毒群体的规模造成了影响。区域经济发展水平与区域毒品市场地位和吸毒群体规模有着正相关关系;而禁毒财政投入越多则吸毒群体规模越小(刘能、宋庆宇,2015)。

二、毒品对吸毒者的健康损害

在吸毒对健康的影响这一议题上,吸毒者的精神健康问题尤其值得探讨,这也是国内外研究者所普遍关注的话题。研究发现,与一般社会人群相比,吸毒人群的精神健康状况明显较差,而其患精神疾病的倾向则显著高于未吸毒的群体(Maheshwari & Sharma,2016)。

有研究发现,无论是海洛因等阿片类药物,还是冰毒等非阿片类合成药物,均会造成使用者严重的精神障碍(邓奇坚、李晓娟、廖艳辉等,2011;董海晓、杨晓菲,2010)。与非吸毒人群相比,吸毒人群更容易产生较高的抑郁水平(Ford et al.,2009;Latkin et al.,2012;Lev-Ran et al.,2013);而这些由于孤立、同辈压力、失业、偶然性的冲突、生理创伤、高度焦虑等引发的抑郁症状,又会进一步引发吸毒行为(Maheshwari & Sharma,2016)。在心理控制源方面,吸毒者被发现其内控性较正常健康人群更低,更多表现为外控性(孙秀娟、李遵清、张蕊,2014)。同时,吸毒者在自我心理压力的感知方面,在紧张感和失控感这两个维度上也显著高于非吸毒健康人群(韩美芳、李桂松、侯峰等,2011)。除此之外,吸毒人群在人格特点方面亦呈现出孤独但又好出风头、易怒、渴望冒险和刺激等特性,并且这种性格特点在他们开始使用毒品之前便已经存在了,这也是导致他们吸毒的原因之一(车茂娟,2009)。研究证实,负面心理特征,如焦虑、烦躁或悲伤,是个体选择吸毒的先决动机(Baker et al., 2004)。而另一个针对正在接受治疗的吸毒者的研究(Liu, 2006)也显示,吸毒者具有明显的低自我评估、缺乏自我控制和自我认知缺陷等人格特征,吸毒者的情绪表征也大多为冷漠、分离、敌对和虐待。关于吸毒者自尊的研究则显示,吸毒者吸毒时间越长,其自尊水平越低,自我评价、自我认知以及自我监控能力也越差,而同时这也使得其戒毒的可能性越小(李鹏程,2006)。也有一些学者认为,吸毒者因亲友的批评、指责或感化所产生的羞耻感不能有效抵制毒品的诱惑,并持续导致其自尊水平的下降(任旭林、赵建明,2002)。

与此同时,一些学者还发现,在吸毒群体中,自杀这一现象较普通人来说更为常见(Dark & Ross, 2002;Harris & Barraclough, 1997)。内向和神经质等吸毒者群体常见的心理障碍则是导致其自杀的重要原因(Roy, 2003)。更有学者设计了一个模型对吸毒者自杀因素进行分析,该模型证实了吸毒者的童年创伤、家族自杀史等外部因素和神经质、重度抑郁症等内部心理因素相互作用,并最终引发吸毒者的自杀行为(Moscicki, 1997)。一份关于中国冰毒使用者的研究亦证实,冰毒的长期使用可使吸毒者出现妄想、幻觉以及恐慌,并导致其自我约束力下降,而极易出现自杀、甚至杀人的事件(董海晓、杨晓菲,2010)。

同时,毒品的使用也对吸毒者造成了相当严重的生理健康损害。例如,海洛因对心血管系统的影响非常显著,长期使用可导致吸毒者心动过速、心律失常、心脏功能变差,严重者更可引发吸毒者产生心源性猝死的情况(白延智、张宪武,2014;李晓东、麦创富、杨群等,2006)。此外,海洛因的使用还会对使用者的内分泌系统产生严重的影响。有研究显示,超过九成的海洛因使用者会出现下丘脑垂体性线轴异常的状况(白延智、张宪武,2014)。近些年在中国毒品市场上流行的非阿片类合成毒品——冰毒具有强烈的中枢神经刺激作用,可造成激动、精神错乱、谵妄、不眠症、恐慌等中枢神经障碍症状;同时,冰毒也可造成大量的其他身体不适症状,如头痛、心悸、心动过速、心律不齐、血压不稳、恶心、呕吐、腹泻、腹痛等(顾慰萍、刘志民,1997;刘志民,2005;秦总根、任克勤,2006)。长时间使用冰毒更会引致慢性中毒,中毒后的吸毒者不仅会有体重减轻和精神异常的症状,也同时会产生其他病症,包括细菌性心内膜炎、肝炎、败血症等(王艳芬、刘志民,2007)。

除了精神健康和生理健康损伤之外,吸毒人群感染HIV以及罹患艾滋病(AIDS)的议题也持续受到国内外学者的关注。艾滋病被认为是一个严重的全球性健康问题(Islam et al., 2003)。研究显示,因为普遍的免疫营养缺陷和行为风险因素,吸毒人群是HIV感染的高危人群(耿柳娜、孟红艳,2014)。静脉注射是吸毒人群感染艾滋病等血源性疾病的主要传播途径(Medhi et al., 2012;Strathdee et al., 1998),这主要与其共用针具的行为相关(石萍、许骏、刘聪等,2010)。同时,非注射吸毒者也有感染艾滋病毒的风险,比如使用毒品之后所引发的无保护性行为或多性伴侣性行为等(Bluthenthal et al., 2000;Medhi et al., 2012)。事实上,很多女性吸毒者感染艾滋病是由于非法药物使用和商业性行为之间的交集(Nguyen et al., 2004);与那些未使用毒品的女性性工作者相比,使用毒品者对包括HIV在内的性传播疾病的抵抗能力更弱。因此,在吸毒群体中一旦有人感染HIV或艾滋病,病毒便会以非常快的速度传播(郑高鑫、吕繁,2002)。感染HIV的吸毒人群不仅心理健康水平显著低于常人(张皓、易静,2011),而且在社会中常处于被社会排斥的边缘位置(夏国美、杨秀石,2004)。这些社会排斥是多维度的,包括家庭排斥、社区排斥、医疗排斥、教育排斥和就业排斥等(周晓春,2005)。同时,吸毒人群在感染艾滋病之后,又会造成一系列的健康问题,如消化道疾病、营养不良、腹泻、持续发热等(Garcia et al., 1987;Gomez-Sirvent et al., 1993;Kotler et al., 1984)。因为健康持续受损,许多吸毒者在感染艾滋病后很快便会死亡。而这除了源于健康状况本身的持续恶化以外,也源于他们因惧怕被排斥而刻意隐瞒自身染病的事实,从而耽误治疗的现实状态。缺乏必要的治疗,使得这部分群体更快地面对死亡(Gölz, 1993)。

三、青少年吸毒者与女性吸毒者

1. 青少年吸毒者

数据显示,吸毒者中有很大一部分是青少年和青年群体(中国国家禁毒委员会办公室,2017),且绝大多数吸毒者的吸毒生涯起始于年少时期(索斯,2012;Liu, Chui et al., 2018)。因此,青少年吸毒者一直受到国内外学者的关注。其中,有相当一部分学者致力于研究青少年群体走上吸毒道路的原因,如人格缺陷、家庭问题、朋辈群体影响和社会环境诱因等(廖龙辉,2001;林洋,2016;刘能、宋庆宇,2015;王嘉顺、林少真,2014;Liu et al., 2016)。

有研究证明,吸毒者开始吸毒时的年龄越小,他/她戒毒的难度就越大(房红、阮惠风、刘区平等,2010)。因此,很多学者也对青少年群体的吸毒预防与矫治措施进行了研究。首先,家庭、学校以及专业人士都可在预防青少年吸毒中发挥作用。父母的影响可以降低青少年开始使用毒品的可能性。如果青少年已经开始使用毒品,父母的干预则可改变其使用毒品的行为,或使其在较长时间内维持暂停使用毒品的现状(Winters et al., 2015)。不过,大多数青少年和父母对毒品的了解都不充分,此时,医疗专业人员和教育者则可发挥作用:他们可以在一定程度上增进青少年对毒品的了解(Johnson & Westman, 1968)。其次,减少犯罪机会的各种措施也可以起到情境预防的作用,即以尽可能系统以及稳定的方式对环境进行管理、设计和控制,使青少年认识到吸毒的难度之大、风险之大以及回报之小(杨学峰,2011;Clarke, 1997)。再次,政府应加大对涉毒行为的打击力度,构建家校同步的教育制度,鼓励社区居民参与涉毒治理,采用针对性更强的禁毒宣传方式来预防青少年吸毒(刘忠成、江红义、何阳,2012)。最后,学者们还强调从社会结构层面关注吸毒者的社会背景因素与制度排斥机制,对毒品问题的本质有一个全面的理解(Buchanan, 2006),减少社会排斥和学校排斥,并加大政府部门对被学校排斥学生的后续管理,这对预防青少年吸毒行为发生是至关重要的(Duncan & McCrystal, 2002)。

2. 女性吸毒者

男性吸毒者和女性吸毒者在其生活和吸毒经历上都存在明显的差异。虽然相对而言,男性依然占吸毒者的绝大部分(刘柳、段慧娟,2017),但女性吸毒者群体的增长速度却超过男性(刘柳、段慧娟,2015)。针对中国女性吸毒者的研究发现,吸毒女性大多年轻且文化程度偏低,同时,她们大多未婚,因此很多人都面临着成家和生育的问题(李霞,2010)。然而我们在西方的一些研究中可以发现,相比于男性,女性吸毒者开始使用毒品(任何毒品)的年龄总体略大于男性,在绝大多数种类的毒品使用中,女性的比例都低于男性,而只有在使用可卡因类毒品时,女性比男性更易成瘾,使用人数也较男性更多(National Institute on Drug Abuse, 2003)。

导致女性吸毒的因素与导致男性吸毒的因素并不完全相同。一些女性吸毒与社会期待密切相关,例如,吸毒可能被一些女性错误地当成保持身材的手段(孙宝华,2016;Liu et al., 2016)。或者,在毒品的影响下,她们可以暂时忘记社会对其的各种期待或要求(Lo, 2004)。此外,女性吸毒还可能受到包括家庭、社会、教育等多方面因素的影响。同时,女性吸毒也与家庭环境关系密切,如父母的极端教养方式很可能导致女性吸毒(郑晓边、朱明慧,2005)。吸毒对女性的健康和心理状态也产生了一系列的影响。研究表明,女性吸毒者不仅普遍对毒品的依赖较强,且健康受损较为严重,感染艾滋病等性传播类疾病的情况也比较普遍(李霞,2010)。并且,女性吸毒者自杀的比例也相对较高,并伴随有相对严重的抑郁和精神障碍(Roy, 2001, 2002)。

基于这些特点,国内外学者都有针对性地提出了预防和矫治女性吸毒者的方案。在西方的干预措施中,家庭成为帮助女性戒毒的核心,而监督女性吸毒者放弃吸毒行为和改变生活方式的主要负责人大多是女性吸毒者的家庭成员,如其兄弟姐妹(Trulsson & Hedin, 2004)。此外,研究亦发现,专业人员的支持对吸毒女性康复起着重要的作用。长期吸毒的女性大多呈现低自尊的状态,并伴随严重的羞耻感和罪恶感,这些都需要专业人士如社会工作者提供专业支持,以激发吸毒者能有所改变,并增加戒毒的希望(Trulsson & Hedin, 2004)。中国学者则更加强调政府的作用,认为政府应实施和加强针对女性,尤其是青年女性的毒品知识宣传和法制教育;同时,也应为女性创造更多的就业机会,并减少就业领域的性别不平等问题(陈沙麦、朱萍,2008)。在戒毒的措施方面,已有研究强调,我们不仅应在戒毒机构中增加针对女性吸毒者的心理干预治疗和实用的劳动技术培训,还应构建完善的社区戒毒和康复体系,调动家庭成员对女性吸毒者戒毒的支持,多维度地帮助其重返社会(陈沙麦、朱萍,2008)。

第三节 戒毒治疗方法与实践

对于个体而言,毒品使用是一个长期而复杂的健康问题,可能会伴随吸毒者一生并造成许多负面影响(Dennis & Scott, 2007)。恰当的治疗可以帮助吸毒者戒毒,然而,在治疗结束后或维持一段时间不使用毒品之后,个体常常会面对复吸的问题(Galai et al., 2003; Veilleux et al., 2010)。因此,如何为吸毒者群体提供长期的、持续性的、有效的帮助,以助其戒除毒瘾并预防复吸便显得尤为必要。

一、中国的戒毒方法与实践

目前中国采用的是机构式戒毒(强制隔离戒毒所戒毒)和非机构式戒毒(包括医疗辅助戒毒、社区戒毒及其他形式的自愿戒毒)相结合的复合型戒毒治疗模式为吸毒人群提供戒毒服务(Liu & Hsiao, 2018),以帮助其戒除对毒品的依赖并回归健康的社会生活。

1. 机构式戒毒

中国实施的机构式戒毒主要在强制隔离戒毒所中展开,主要有两项治疗类别:其一是劳动矫治,其二是教育矫治。通过这两大治疗项目,吸毒者不仅可以戒除毒瘾,而且其不良的行为模式和生活习惯也可以得到矫正。劳动矫治是一种以安排戒毒者参与生产劳动的方式来达到令其戒除毒瘾目标的矫治模式,研究表明,它对戒毒者的康复十分有益(Aklin et al., 2014; West, 2008)。中国强制隔离戒毒所中的劳动矫治除了被认为可帮助吸毒者戒除毒瘾之外,还可令其养成劳动的习惯以及获得相应的劳动技能(Liu & Hsiao, 2018)。

除此之外,吸毒者还需要很多别的帮助,如心理干预、毒品知识的学习等,而这些都是教育矫治的内容。其中,心理干预是一项很重要且被予以广泛关注的治疗项目(陈君、姜晓明、黄建平,2004),在中国的强制隔离戒毒所中开展了广泛的临床实践。例如,某强制隔离戒毒所中,集体疗法被用于对戒毒人员进行心理状况的评估与干预(张淑琴、胡秀春、汪鸿声,2007)。集体疗法是在专业社会工作者或心理咨询师的指导下,采用集体讨论与交流的方法对戒毒者实施集体性治疗。在这一治疗过程中,社会工作者或咨询师会教戒毒者毒品知识以及戒毒和预防复吸的方法,同时,也会促进参与治疗的戒毒者之间的交流,并帮助其形成全新的自我认识以尽早实现心理脱毒(程艺萍、张鹏、陈国幸,2003)。也有一些强制隔离戒毒所建立了以戒毒医生为主、心理咨询师为辅的矫治专业队伍,帮助戒毒人员进行心理脱毒(徐小良,2012)。除了心理干预,大部分强制隔离戒毒所也会举办形式多样的毒品知识学习活动,以帮助戒毒人员深入了解毒品的危害。不过,相对于劳动矫治的标准化与系统化,教育矫治项目大多面临着非标准化、非体系化以及专业人士缺乏等困境,尚需进一步改进和完善(Liu & Hsiao, 2018)。

目前中国的强制隔离戒毒所并未区分不同类型的吸毒者,而是将有不同吸毒历史和生活经历的人群安排在一起接受治疗(Liu & Hsiao, 2018)。鉴于使用新型毒品(非阿片类合成毒品)的吸毒者增长迅速(中国国家禁毒委员会办公室,2018),且他们和海洛因等传统阿片类毒品使用者的不同,我们亟须找到专门化、系统化的新型毒品脱瘾治疗方法。事实上,有部分强制隔离戒毒所已经在此方面进行了实践。例如,鉴于新型毒品使用者有着生理依赖较轻微,但心理依赖较严重的特点(吴良发,2006),某强制隔离戒毒所建立了针对性的非阿片类合成毒品戒毒模式。使用非阿片类合成毒品的吸毒者在进入强制隔离戒毒所后,与使用传统阿片类毒品的吸毒者分开居住,并接受单独的针对性治疗。此外,该戒毒所还针对非阿片类合成毒品使用者建立了新型毒品危害宣传教育室,并采用专门的教材向这些吸毒者们介绍新型毒品的危害(易法建,2003)。

2. 非机构式戒毒

中国目前的非机构式戒毒主要包括医疗辅助戒毒、社区戒毒以及完全依靠自己"硬戒"的冷火鸡(cold turkey)式戒毒等几种模式。

医疗辅助戒毒又可分为毒品递减法、药物替代法、亚冬眠疗法、中医疗法、基因药物疗法、手术戒毒法以及门诊心理治疗法等。毒品递减法是指根据医生的指引,逐日减少毒品用量直到最后戒除对该药物的依赖。药物替代法是指用一种或几种药物替代吸毒者所使用的毒品,以实现逐渐减少毒品用量直至戒毒的目标。其中最广泛使用的替代药物有丁丙诺啡和美沙酮(郭崧,2001),主要用于替代海洛因等阿片类毒品的使用。其中,美沙酮维持治疗(Methadone Maintenance Treatment, MMT)尤其为人们所熟知。它被证明在减少海洛因等毒品的使用,减少高危险行为,降低共用针具所导致的HIV、HCV、梅毒等血液传染病的传播概率方面具有重要贡献(云南省第二轮防治艾滋病人民战争联合评估组,2011),并被认为是一种十分有效的海洛因成瘾替代性治疗方法(房红、阮惠风、刘敬平等,2010;Joseph et al., 2000)。同时,美沙酮维持治疗在减少与毒品有关的犯罪等方面也有一定的正面影响(房红、阮惠风、刘敬平等,2010;汤有贤、邵昭明、梁自勉等,2013)。不过,也有研究指出,单纯的美沙酮治疗只能缓解吸毒者对海洛因的生理依赖,而很难解决由此产生的强烈的心理和精神依赖(张景云、丁蕾,2009)。亚冬眠疗法又称意识剥夺疗法,指在戒毒者毒瘾发作时给其服用大剂量的安眠药,但此种方法目前在中国已很少使用(马俊岭、郭海英、潘燕君,2010)。中医戒毒法主要指使用针灸、中草药或气功等方法对吸毒者进行治疗以帮助其摆脱药物依赖(Lu et al., 2008;Tang & Hao, 2007)。使用中医疗法治疗药物依赖可追溯至清朝。长期以来,中医疗法被证实在很多方面都对吸毒者的康复有积极的影响(Fang et al., 2006;Shi et al., 2006;Tang & Hao, 2007)。中医疗法有利于减轻海洛因等阿片类药物使用者的戒断症状,对预防其复吸有良好的疗效(Clement-Jones et al. 1979;Li et al. 2001;Montazeri et al., 2002;Watanabe, 1997)。中医中的针灸疗法更是中国独创的毒品成瘾依赖治疗方法,它被认为具有无副作用、易操作、成本低、无依赖性等特点(焦莹、李峰、刘洋,2008)。同时,中医也常常与西医相结合,对处于康复期的戒毒者发挥联合疗效(焦莹、李峰、刘洋,2008)。使用基因药物也是药物治疗的一种方式,其因副作用小、治疗效果明显的特点正逐步投入戒毒领域的临床使用中(马雪琴、金志刚、胡德荣,2003)。手术戒毒疗法指的是使用手术的方法使吸毒者戒除毒瘾,不过此方法的疗效目前仍然存在争议,故仍然处于小规模实验阶段,尚未得到全面推广(赵新培,2003)。最后,门诊心理治疗也是医疗辅助戒毒方法的一种,主要指为吸毒者提供适当的心理咨询帮助其摆脱毒瘾,该种方法更适用于社会化程度较高的戒毒者(刘锡钧,1998)。

社区戒毒是《中华人民共和国禁毒法》(2008)和《戒毒条例》(国务院令第597号,2011)规定的中国目前实施的主要戒毒模式之一。各地均结合自己的地区特色和经济发展状况发展出了适合自身的社区戒毒实践模式。例如,云南省以社区为基础建立针对吸毒人员的戒毒与康复场所,并接收自愿戒毒者、被公安机关抓获并要求参与社区戒毒者,以及在强制隔离戒毒所完成戒毒治疗后进入社区康复阶段的戒毒人员(张晴,2015)。虽然在中国,社区戒毒工作已开展超过十年,但其在整体性、系统性及专业性等方面尚有可提升的空间(Liu & Hsiao, 2018)。近年来,一些社会工作服务较为普及化和专业化的地区开始逐步在社区中开展专业的社会工作戒毒服务,这在一定程度上提高了社区戒毒的成效。社会工作者介入社区戒毒服务的优势在于,其不仅可以利用社会工作专业知识为社区戒毒以及社区康复人员提供专业化的戒毒服务,而且社会工作者可联结各方资源,实现社区戒毒、强制隔离戒毒、社区康复的连贯性和无缝衔接。

完全依靠自己的戒毒方法则被称为冷火鸡法,亦称"硬性脱毒""自然戒断""干戒"等。这种戒毒法是一种十分古老的戒毒方法,早至600年前的泰国便有使用(房红、阮惠风、刘敬平等,2010)。它指不使用任何药物和其他治疗模式,而直接强行中断毒品的使用,让吸毒者的戒断症状自行消除。该方法的优点是几乎无经济投入,但缺点是过程往往十分痛苦(房红、阮惠风、刘敬平等,2010)。因此,该方法被认为较适用于毒品成瘾症状较轻、毒瘾不是很重的吸毒者。并且,虽然此方法的使用有数百年的历史,且目前依然在被使用中,却甚少有文献对此进行解释和说明,故其有效性和适用度仍然需要学者做进一步调查和研究。

二、西方国家常见的禁毒和戒毒模式

1. 美国

美国是目前世界上最大的毒品消费国,同时也是戒毒法规与措施相对比较"丰富"的国家(刘仁菲,2016;杨西,1990)。1914年,《哈里森毒品法》——美国历史上第一个全国性的禁毒立法得以颁布,并确立了治理毒品问题的刑事司法模式

(criminal justice model),这一模式在此之后的半个世纪都是美国社会应对毒品问题的主要策略(李晓凤,2017)。随着社会的发展和医学的进步,医疗模式(medical model)越来越受到重视。美国政府相继于1966年与1970年颁布了《麻醉品成瘾康复法》和《毒品滥用预防和管制综合法》,创设了"毒品等级",并确立了刑事司法与医学相结合的禁毒/戒毒模式。1971年6月,尼克松总统宣布发起"毒品战争(drug war)",并将毒品列为美国社会的"头号公敌"。20世纪80年代,为了更好地应对毒品问题,里根政府发起了"向毒品说不"运动。1986年,美国国会又通过了《禁止毒品滥用法案》,要求对某些类型的毒品犯罪实行强制判刑。美国在抵制毒品的近半个世纪的战役中累计花费超过1万亿美元(陈小方,2019;李强,2019)。而这些措施并没有帮助美国摆脱毒品问题,也并没有起到减轻毒品危害的作用。

20世纪90年代以来,美国推行更加温和的降低毒品危害的措施。一些社区戒毒法案相继颁布,包括1997年的《无毒社区法》、2001年的《无毒社区法再授权法案》和2010年的《加强无毒社区法案》(刘仁菲,2016;王春华,2006)。目前,美国药品强制管理局(Drug Enforcement Administration, DEA)负责全美的戒毒工作管理和指导,以及制定全美的戒毒政策。这一机构主要采取预防干预措施,通过一系列的联邦项目和社区教育活动实现预防民众涉毒的目的。《联邦列管药物法案》则以划分药物种类的形式规定了某一些药物是被管制的,不可以被随意购买与消费(库恩、斯沃茨韦德、威尔逊等,2016)。美国政府在禁毒经费上的投入是全球最多的,除了前文提及的毒品控制之外,也有相当一部分支出投入在预防及治疗方面(房红、阮惠风、刘敬平等,2010;张晴、张义平、王建伟等,2014)。同时,除了政府的资金投入,还有多种不同的资金来源,如来自商业部门和私人部门的资金被投入到禁毒、戒毒工作之中。

在戒毒领域,美国已形成了社区戒毒、医疗戒毒和监狱戒毒相结合的综合性戒毒体系,以及家庭干预和社区服务相结合的专业化介入模式,得以兼顾处理吸毒者生理、心理和社会生活等各方面的问题(李晓凤,2017)。其中,社区戒毒工作部门被称为"社区反毒联合体"(吴大华,2012;张晴、张义平、王建伟等,2014)。"社区反毒联合体"具有鲜明的多渠道资金来源、专业化模式运行以及行动目标明确等特点(王丹,2010)。作为一种有效的禁毒/戒毒实践模式,其服务十分多元化且注重与其他社会福利机构的多层次合作,不仅专注于对吸毒者的戒毒治疗和康复治疗,而且强调针对社会大众的吸毒行为预防(The office of National Drug Control Policy, 2002)。在社区戒毒治疗与康复领域,最值得一提的是治疗社区(Treatment Community, TC)模式(张晴、张义平、王建伟等,2014)。它是美国除美沙酮维持治疗之外,影响力最广的戒毒治疗和康复模式(房红、阮惠风、刘敬平等,2010)。这一模式起源于20世纪60年代,基于社区,着重为戒除毒瘾后的吸毒者提供社会适应和重归社会生活的环境,最终达到促使其回归主流社会的目标。同时,该模式也可以有效地预防复吸(刘仁菲,2016;吴大华,2012)。治疗社区中的治疗者,除了专业人士,还包括康复人员以及家属;治疗的模式则包括个别化的治疗、集体治疗,以及各种技能培训和职业培训等,主要专注于对吸毒者的心理和行为做出矫正,对其人格和价值观加以重塑,并最终促使其达到个人生活和行为模式的转变(李晓凤,2017)。此外,戒毒者自治组织也存在于大部分的美国社区。这种组织由吸毒者自主形成,吸毒者通过定期分享自己的戒毒体验和想法达到互相帮助、共同戒毒的目的。同时,为了降低吸毒者遭遇社会偏见的可能性,美国也在社区中建立社区法庭(community courts),帮助社区居民更好地接纳那些初次吸毒者(李晓凤,2017)。

美国的医疗戒毒模式则主要包括两项计划:美沙酮维持治疗计划和医院急性戒毒计划。作为美沙酮维持治疗法的发源地,美国在社区中广泛推广这一治疗方法。美沙酮维持治疗诊所遍布各州,对海洛因等阿片类毒品成瘾者提供治疗服务,并且起到预防和降低艾滋病传播的作用(房红、阮惠风、刘敬平等,2010;张晴、张义平、王建伟等,2014)。吸毒者不仅可以每日在符合资格的诊所免费领取美沙酮口服液,还可以获取其他必要的专业服务。而医院急性戒毒计划则主要为吸毒者提供住院医疗服务,使其能够在医院接受密集型治疗。通常,这类医疗服务会为戒毒者提供协助戒除毒瘾的药物以及其他支持类药物(如抗抑郁药物等),以帮助吸毒者消除毒品依赖症状,并得以在短时间内戒除毒瘾(李晓凤,2017)。这一服务更多地被提供给有毒瘾的年轻人(刘仁菲,2016)。

最后,监狱戒毒,即针对在监狱或其他监禁场所中有毒瘾的罪犯开展的戒毒服务,也是美国戒毒工作中不可缺少的部分(Liu & Hsiao, 2018)。事实上,在美国监狱中染有毒瘾的人数比例远远高于其社会平均水平(李晓凤,2017)。因此,在监狱中开展戒毒治疗服务很有必要。按照项目规划,监狱戒毒服务需要戒毒者完成至少 500 小时种类丰富的集中矫正训练。其中既包括职业技能训练、就业准备、人际交往技能等"技术性"项目,也包括理性思考、人生规划、生活方式改变等"思维"矫治;同时,监狱也会对那些对毒品依赖性较高的罪犯进行强制性住院式医疗戒毒治疗(刘仁菲,2016)。除此之外,与加拿大等其他西方国家类似,美国也利用毒品法庭对染有毒瘾的犯罪者提供可替代监禁的毒品治疗服务。如果犯罪者可以依照要求完成戒毒治疗,他们就可以免于刑事处罚(李晓凤,2017)。

同时,美国也十分重视针对各个不同阶层和民众的禁毒教育(房红、阮惠风、刘敬平等,2010)。例如,自 1986 年起,依据"联邦雇员的工作场所要成为无毒场所"计划,所有新生入学、新兵入伍以及新员工入职都需要接受毒品使用检测,以确保学校、军队和企业成为无毒场所(房红、阮惠风、刘敬平等,2010)。此外,自 1998 年起,美国实行了"全国青少年反吸毒教育媒体运动",专注于针对学校学生的禁毒教育以及组织专业人士(如社会工作者、心理咨询师等)为染有毒瘾的学生提供治疗服务(房红、阮惠风、刘敬平等,2010)。大众媒体也被视作禁毒教育的宣传载体。政府制作的禁毒公益广告被投放在全国 1300 家媒体上播出,并开设专门提供禁毒资讯的网站和咨询机构(房红、阮惠风、刘敬平等,2010)。可以说,各部门合作组合成了一个立体的、覆盖面广泛的禁毒教育网络。

然而近些年,美国社会对于毒品使用的容忍度越来越高。在美国的一些州,持有医疗用途的大麻被视为合法,而另一些州甚至规定,民众可合法持有少量娱乐用大麻(库恩、斯沃茨韦德、威尔逊等,2016)。具体来说,有 23 个州以及哥伦比亚特区允许合法使用医疗用大麻;其中,科罗拉多州、华盛顿州、俄勒冈州、阿拉斯加州、内华达州和加利福尼亚州在接受监管和课税的情况下,规定可以合法贩卖和使用娱乐用大麻。2012 年,科罗拉多州和华盛顿州率先通过法律,确认在这两个州内,种植、生产、销售大麻给成年人亦完全合法。

2. 加拿大

加拿大的第一部禁毒法案是颁布于 1880 年的《鸦片法》,这也是加拿大将毒品问题刑事法律化的开始。之后,加拿大于 1929 年颁布了《鸦片和禁毒法》,用以严厉打击贩毒活动。而 1961 年颁布的《毒品控制法》是加拿大历史上最重要的禁毒法律之一。该法律第一次对毒品进行了分类,并且针对不同类型的毒品犯罪做出了细致的规定,给出相应的制裁方案。之后,在 1985 年、1996 年以及 2012 年,加拿大又陆续颁布了《麻醉品管制法》《受限制的药品和化学品法》《安全街道和社区法案》等法案(刘建宏,2015)。总的来说,加拿大一直将吸毒和戒毒归为刑事司法议题并寻求从法律层面解决毒品问题,从而形成了传统上以强硬打压与刑事处罚为主流的处理毒品问题的模式。

然而,近些年来,毒品惩治法院和有条件的量刑这两种与传统的强硬打压模式不同的注重处罚与治疗并重的模式逐渐占据加拿大毒品问题治理的主流(Fischer et al.,2002)。例如,染有毒瘾的犯罪者在服刑期间可接受由矫正系统提供的戒瘾和减少伤害服务,包括美沙酮替代治疗等药物治疗以及得到消毒针具等(罗剑春、赵远伦、凡云章等,2005)。毒品惩治法院(Drug Treatment Court, DTC)也被称为"毒品法庭",这是一种目前在多个国家流行的强制性戒毒治疗模式,它能够给予非暴力型的有毒瘾的犯罪人一种强制性戒毒治疗方案,用以替代监禁惩罚(Shichor & Sechrest, 2001)。同其他法庭审理类似,毒品惩治法院也通过法院庭审和判决的形式,强制性要求犯罪人参加社区或戒毒机构提供的戒毒治疗,并以此作为对其犯罪行为监禁惩罚的一种替代性处理方案。这一方案将处理药物依赖问题置于首位,并成为应对有毒瘾问题的犯罪人的首选方案。在领取判罚之后,犯罪人会进入法院指定的戒毒机构或社区戒毒服务项目进行戒毒治疗。戒毒治疗不仅包括针对当事者毒瘾问题的治疗,也包括相应的行为矫治、心理矫治及其他各方面的社会支持和保障,如为其解决住房问题或安排其参加职业培训并协助其寻找工作。这一系列的治疗和服务都是为了帮助有毒瘾的犯罪人戒除毒瘾、改善行为,并预防其重新吸毒和犯罪(Gliksman et al., 2000)。

同时,若政府颁发了执照,人们在加拿大可以合法使用医疗用和工业用大麻。2001 年,加拿大从法律上给了医用大麻更为宽泛的定义(罗剑春、赵远伦、凡云章等,2005)。加拿大成为首个准许末期病患自行种植及使用自种大麻的国家。随着自由化浪潮的席卷,加拿大政府以及社会对于毒品的使用越来越宽容。2018 年,加拿大政府更是在全国范围内将娱乐用大麻使用合法化,并于次年允许含大麻成分的食品等在加拿大境内合法上市销售。而做出这一决定的原因在于,加拿大政府认为,相较于花费巨额财力和人力进行严厉的毒品打击,将毒品使用合法化或许更有利于减少毒品对国民健康的损伤;毒品使用合法化之后,也更加有利于政府监管各种药物的生产、运输和销售,因而可以让原本见不得光的地下毒品经济暴露在阳光之下,很多问题便可"迎刃而解"。

3. 澳大利亚

1969年以来,澳大利亚制定了一系列禁毒/戒毒措施控制毒品使用量的增长,进行全国的反毒品运动,并与世界各国和国际禁毒组织保持长久的禁毒合作(马敏艾、张霞,2001)。自1985年,降低危害成为澳大利亚反毒品运动和禁毒战略的基础(罗剑春、赵远伦、凡云章等,2005)。澳大利亚主要在以下几方面做出努力:其一,改善禁毒教育,包括在学校内增设各类禁毒教育课程,增进社会大众对毒品的了解和反毒品意识,以及对从事禁毒教育的人员进行专业的系统化培训等;其二,改善戒毒医疗与康复服务,包括增设医疗康复机构与戒毒中心,增加针对吸毒者的心理治疗机构,以及设立评估戒毒效果的评估机构;其三,增设覆盖全国的毒品使用资料网络;其四,积极加强国际合作,主要包括签订多项国际性禁毒条约,给国际禁毒组织(如国际毒品管理基金会)和其他国家(如泰国)提供必要的禁毒资金援助,以及向亚洲、美洲、欧洲等多个国家派出缉毒联络官等(马敏艾、张霞,2001)。

同时,澳大利亚海关与警察在反毒品运动中也起到了重要的作用。例如,澳大利亚警察建立了毒品数据库以制定反毒品战略和具体的实施策略(向朝阳,1997)。除此之外,在办理与毒品有关的案件时,由执法官员作为行动的主体参与办理案件,以获取毒品犯罪的证据,并保证诉讼的顺利进行(马忠红,2003)。

同美国和加拿大类似,澳大利亚也建立了毒品法庭。澳大利亚于1998年2月在新南威尔士州建立了第一个毒品法庭。随后,其他州也陆续设立了多个毒品法庭应对日益增长的吸毒问题(金莲,2015)。

4. 英国

英国曾是世界上最大的毒品输出国,并且在很长一段时间内,海洛因、吗啡等毒品都被应用于医疗和军事领域。之后,伴随着社会发展,人们对毒品的认识才有了改变,并开始对一些药物进行管制(李晓凤,2017;李一黎、万长智、郑明等,2012)。在20世纪早期,英国的毒品使用范围很小,吸毒上瘾被看作一种疾病,而吸毒者则被看成病人。此时医生对于吸毒者的治疗可能还是维持其小剂量的毒品摄入，以避免完全戒除毒品而产生的"并发症"（李晓凤，2017）。然而，自20世纪60年代开始，英国的吸毒人数显著增加，早年所流行的毒瘾"治疗措施"也受到诟病。20世纪80年代以后，海洛因的大量使用造成了艾滋病等疾病的传播，引发了英国政府对毒品问题的重视（李晓凤，2017）。

同美国类似，英国目前也建有相对完备的戒毒体系。受传统文化影响，在英国政府看来，戒毒更多的是一个医疗议题，因而戒毒工作由卫生部负责的英国国家戒毒总署管理（张晴、张义平、王建伟等，2014），主要倾向于采用降低危害的处理模式。具体措施则包括制定相关法律、完善领导管理机制、建立专业化的戒毒体系和机构、开展禁毒教育，以及保证充足的经费投入五个方面。

第一，英国自20世纪70年代以来，制订了一系列指导戒毒工作的法律法规，如《药品分类管理法》《药物滥用法》等（索斯，2012；杨细桂，2014）。依据《药品分类管理法》，所有的药品依据成瘾性的轻重被分为ABC三级。A级药物包括海洛因、可卡因等强致瘾性药物，B级药物有安非他命类与巴比妥类药物，C级药物则是一些轻微的兴奋剂与镇静剂（索斯，2012）。这一分类并非一成不变，例如在2004年，大麻便由B级药物调整至C级药物（索斯，2012）。如果民众携带和使用的药物在可控范围内，便被视为安全行为；而只有在其药物持有或使用行为影响社会治安或导致犯罪时才会受到法律制裁（王丹，2010）。同时，由于吸毒并不会被视为犯罪，因此，戒毒基本是为自愿想要摆脱毒瘾的人提供的服务。

第二，英国在戒毒工作的领导管理体制方面追求不断进步。监狱、公立戒毒中心和社会性戒毒机构紧密联系在一起，共同形成一个健全的戒毒管理体系。在英国，吸毒被认定为一种社会行为而非个人行为。因此，戒毒也便成为一项应该由社会承担的责任。这里的社会主体既包括政府，也包括各种社会机构和各类企业等。这些社会主体都有义务为吸毒者提供戒毒帮助（王丹，2010）。

第三，由戒毒机构提供专业戒毒服务。染有毒瘾的犯罪人在服刑期间可以接受监狱提供的戒毒治疗服务，而如果犯罪人被保释或者被判社区服刑，则会被转入社区戒毒治疗服务机构进行治疗（张晴、张义平、王建伟等，2014）。在社区中的戒毒治疗与康复工作是英国最主要的禁毒、戒毒工作环节。它通常由政府指定的符合资质要求的戒毒机构执行，其内容主要包括戒毒宣传、美沙酮维持治疗，以及社会工作介入等(李一黎、万长智、郑明等,2012;索斯,2012)。这些戒毒机构既包括有政府设立的公立戒毒中心,同时也有一些非政府的专业化戒毒机构,它们共同承担帮助成瘾者戒毒和戒酒的任务(杨细桂,2014)。

英国的专业戒毒机构主要包括自我管理与康复组织和匿名戒毒组织等。自我管理与康复组织是一个非营利的戒毒组织。它主要基于朋辈的引导与帮助,通过心理学视角对吸毒者进行干预服务,以期达致帮助其戒除毒瘾的目的。匿名戒毒组织则是一个全球性的戒毒组织,在其中从事戒毒服务工作的人员绝大多数是志愿者或专业的社会工作者。该组织通过定期聚会引导参与者改变自我认知,达到摒弃吸毒行为的目标。相对而言,这些组织使用的戒毒方法比较灵活,既包括"十二步法"等基于宗教信仰的方法,也包括以心理学为基础的"自我管理与康复训练"法,同时,一些户外活动和亲近自然的活动也可能被列入治疗方案之中(李晓凤,2017)。英国的机构在戒毒安排上通常会有完整的评估策略:戒毒前,机构会与戒毒者签订合同;在戒毒治疗期间,则会根据合同条约对戒毒者进行评估;而在戒毒治疗完成之后,也会进行跟踪调查检查戒毒效果(王丹,2010)。在英国的戒毒治疗中,专业人士会综合了解吸毒人员的特征与状态,采用不同的策略帮助其缓解成瘾症状。他们很清楚,戒毒是个漫长而反复的过程,即便戒毒者复吸也不应受到指责(李晓凤,2017)。除此之外,英国还提供戒毒人士重返社会的途径。例如,成瘾康复基金会的雇员全部为戒毒成功的吸毒者,该组织也会通过系列团队活动,让这些戒毒成功的吸毒者正视自己过往的吸毒问题,保持戒毒成效,增强彻底摆脱毒瘾的信心(李一黎、万长智、郑明等,2012)。

第四,英国也有完善的禁毒教育。英国的禁毒教育主要针对青少年群体,因此大多在学校、家庭和社区中开展(房红、阮惠风、刘敬平等,2010)。学校、家人、社区警察、志愿者等充分合作,以实现对学校的学生进行禁毒宣传,并及时发现、治疗染有毒瘾的学生(房红、阮惠风、刘敬平等,2010)。

第五,由于采用福利国家模式,英国政府在戒毒服务方面也投入了大量的资金(张晴、张义平、王建伟等,2014),并由教育部、内政部、卫生医疗部三大部门共同负责戒毒议题(王丹,2010),从而有良好的经济支持。而社区戒毒中由戒毒人员自发成立的互助小组的戒毒治疗模式一般实行会员制,且不接受政府资助,其资金大多来自会员自己的捐赠或互助小组自筹资金(张晴、张义平、王建伟等,2014)。

5. 瑞典

同英国一样,瑞典也是十分典型的福利国家。瑞典政府采用中央政府和地方政府共同负担的方式在禁毒、戒毒事业上投入大量经费(张晴、张义平、王建伟等,2014)。同时,瑞典也是欧洲对毒品管控最为严厉的国家之一,一直坚持无毒国家的打造。自1968年,瑞典陆续颁布了《瑞典药品生产申请法》《瑞典麻醉药品管理惩罚条例》和《瑞典麻醉药品管理实施细则》等一系列禁毒、戒毒法案和条例。这些法案和条例不仅规定了贩毒将接受严厉的惩罚,而且要求吸毒者接受六个月或以上时间的强制戒毒治疗或被判处相应时间的监禁。

同时,为了保证禁毒、戒毒法案能够被顺利执行,瑞典政府还强化了执行机构的职能,具体包括:(1)强化警察职能,加强打击毒品走私与毒品犯罪,阻断毒品入境,并在发现吸毒者时将其迅速送去戒毒机构治疗;(2)强化药物管理部门职能,严格管理成瘾性药物和麻醉药物的生产、销售和使用;(3)由首相办公厅联合警察、卫生、财政、社会福利等多部门成立禁毒协调委员会,在全国范围内协调禁毒、戒毒工作。此外,为了实时了解本国毒品问题的发展态势、统计全国吸毒者人数、了解本国毒品的流行趋势和研究预防措施,瑞典政府还建立了毒品情况监测机构,并开发了毒情监测系统,定期发布毒情监测报告。

在戒毒治疗和康复工作方面,瑞典政府主要以大城市为中心建立针对不同类型毒品使用者的戒毒治疗基地,并按照使用药物种类的不同设置专门的海洛因、大麻和苯丙胺类药物使用者的专业治疗基地(张晴、张义平、王建伟等,2014)。在治疗方法上,瑞典主张使用药物治疗和心理治疗相结合的方法(陈寅卿、蔡志基、蒋家雄等,1989)。在戒毒基地之下,还设有戒毒康复机构,如康复中心和家庭康复中心等(张晴、张义平、王建伟等,2014),为更多的吸毒者提供服务。治疗基地以及基层康复中心中都配备有专业的医生、精神科专家以及社会工作者,以确保提供的服务都是专业化的,并且这些戒毒机构还与学校、社区组织以及当地警方紧密合作,建立起覆盖全国的戒毒治疗和康复服务网络(陈寅卿、蔡志基、蒋家雄等,1989;张晴、张义平、王建伟等,2014)。

除了戒毒治疗基地和基层戒毒康复机构,社会团体也在瑞典的禁毒和戒毒工作中发挥着重要作用。这些社会团体包括"瑞典吸毒者救援协会""瑞典家庭抗毒协会""欧洲抗毒协会""北欧国家抗毒组织"以及"国际非政府抗毒协会"等。这些团体主要致力于禁毒宣传工作,如宣传吸毒危害或进行艾滋病防治教育等。同时,这些社会团体也会基于现实的禁毒和戒毒状况进行社会倡议,并敦促政府改进和完善相关政策与法规。

6. 荷兰

在毒品管控方面,荷兰一直采取比较宽松的政策;政府不主张以严厉的措施打击毒品使用,并认为打击无法有效地控制毒品滥用(吴红霞,2002)。同英国类似,荷兰也倾向于采取降低危害和以公共卫生为导向的较为温和的毒品政策(李晓凤,2017;张勇安,2006a)。而其中最为著名的便是"咖啡馆制度",即指个人可从政府批准的咖啡馆中合法地选用多种大麻及大麻制品,而不会受到指控。该制度的核心是将大麻与其他毒品区别对待,并对大麻及大麻制品的使用采取较高的容忍度。

"咖啡馆制度"可追溯至20世纪70年代。为了应对当时严重的毒品滥用问题,荷兰政府在20世纪70年代先后成立了两个委员会——"赫尔斯曼委员会"和"班恩委员会",研究荷兰的吸毒问题,并给出合理的政策建议(张勇安,2006a)。依据两个委员会的研究结果,吸毒者不应被看作犯人,因为这会引发社会歧视和对吸毒者的边缘化;相反,吸毒者应当被视为需要治疗和帮助的人,政府应为他们提供适当的治疗服务(巴坎,2011;张勇安,2006a)。此外,在毒品研究和实务领域被广泛认可的视大麻为"入门毒品"的观点也受到了两个委员会研究结果的质疑。依据委员会给出的研究报告,大麻和大麻制品被视为"危害可承受"的"软性毒品",这和海洛因等"危害不能承受"的"硬性毒品"有显著的差别,因而政府对其的管控应该有所区别(吴红霞,2002;张勇安,2006a)。这些对毒品问题的分析和政策建议与国际上长期以来占主导地位的严厉打击模式有根本的区别,因而成为降低危害策略的先导。同时,这些分析和建议也为禁毒领域的研究者和实践者看待毒品问题提供了一个全新的视角:吸毒是无法消灭或无法根治的问题,我们要做的不是严厉控制毒品使用,而是为吸毒者提供各种治疗与支持,以降低毒品对使用者带来的健康危害(巴坎,2011)。

基于这两个委员会给出的政策建议,荷兰政府确立了毒品分类制度,强化了对硬性毒品走私者的管控与惩罚,弱化了对毒品使用和持有者的处罚(张勇安,

2006a)。其中最为引人关注的便是对大麻自用的宽容政策,即个人可以合法持有可维持两周左右使用量的大麻,而这也是荷兰咖啡馆逐渐成为大麻售卖处的起因(巴坎,2011;张勇安,2006a)。时至1995年,荷兰的大麻咖啡馆的数量已从1980年的9家迅速增至1460家。然而随着20世纪90年代后期荷兰毒品政策的略微收紧,其大麻咖啡馆数量至2004年已经减至737家。不过,虽然咖啡馆政策有所收紧,荷兰却在医用大麻领域迈了一大步,于2001年通过医用大麻合法化政策,成为继加拿大之后第二个允许大麻作为医疗药物使用的国家(张勇安,2006a)。

7. 日本

日本作为世界上主要的毒品消费国之一,对毒品的打击一直是较为严厉的,禁毒法律法规也较为完善(张永礼、陈林林,2016)。在日本,毒品被归属在药物的范畴,药物中的"麻药"便基本相当于毒品(李明,2011)。日本采取了刑法与专门法相结合的方式构建禁毒法规体系。除了刑法,日本还颁布了《鸦片烟法》《觉醒剂控制法》《麻醉品控制法》《大麻控制法》《麻醉药及安眠药等取缔特例法》和《麻醉药及安眠药等取缔的部分修改法》等多项禁毒刑事法规打击毒品犯罪与毒品使用(刘建宏,2015)。日本的禁毒、戒毒政策和措施是依据本国的实际情况构建的,十分完备,也取得了很大的成效。

第一,毒品控制也可被视为"供给的切断"(李晓凤,2017),其主要由覆盖全国的八个毒品取缔部来承担。毒品取缔部的官员被称为毒品(麻药)取缔官,即缉毒警察(张永礼、陈林林,2016),主要负责禁毒工作,包括毒品鉴定与搜查、毒品犯罪的情报搜集、毒品案件侦察与打击,以及摧毁贩毒组织等(张永礼、陈林林,2016)。同时,毒品取缔部中还配备有专业的毒品鉴定官,负责对查获的毒品样本进行鉴定。毒品取缔部也同时与医疗机构合作,共同承担针对吸毒者的治疗和康复工作,并在其管辖区内设置各种治疗和康复设施,如保健所、精神健康中心等,为吸毒者提供服务(刘伟兵,2005)。

第二,防治药物滥用战略主要指导日本的禁毒教育工作(房红、阮惠风、刘敬平等,2010),这也可被认为是一种"需求的根绝"(李晓凤,2017)。同英国类似,日本的禁毒教育主要针对各级在校学生,例如促进中小学禁毒教育并杜绝中小学生的毒品使用行为,同时也强调了学校对禁毒教育负有职责。除了禁毒教育,防治药物滥用战略还包括阻断毒品走私与入境、打击贩毒组织、加强国际禁毒合作、处罚和为吸毒者提供治疗服务以及帮助戒毒者重新回归社会和为其提供社会支持。

第三，预防毒品犯罪由日本政府统一推进，主要缘于毒品犯罪是影响社会治安状况的重要因素这一认知。具体而言，预防毒品犯罪由警方主导，重点包括阻断毒品货源、杜绝毒品购买需求，以及加强与其他国家或海外禁毒机构的国际合作等策略（李明，2011）。例如，杜绝毒品购买需求策略可包括对吸毒者的查处、戒治，以及对大众的禁毒教育等；而加强国际合作可包括各国就禁毒议题互通情报、互派官员，以及举行定期会议和活动交流禁毒方法和戒毒技术等（张永礼、陈林林，2016）。

第四，戒毒治疗在日本应对毒品问题的措施中也占据着重要地位。其服务主要包括对吸毒者的咨询、治疗，以及防止戒毒者复吸（张永礼、陈林林，2016）。尤其是，日本建立了完善的社区戒毒治疗模式，政府、社区和志愿者共同参与，为吸毒者提供以社区为本的戒毒治疗、心理辅导和社会支持（张晴、张义平、王建伟等，2014）。除了社区，医院也是日本戒毒服务的重要机构，可依据需要给吸毒者提供为期两个月的生理戒毒治疗（张晴、张义平、王建伟等，2014）。吸毒者如果积极与医生配合，便有望在两个月的时间内戒除毒瘾，重新回归社会。同时，除了社区和医院，日本也存在司法体系的处罚和戒毒安排，其种类主要包括缓刑、假释、中途之家、日报告中心、电子监控等，可依据吸毒者的不同情况做出适当的安排（张晴、张义平、王建伟等，2014）。

第五，戒毒资源配置也是日本禁毒工作的重要组成部分。总体而言，日本拥有较为完善的禁毒组织机构，各部门通力合作完成禁毒教育、对贩毒的打击，以及对吸毒者的戒毒治疗等多种任务。而其经费来源则包括政府拨款、医疗保险和社会资金等。

三、毒品主要产地的禁毒和戒毒策略

拉丁美洲、金三角和金新月是目前世界上最主要的毒品产地，也是毒品最为集中的地区。在这些地区，对毒品问题的治理基本以禁毒和打击毒品生产与毒品犯罪为主，而戒毒策略则大多成为"配菜"，通常并未被单独提及和从禁毒及毒品打击工作中剥离出来。

1. 拉丁美洲

拉丁美洲总共包括34个国家和地区,是世界上主要的毒品产地之一,主要生产海洛因、可卡因和大麻(杨西,1990)。墨西哥主要生产海洛因和大麻,而具有"白三角"之称的玻利维亚、哥伦比亚和秘鲁则以生产可卡因为主。同时,巴拿马、委内瑞拉、洪都拉斯等国为重要的毒品中转地,其他的中美洲和南美洲的一些国家,如巴西、阿根廷,也均有毒品生产和贩运活动(杨西,1990)。多年来,拉丁美洲各国的禁毒措施形成了较为鲜明的整体区域性特点。

第一,各国都制订了反毒战略计划,包括巴西的"国家公共安全计划"、墨西哥的"加强反毒斗争的战略计划",以及哥伦比亚的"哥伦比亚计划"等(李萌、尚德良,2001)。第二,各国也都相继颁布了禁毒法律制度,用以加强扫毒斗争的执法力度,打击各种与毒品有关的犯罪活动,严惩贩毒,并净化司法、行政、军警机构的贪污腐化(焦震衡,1994)。具体的打击策略可包括冻结贩毒集团的资金、稽查涉毒或参与贩毒的军警人员等。第三,各国都努力根除毒源,重点摧毁各个毒品种植园,并致力于发展替代性的经济作物以取代毒品种植,同时安顿农民生活(李萌、尚德良,2001)。例如,哥伦比亚政府授权使用草甘膦除草剂销毁2900公顷罂粟种植园,而墨西哥政府则在试验后发现,使用百草枯破坏大麻田以及使用农药对付罂粟是最为有效的摧毁毒品种植园的办法(张勇安,2006b)。第四,发展国民禁毒教育也是拉丁美洲国家重要的禁毒策略。例如阿根廷推出"为生命而战""团结起来""以教育促预防"等数十项禁毒教育计划,在全国范围内开展广泛的、多种多样的禁毒宣传教育工作(高颖,2003)。而哥伦比亚政府则更加重视青少年的禁毒教育,通过与当地青年组织的合作推进禁毒教育,并收到了一定的成效(肖保根,2015)。

此外,鉴于地理位置接近,拉丁美洲的一些国家接受了美国政府的援助,或与美国政府合作共同进行反毒斗争(杨西,1990)。例如,美国在1990年同秘鲁、哥伦比亚和玻利维亚签订了"卡塔赫纳协议",商定四国合作打击毒品生产、运输、贩卖和消费(杨西,1990)。美国亦向三国提供经济援助,用于禁毒军事活动或替代种植经济的发展,或在有必要时直接给予他们军事援助(杨西,1990)。而墨西哥因为与美国共享部分边境线，与美国政府的合作主要在"梅里达计划"以及"西南边境安全计划"这两个合作框架下展开。合作内容主要包括情报合作、缉毒行动合作、边境安全合作、司法合作，以及推动墨西哥安全部门现代化等多个方面。例如，依据"梅里达计划"，美国会帮助包括墨西哥在内的中美洲国家打击毒品犯罪和维护边境安全，以及完善这些国家的公共安全和法制建设。此外，美国也向这些国家提供禁毒资金和技术援助，并开展有效的禁毒措施以减少这些国家对美国的毒品走私。同时，重新部署美墨边境缉毒人员以及使用更加先进的设备加强边境检查也是该计划的一部分(杨阳、李孟景阳，2015)。

2. 金三角

金三角地区主要涉及东南亚地区的缅甸、泰国、越南三个国家，具体为三国交界的一片三角地带，是目前世界上最主要的鸦片和海洛因产地之一(克雷默、陶晓阳，2015；刘延磊，2015；刘稚，2001；张永礼、李强，2014)。其中，缅甸是仅次于阿富汗的世界第二大罂粟种植与阿片类毒品生产国。不过，金三角的实际影响覆盖整个东南亚地区，实际生产除古柯和可卡因外的几乎所有的毒品和兴奋剂(刘稚，2001；韦先泽、梁春香，2016)。随着非阿片类毒品的兴起，金三角地区的冰毒、摇头丸等苯丙胺类药物以及大麻精制药物也逐渐发展起来(刘稚，2001；韦先泽、梁春香，2016；张永礼、李强，2014)。其中，缅甸成为苯丙胺类兴奋剂(Amphetamine Type Stimulants，ATS)的区域性产地和源头(国际麻醉品管制局，2012)。冰毒更是取代了海洛因成为金三角最主要的毒品(刘稚，2001)。正因为金三角地区毒品问题突出，东南亚有严重毒品问题的各国均建立了严格而强硬的禁毒措施，以打击毒品滥用和涉毒犯罪(房红、阮惠风、刘敬平等，2010)。这些禁毒措施主要包括如下五个部分。

第一，建立由上而下的健全而有效的禁毒职能机构。金三角地区的几个国家基本都形成了中央统一领导的禁毒委员会，而地方则相应成立地区禁毒委员会以配合中央展开具体工作。在这几个国家中，泰国的禁毒机构最为完善，其不仅建立了统一领导全国禁毒工作的全国禁毒委员会，还成立了"泰缅边界镇压贩毒活动全国委员会"，由副总理主管，全面打击武装贩毒集团。同时，泰国亦积极和美国、欧盟等国家和地区合作成立各种国际禁毒组织机构，并与地方性禁毒组织一起共同对毒品生产与贩运实施打击(张良民,2002)。

第二,推进禁毒立法,确保禁毒行动合法进行。泰国的禁毒立法最为齐全,出台了《麻醉药品法案》《麻醉药品控制法案》《麻醉药品相关犯罪遏制法案》《精神药物法案》等各种禁毒法律。根据泰国的法律,吸毒是一种犯罪行为,不论使用何种毒品以及是否成瘾,都需要受到刑事惩罚(房红、阮惠风、刘敬平等,2010)。同时,泰国还完善了司法程序,用以保障禁毒行动合法展开。缅甸最早的禁毒法规为1974年通过的《麻醉药品及危险药物控制法》,之后又通过了《麻醉药品和精神药物控制法》。通过修改与完善,缅甸最终形成了自己的禁毒法规基础与主体(刘建宏,2015)。老挝则主要通过《刑法》规定禁毒行为的合法性。其刑法明确规定了要对毒品犯罪进行打击与惩治,且关于毒品犯罪的分类详细而齐全,处罚也具有很强的针对性(邬江,2005)。

第三,加强各类区域内和国际合作,共同打击毒品犯罪活动。例如,在泰国北部地区,泰国与缅甸两国展开合作,针对活动于两国边境间的武装制毒和贩毒集团展开合作打击,并共同进行军事围剿(马敏艾、张霞,2001)。除此之外,东南亚国家联盟(东盟)还在泰国首都曼谷设立了麻醉品部,以协调东盟各国的禁毒活动。缅甸则与多个国家(如老挝、泰国、印度、越南、孟加拉国、俄罗斯等)签署了多项禁毒合作协议,以联合打击各种跨境的贩毒活动。同时,缅甸也得到了包括联合国禁毒署在内的多个国际组织提供的资金、设备和人员援助,帮助其应对毒品问题和打击跨国贩毒集团(林森,2015;马敏艾、张霞,2001)。老挝签署了多项跨国禁毒合作协议,其中包括与美国签署的联合肃毒协议,以及湄公河流域六国商定共同打击毒品犯罪的合作计划。同时,美国还为老挝提供了大量的资金援助,用于打击其境内的毒品犯罪问题(张良民,2002)。总的来说,金三角地区国家的禁毒国际合作广泛,这既包括区域内国家相互间的合作,也包括区域内国家与外部其他国家、地区或国际组织的合作。金三角以及周边地区的国家常常联合起来,共同对区域内的贩毒武装集团施行联合武装行动,打击毒品的跨境犯罪活动(刘稚,2001;韦先泽、梁春香,2016)。同时,这些国家也都积极参与更大范围内的与禁毒相关的国际会议,并签署多项合作协议促进国际合作以及获得国际社会对于应对毒品问题的支持(王新建,2001)。

第四,从根本上铲除毒源,并全面推行毒品替代性种植计划。这一点与拉丁美洲地区的做法十分类似,主要通过使用经济作物替代种植罂粟达到根除毒品种植的目的。例如,缅甸政府在其主要的罂粟种植区实施了"种子交换计划"。也就是说,农民可以用罂粟种子从政府处换取小麦、水稻等农作物种子。这一计划得到了中国政府的技术支持,主要帮助缅甸农民学习农作物的种植技术(林森,2015;刘延磊,2015;刘稚,2001;张永礼、李强,2014)。泰国成立了"解决山民鸦片问题国家安全委员会"以及山民发展扶助中心,在全国近千个村庄推行强制性罂粟替代性种植,帮助村民制订新的经济作物种植方案。该计划取得了十几个国家的技术和资金支持,并获得了良好的实施效果(马敏艾、张霞,2001;Fairbairn et al., 2012)。老挝政府则一直致力于解决其北部省份农民种植罂粟的问题,主要使用严厉打击与替代种植相结合的方案:一方面由当地地方政府实施清除罂粟作物的行动,并严惩偷种者;另一方面帮助当地农民实施替代性种植,并通过筹措国际资金努力改善当地基础设施,提高农民的生活水平(张良民,2002)。中国政府也在老挝替代种植行动中提供了技术援助(刘稚,2001;张永礼、李强,2014)。

第五,积极开展各种禁毒教育。禁毒教育可使人们了解毒品危害、唤起民众的警觉意识,并实施全民反毒战略(王新建,2001)。例如,缅甸制定了禁毒战略目标,并号召全体国民投入到禁毒和反毒运动中。电视台、电台和报刊等媒体上都有大量的禁毒宣传和教育内容,促使民众更多地了解毒品的危害,远离毒品,积极配合和参与国家的禁毒行动(林森,2015)。老挝政府也十分重视禁毒教育,尤其是在学校推进的禁毒教育。政府要求将禁毒教育纳入各级学校正常的师生德育教育中,广泛开展,并将禁毒议题融入学校开展的多种多样的活动中,如诗歌朗诵、歌咏比赛等文体活动。老挝政府还组织编写禁毒专业教材,以便更好地在学校开展禁毒教育活动(张良民,2002)。此外,老挝每年还会举行盛大的群众反毒集会,政府也会鼓励民众举报毒品犯罪活动。而泰国的禁毒教育则除了针对在校学生,更集中于针对"高危人群",如性工作者等。近年,泰国在禁毒宣传方面的投入逐渐扩大,宣传范围也扩展至普通的社会民众(房红、阮惠风、刘敬平等,2010)。

总的来说,金三角国家都深刻认识到打击毒品犯罪以及公众禁毒教育的重要性,可是对于吸毒人员的戒毒治疗和康复治疗模式的发展却稍显不足。金三角地区国家大多采用封闭的机构式强制戒毒为吸毒者提供戒毒服务(房红、阮惠风、刘敬平等,2010;Vuong et al., 2017;Zhang et al., 2016)。在这一地区,有超过

235 000位吸毒者在包括越南、老挝、柬埔寨、马来西亚、泰国、缅甸等国的1 000余家强制戒毒机构接受戒毒治疗(Amon et al., 2014)。不过,鉴于在这些国家的强制戒毒机构中做研究依旧十分困难,目前尚未有学者对这些国家的戒毒项目做出非常科学化的评估,因此,我们也甚少有机会了解其有效性(Werb et al., 2016)。而至于其他的戒毒模式,则只有泰国曼谷拥有几家美沙酮诊所可对海洛因使用者进行专业治疗,其他国家和地区仍然相对缺乏专业的社区戒毒服务和医疗戒毒服务(Barrett & Perngparn, 2010)。

3. 金新月

除了金三角,金新月是世界上另一个重要的罂粟和阿片类毒品产地。金新月地区指巴基斯坦、阿富汗和伊朗交界的月牙形狭长地带,因其均为伊斯兰教国家,而地形又近似伊斯兰教的新月,故惯被称为金新月(张昆,2011)。因为拥有特殊的地理位置,金新月不仅是目前世界上最重要的鸦片产地和亚洲最大的毒品销售市场,而且是欧、美、亚三大洲毒品走私的必经之地(冀开运,2007)。

其中,阿富汗的毒品问题最为引人瞩目。阿富汗已超越了传统毒品生产大国缅甸,成为世界上最大的阿片类毒品产地(韦先泽、梁春香,2016;张昆,2011),这也是政治和历史相互作用所产生的结果。近些年来,阿富汗的毒品问题日益严重,其毒品产量迅速增长,且毒品市场的需求也在不断扩大(姚大学、赵宇欣,2011)。为了阿富汗的重建以及中亚的稳定,解决毒品问题对于阿富汗来说非常关键(United Nations Office on Drugs and Crime, 2011)。与阿富汗交界的巴基斯坦西北边境省也是传统的种植罂粟和生产鸦片的重要地点,其种植罂粟始于18—19世纪。而巴基斯坦和阿富汗两国间长达2430公里的边境线是毒品贩运的重要通道,也使得巴基斯坦成为阿富汗毒品销往世界各地的重要中转站(Bureau for International Narcotics and Law Enforcement Affairs, 2012)。同时,毒品也为巴基斯坦带来了严重的政治和社会影响,例如政治腐败(陶颖、张金山,2000)。而伊朗则是亚洲最大的毒品销售地,也成为将该地区毒品卖向全球的重要市场。

总体而言,毒品带来的巨大利润导致了金新月地区严重的毒品问题,也促使这几个国家相应出台了若干禁毒措施以打击毒品生产和贩运。

第一,完善肃毒职能部门。20世纪90年代,伊朗政府成立反毒品斗争指挥部,全面发起对毒品的战争。与此同时,伊朗不仅建立了许多专门关押毒贩的监狱,亦在全国各地设立众多戒毒机构,为吸毒者提供戒毒服务,并帮助其重返社会(吴然,1990)。在阿富汗,有多个部门共同负责缉毒工作,主要包括反麻醉药品特种部队、反麻醉药品部、警察局以及海关等部门。其中,反麻醉药品部是禁毒的主导部门,负责协调各政府部门以及相关组织的禁毒行动和计划(刘建宏,2015)。巴基斯坦于1997年进行了禁毒部门的一系列调整,包括将反麻醉药品任务行动组和麻醉品控制委员会合二为一,称为麻醉药品控制局,负责禁毒工作,而该部门于2002年升级为麻醉药品控制部(Yaqub, 2013)。

第二,完善禁毒法律。伊朗于1988年通过了《反麻醉品法》,多次修改该项法律。从该法律的修正案来看,伊朗对毒品犯罪的刑罚力度在逐渐加大(Amnesty International, 2011)。2005年,阿富汗颁布了《反麻醉药品法》,构建了一个包括麻醉药品分类分级以及毒品犯罪缉查、审判及处罚等多个维度在内的预防毒品生产与交易的系统化法律框架。而巴基斯坦于1997年通过了《麻醉药品控制法案》和《反麻醉药品行动组法案》,并使之成为重要的禁毒依据(刘建宏,2015)。

第三,促进与国际组织合作及与周边国家的合作,共同打击毒品犯罪。伊朗同巴基斯坦、土耳其等国签订了反毒品协定,并采取联合行动,对边境地区猖獗的毒品生产与贸易进行严厉打击(吴然,1990)。为了增强在禁毒方面的能力,伊朗政府还于2011年和联合国毒品与犯罪问题办公室(UNODC)联合启动了一项新的国家层面的禁毒计划(刘建宏,2015)。同时,伊朗政府还全面推广了美沙酮维持治疗服务,以加强针对吸毒者的医疗戒毒服务(Mokri & Schottenfeld, 2009)。而在该地区的其他国家,如巴基斯坦和阿富汗,由于战乱和政局动荡,毒品贩运活动猖獗,大毒枭甚至掌握了部分地区的政权,因此在打击毒品犯罪活动方面并没有太大的起色,更加缺乏针对吸毒者的戒毒服务。

四、各地禁毒戒毒模式评述

通过对中外各地目前所使用的戒毒治疗方案和实践的回顾,我们可以发现,虽然中国目前实施多样化、多维度的戒毒方法,并且在帮助吸毒者戒除毒瘾方面取得了一定的成效,但是,无论是自愿戒毒、医疗戒毒、社区戒毒、还是强制隔离戒毒，吸毒者想要在完成戒毒项目后长时间内维持戒断毒瘾的状态都需要面对巨大的挑战(刘柳、段慧娟，2015)。有研究表明，吸毒者在完成强制隔离戒毒之后一年内的复吸率可高于80%(Hser et al., 2013)。可见，对于大多数中国吸毒者而言，现行的戒毒项目虽能帮助他们达成戒毒目标，但在保持戒毒成果等方面尚有可改进的空间(Liu & Chui, 2018; Liu & Hsiao, 2018)。而世界各地的戒毒模式主要为医疗体系戒毒模式、治疗社区、刑事司法体系戒毒模式以及自愿戒毒模式等(李晓凤，2017)。在禁毒戒毒领域，大量的研究者和戒毒实务工作者都在尝试开发和实践某种严格而有效的治疗模式，以帮助吸毒者戒毒并长期保持不吸毒的状态。不过，到目前为止，这仍然是一个重大的挑战(Aklin et al., 2014)。

事实上，毒品本身的致瘾性特性使得其使用者一旦对其产生依赖，便很难戒除。设计和开展有效的戒毒项目和戒毒服务必须基于全面且详细地了解吸毒人群的吸毒经历和生活状态。只有在充分了解他们使用毒品的过程、对毒品的认识以及对待戒毒的态度的基础上，我们才有可能更好地设计和安排有针对性的社会政策、戒毒项目和服务。

第二章

重新检视吸毒者:理论的阐释

第一节　毒品使用生涯理论

在中国,吸毒被视为一种严重的越轨行为(Liu & Chui, 2018;Liu & Hsiao, 2018),因此大部分相关研究均采用刑事司法模式为视角,将吸毒者看作犯罪者并强调打击和制裁。同时,亦有一些医学或心理学的研究试图以医疗模式(即将吸毒者看作需要治疗的病人)为视角来研究吸毒者,并通常建议以各种医学或心理学的治疗方案改善吸毒人群的药物依赖状况(Coombs, 1981)。然而,无论是刑事司法视角还是医学视角,都倾向于从"外部"对吸毒者展开研究和治疗,将吸毒者看作研究和提供治疗服务的客体,而吸毒者在研究或治疗中都处于"被安排"甚至"被歧视"的状态。

不过,如果从吸毒人群自身的角度出发,他们的吸毒行为可能既非病态的也非越轨的行为;相反,吸毒可能是他们生活的"常态",是某种"舒缓压力"的方式,甚至是生活中一个很重要的组成部分(刘柳、段慧娟,2018)。吸毒者和其他社会群体一样,都具有主体性,是有自己的思想、意志和选择的行动者。因此,我们对于吸毒者的认识不能离开其本身。事实上,毒品使用虽然有其社会性的因素,但说到底也是一种个体的理性化选择。吸毒者也是可以为自己行为负责的、拥有自由意愿和选择权的理性个体。他们在面对毒品时具有自己的选择策略和行动意志。因此,近些年来,无论是研究者还是实践者,在关注吸毒者的吸毒历程时,都更加强调从其自身的立场、经验和态度出发,并推荐采用建构主义的视角探讨其对于毒品使用经历的解读。与现实主义不同,建构主义在承认物质存在的同时,更强调认知或观念的重要性,着重于理解认知、观念或态度对行为的影响。在建构主义的视角下,物质存在本身并没有明确的意义,而只有在赋予其特定的存在价值之后才具有现实意义(弓姗姗,2015)。而这一取向中最具代表性的便是毒品使用生涯(drug career)理论。

人类的生命过程可以看作由年龄导向的生命阶段和一系列由规范所规定的从出生到死亡的生活事件,这便是生命历程理论家们所熟知的轨迹或"生涯"(Foote, 1956)。生涯是一个活动序列,随时间变化而发展,但其并没有特定的高低优劣。对于生涯的参与者而言,生涯发展过程中的内容和事件都很正常。在这个意义上,赌客、嬉皮士、精神病人、酗酒者和罪犯,与律师、医生、商人、明星等,其(职业)生涯的发展历程并没有太大的差异。

20世纪60年代末以来,"毒品使用生涯"的概念和理论逐渐被一些研究者使用,以期从一个非传统的视角探究吸毒者的生活以及毒品使用经历(刘柳、段慧娟,2018)。毒品使用生涯被看作和职业生涯相似的一个历程(Becker & Strauss, 1956; Coombs, 1981; Johnson et al., 1995; Maddux & Desmond, 1981; Winick, 1974)。此概念在很大程度上可以用来解释一个人从初始接触毒品到使用毒品数量和频次的增加,再到维持常规使用、最后的戒毒及可能发生复吸这一转变历程(Waldolf, 1973)。

西方研究表明,毒品使用生涯可包括如下几个阶段:开始阶段、扩张阶段、维持阶段以及终止和复吸阶段(Coombs, 1981;刘柳、段慧娟,2015)。毒品使用生涯的开始阶段绝大多数发生在当事人的青少年时期。事实上,在毒品研究领域和犯罪学领域有一种共识,即青少年使用毒品不仅是一种个体行为,而更多的是一种社会行为(刘柳、段慧娟,2018)。青少年为了追求刺激、融入某些朋友圈子,或者为了证明自己已经长大,都有可能接触毒品。不过,正如西方研究所证实的那样,青少年开始毒品使用生涯通常与其他一些越轨或不良行为相联系,如较早地使用酒精、烟草甚至大麻等成瘾性物质(Reid et al., 2007; Tennant Jr. & Detels, 1976),看到周围的朋友使用毒品或实施其他越轨行为(Bry, 1983; Donovan & Jessor,

1985；Farrell & Danish，1993），或不良的家庭影响（Catalano et al.，1992；Richardson et al.，2013）。在毒品使用生涯的扩张阶段，吸毒者会以一个"学徒"的身份进入"毒品的世界"，接触到更多的毒品，学习该世界中的行为模式和价值观，对吸毒也越来越熟练。他们为了证明自己，会努力获得使用毒品的经验，并尝试得到"资深"吸毒者的认可。而在毒品使用生涯的维持阶段，吸毒变得常态化和不可或缺。对于吸毒者而言，毒品成为他们生活的中心。从某种程度上讲，有了毒品，他们才能够生存下去（刘柳、段慧娟，2015）。毒品使用生涯的最后则是终止阶段。事实上，大多数吸毒者都是经由外界干预而被迫进入终止阶段的，如被抓之后进入强制隔离戒毒所或因触犯刑法进入监狱。如果吸毒者在此阶段无法彻底戒断毒瘾，他们就会进入复吸期，而重新回到毒品使用生涯中。

吸毒者从毒品使用开始阶段到发展、维持阶段，再到毒品使用的终止阶段，这一过程的转变可能与多种因素，或者说与多种生命事件相伴随。例如，他们为了融入某一个群体可能选择开始或者维持毒品的使用，而厌倦了街头瘾君子的生活或由于药物的不良影响引发了身体疾病，则有可能促使他们做出终止使用毒品的决定。此外，工作机会、与非吸毒伴侣有稳定的关系、亲友的压力、长期住院治疗、政治信仰、宗教信仰或者怀孕等都可能成为吸毒者们结束其毒品使用生涯的契机（Frykholm，1979）。而那些进入戒毒治疗项目中的吸毒者有相当一部分能够维持其没有毒品依赖的生活，这意味着他们在完成戒毒治疗项目后，虽然也许还会偶尔吸食毒品，但在伴随着强烈的自责和焦虑之后，便会渐渐摆脱毒品并最终不再需要治疗师的帮助而成功戒毒（Frykholm & Gunne，1980）。

从性别上看，男性和女性的最大差别是其毒品使用生涯的时间和在吸毒期间生活方式的不同。大部分男性吸毒者比女性吸毒者的毒品使用生涯长，但是就毒品的使用方式来看，女性则相对稍早于男性开始采取注射的方式使用毒品。较早的辍学是男性过早接触毒品的一个很重要的因素，这也造成了其毒品使用生涯较长的结果（Holmberg，1985）。相对于男性，女性吸毒者较少得到研究者和戒毒项目实践者的关注，究其原因，主要有：警察或相关健康服务提供者的偏见，针对男性吸毒者的戒毒项目占绝大多数，以及女性因贫穷无法去外诊机构寻求帮助和参加毒品替代治疗项目等（Pinkham & Malinowska-Sempruch，2008）。此外，女性在毒品获取过程中同样面临困境，她们通常无法像男性吸毒者那样拥有较为广泛的毒品获取渠道与资源,大多只能通过性交易来获取毒品以及维持吸毒的开支(Ambekar et al.,2015;Ilika et al.,2015)。女性也常常依靠亲密关系从男性伙伴处获取毒品或吸毒的物资,如注射器等(Bryant et al.,2010)。虽然性交易是女性获取毒品的主要方式,但随着年龄的增长,她们的性资本越来越少。而女性吸毒者也更容易受到外界的压力而选择接受戒毒治疗,不过她们在戒毒后却比男性更容易复吸(Andersson et al.,1983)。另外,女性更容易受家庭的影响而有较强的戒毒意愿,她们比男性吸毒者更加想过"正常"的生活,怀孕或者作为孩子的依靠和榜样是促使她们戒毒的最主要的原因(Radcliffe,2011)。

大多数研究均表明,较早接触毒品会促使使用者更容易且更快对毒品形成依赖(King & Chassin,2007)。但综合来看,年龄对吸毒者毒品生涯的影响主要体现在两个方面:第一,随着年龄的增长,吸毒者获得毒品或者获取用以购买毒品的钱财的能力持续下降,从而影响其持续使用毒品;第二,年长的吸毒者通常认为,年龄的增加使其身体的新陈代谢速度减慢,而毒品产生的快感也在降低,并需要承受长期吸毒带来的严重健康后果(Levy & Anderson,2005)。年轻的男性吸毒者会在吸毒上花费大量的时间,他们常常为了获取毒品或者筹措毒资而参与违法犯罪活动,包括毒品交易、偷盗、兜售(在买者和卖者之间充当中间人获得利益)以及色情交易等。而当吸毒者变老时,他们的身体情况往往已经不足以应付此类活动,这使得他们无法和年轻人竞争,且他们更加担心自己无法承受被抓入狱的结果(Levy & Anderson,2005)。他们往往比年轻人更加边缘化,无论他们曾经在街头帮派或毒品交易中居于何种位置,他们都会随着年龄的增长而逐渐失去地位(Anderson & Levy,2003)。因此,年长的吸毒者通常会选择使用替代品(如酒精)。这是因为他们无法获取足够量的毒品或者无法筹措毒资;此外,他们的身体无法承受如海洛因等烈性毒品带来的伤害也是一个很重要的因素(Levy & Anderson,2005)。同时,年长的吸毒者往往有很强的羞耻感,他们较年轻人更加渴望得到戒毒机构以及亲朋好友的帮助:一方面,他们后悔年轻时的吸毒行为,但另一方面,戒毒对他们而言也很困难。一些人担心毒品对自己身体造成伤害,对自己晚年的生活表示悲观,当然,也有一部分人虽然已逐渐年长,却依然明确表示很享受吸毒的生活(Ayres et al.,2012)。

从毒品使用种类来看,不同类型的毒品使用者其吸毒的历程也不尽相同。已有研究表明,吸毒者的毒品使用生涯常常从烟草、酒精、大麻或其他一些较为"温和"的药物开始(Hallstone, 2006; Holmberg, 1985)。而随着时间的推移,吸毒者会逐渐降低使用大麻的比例,而代之以可卡因或其他更加"烈性"的毒品(Hanlon et al., 2015)。例如,青春期的青少年很容易尝试吸食烟草,且容易对尼古丁形成依赖(Sussman, 2013)。美沙酮和丁丙诺啡这样的药物则通常不会成为吸毒者刚开始吸毒的选择。不过,最近的研究发现,在瑞典,年轻人使用美沙酮和丁丙诺啡变得越来越普遍。当然,美沙酮和丁丙诺啡这类药物现在很少被有经验的吸毒者当作日常使用的毒品,而绝大多数成为治疗海洛因成瘾的替代性选择(Richert & Johnson, 2013)。就大麻而言,使用者大多会从青少年时代持续使用至中年,除非遇到死亡、疾病或其他被迫终止的情形(Moos et al., 1995)。一些长期吸毒者会持续使用大麻直至年老(Kwiatkowski & Booth, 2003; Richard et al., 2000)。还有一些大麻使用者会逐渐成为混合毒品使用者,例如同时使用可卡因、安非他命、海洛因等药物(Hallstone, 2006)。不过,一些长期吸食大麻的吸毒者并不一定遵循毒品使用生涯历程的常规发展规律,他们常常认为自己可以掌控吸食大麻的剂量和频率;同时,他们也认为大麻是"无害"的,即使吸食的量较多也没什么关系。另外,值得一提的是,即使许多大麻使用者明知吸食大麻是违法的,但他们仍然认为使用大麻无论对其身体健康还是社交活动而言都是"有益"的(Hallstone, 2006)。

第二节 关于毒品使用的其他社会学解释

一、亚文化理论

亚文化又称次文化,指那些与主流文化不同的、属于某个特定社会群体所共有的价值观、生活方式和行为模式(孟登迎,2008;吴宗宪,1989)。由于亚文化和主流文化在观念、信仰和价值等方面有诸多不同甚至完全对立,带有明显的抵抗性与反叛性的特点,因而也常被称为反文化或对立文化(皮艺军,2004)。也正因为其具有对立于主流文化的特征,亚文化被认为与越轨和犯罪行为有千丝万缕的联系。

人们对亚文化的研究很早就开始了。例如,20世纪30年代芝加哥学派的"少年犯罪区"研究便属于亚文化的研究范畴。但直至1955年,美国社会学家、犯罪学家艾伯特·科恩在其著作《少年犯罪者:帮伙文化》(Cohen, 1955)一书中才首次提出亚文化的概念,用以分析青少年犯罪团伙和帮派。这里,亚文化被用来强调青少年犯罪帮派所拥有的与主流的中产阶级文化完全不同的价值观和世界观,而遵循这种亚文化就必然导致越轨和犯罪行为的发生。可见,亚文化这一概念是在社会学家研究犯罪问题或犯罪团伙和帮派的过程中产生的,而犯罪(越轨)与亚文化也成为密不可分的两个概念,以至于衍生出诸如犯罪亚文化或越轨亚文化的概念。基于亚文化概念的亚文化理论也已成为犯罪学理论的重要组成部分,对世界犯罪学的发展产生了重要影响,如英国、加拿大、日本等国犯罪学家都利用这一理论研究了本国的犯罪团伙及其帮派的亚文化(吴宗宪,1989)。

吸毒者群体也被认为拥有特定的亚文化——毒品亚文化,而这也属于越轨亚文化的一种类型。最早的毒品亚文化的相关研究可追溯至20世纪70年代,与美国社会的嬉皮士文化相适应而产生,是主要针对当时青少年药物滥用问题而展开的亚文化研究。彼时,美国正处于嬉皮士颓废派运动时期,"摇滚乐""锐舞派对"等流行文化兴盛,并出现了大量吸毒者,尤其是青少年吸毒者。这些使用毒品的青少年群体内部随之形成了一种影响广泛但又与主流文化对立的亚文化,这便是毒品亚文化。在形成之初,这种亚文化带有一定的"时尚"或"流行"气息,是青少年追求自我以及展现其与众不同之处的表现形式之一。在毒品亚文化的影响下,青少年群体也有一种视吸毒为"荣"的社会风尚。

毒品亚文化又有狭义与广义之分。狭义的毒品亚文化指吸毒者在毒品使用过程中长期互动而形成的与主流文化不相融合的独特的观念与行为模式;而广义的毒品亚文化则覆盖面更广,可包括与毒品问题有关的各种文化表现形式(刘昕,2010)。一些与毒品、毒品交易或吸毒行为有关的器具、方法,甚至暗语、手势等都逐渐成为毒品亚文化的一部分,在特定人群中流传(李文君、聂鹏,2008)。

二、社会学习理论

美国心理学家阿尔伯特·班杜拉(Albert Bandura)于1952年提出了社会学习理论,旨在分析和解释观察、学习、模仿和自我调节在人的行为中的作用。社会学习理论尤其重视人的行为与社会环境之间的关系。在班杜拉看来,以前的学习理论都忽视了社会环境对人的行为的影响;对于生活在社会环境中的个体而言,排除了社会这一因素而基于实验室实验探讨人类的社会行为是不具有科学说服力的,因此应该在自然的社会环境中研究人的社会行为(俞国良,2010)。

班杜拉社会学习理论的核心是观察学习,也称替代性学习,这也是该理论所认为的人类获得社会行为的最主要方式。观察学习是指个体通过观察某一社会范本的行为,并结合与该行为相关的强化结果,学习到一种新的行为反应或对自己原有的行为反应进行矫正。社会范本或示范者可能是现实生活中的其他社会成员,也可能是来源于影视文学作品中的虚构形象(文军,2013)。

具体而言,观察学习可以包括四个主要步骤:(1) 注意过程。这是观察学习的起始阶段。在这一阶段,示范者的行为特征、观察者的学习/认知特点以及观察者和示范者之间的关系都是影响学习效果的原因。(2) 保持过程。在这一阶段,示范者不再出现,但其行为持续对观察者产生作用与影响。通过符号化过程,观察者会将示范者短暂的行为榜样在记忆中长期保存。(3) 再现过程。观察学习的第三阶段是把记忆中的符号转化为相应的行为,即对之前观察到的示范者的行为的"再现"。(4) 强化过程。这是观察学习的最后一个阶段,指的是观察者,或曰学习者、模仿者,是否能够自然地、经常性地、无障碍地表现出所学习到的行为。这四个步骤,缺少了任何一个都会对行为的学习效果产生影响。即便在没有特别强化的情况下,人也可以通过对社会环境中的信息进行编码、储存和再现,并结合自身的体验和认知,学习到新的行为。当然,通过自我强化、替代性强化和直接外部强化,行为者便能够较好地再现并保持习得的示范性行为(周国韬、云龙河,1989)。

在观察学习的过程中,个体的认知、行为和环境三者之间的交互关系是该过程得以顺利完成的关键。个体需要依靠自身的认知总结和符号化在社会环境中观察到的示范行为,并形成、改变或重构自身原有的认知结构,而最终促成某一行为的产生或自身行为的改变。如果简化为公式,则可表述为:B=f(P*E)(B代表行为,P代表认知,E代表环境)。

吸毒者的毒品使用行为也可被认为是一个观察、模仿和学习的结果。然而,我们纵观目前针对中国吸毒者的研究,却鲜见从社会学习理论的角度出发,解读吸毒者毒品使用的经历或行为的发展过程。因此,本研究希望能够从社会学习理论的角度解释一个人从刚接触毒品到吸毒成瘾的转变历程(Coombs, 1981; Waldorf, 1973)。

三、标签理论

如前文所述,在中国社会中,吸毒被视为一项严重的越轨行为(Liu & Chui, 2018; Liu & Hsiao, 2018)。标签理论被誉为越轨行为研究中最重要的理论视角之一(刘柳、王盛,2019; Matsueda, 2001),并于20世纪70至80年代产生过巨大影响(黄勇,2009)。大多数解释越轨行为的理论都倾向于关注越轨者,然而基于符号互动论的影响,标签理论却将研究重心落在越轨者与其所处环境间的互动过程上,并且强调越轨行为是一种社会标识的结果(江山河,2008;李明琪、杨磐,2012)。

标签理论主要关注三个议题:其一为对越轨行为的定义(贴标签);其二为定义(标签)过程中可能发生的歧视;其三则为标签对行为者继续发生越轨行为的影响(巴坎,2011)。事实上,标签理论采取了一种相对主义的模式对越轨行为做出解释:相对于行为本身而言,对行为的定义(或者说标签)更加重要。在越轨行为的发生历程中,行为的实施并不是"越轨"的开始,相反,对行为的贴标签才是越轨行为的真正起点(巴坎,2011;刘柳、王盛,2019)。正如标签理论的创始人之一霍华德·S. 贝克尔(Howard S. Becher)所说,"社会群体通过制造规则(违反这些规则就是越轨)、将规则运用到某些特定的人群身上并给他们贴上局外人标签的方式来制造越轨"(巴坎,2011,p. 266)。换句话说,贴标签就是一种家庭、朋友以及社会大众对于某种行为的负面评价过程(刘柳、王盛,2019)。对于行为人来说,这种负面评价是外在的。然而,因为这种外在的负面评价,被标签化的他们会经历社会歧视;而这种消极的社会后果又会令行为人在被贴标签的过程中逐渐将这种负面评价内化,并通过更多的越轨行为来制造一种越轨的形象,从而对其后续的行为取向产生深远影响(巴坎,2011;刘柳、王盛,2019)。

　　社会中的每个人都有可能做出越轨行为。然而,并非所有做出越轨行为的人都会被认为是越轨者。事实上,标签理论并不是非常关心这些零零散散、具有试探性特征的"不合规"行为,也并不试图去解释这些行为发生的原因,因为这些行为都是初级越轨行为。虽然它们与社会规范不符,但并未被贴上越轨的标签,行为人也并未遭遇社会歧视(刘柳、王盛,2019;徐玲,2000)。不过,当这些行为被发现并给予负面评价之后,便完成了贴标签的过程,而这也就为行为人进行次级越轨行为——即后续的持续性越轨行为创造了前提条件(巴坎,2011;刘柳、王盛,2019)。正如前文所述,次级越轨行为的产生缘于社会对某种行为做出的负面性评价,但同时也显示行为人对这种评价做出了回应,并对这种标签有了主观接纳(波普诺,2007)。我们总结整个越轨行为发生的过程可以发现,其存在三个连续的步骤:第一,行为者做出了初级越轨行为且被发现了;第二,社会对这种行为做出了负面评价,即贴上越轨的标签,同时因为这一标签,行为人遭遇了社会偏见;第三,行为人逐步将标签内化,并做出更多的与这一标签相符的行为——次级越轨行为(陈彧,2008)。随后,行为人就在反复越轨的行为中逐渐成为越轨群体中的一员。

　　贝克尔的经典著作《局外人》可以算是将标签理论应用于吸毒人员(该书主要关注大麻成瘾者)研究的最早范本(贝克尔,2011)。此后,又有很多西方学者使用标签理论探讨各种类型的药物滥用议题,例如对吸毒者等药物滥用群体的污名化、社会排斥,以及吸毒者遭受不公正对待或缺少应有的社会福利支持等(Gassman & Weisner, 2005;Glass et al., 2013;Levy, 1981;Li & Moore, 2001)。不过,在中文学术领域中,仅有少量研究使用标签理论作为理论视角解读毒品问题,且这些研究大多集中在戒毒治疗领域(陈彧,2008;黄敏,2012),而使用标签理论探讨吸毒者的研究却依然欠缺(刘柳、王盛,2019)。

四、社会排斥与社会融入理论

　　吸毒人员可谓社会中一个很重要的弱势群体,其戒毒以及回归社会都需得到社会各界的关心与帮助。在对弱势群体的研究中,社会排斥的理论视角成为近些年一个流行的分析范式(刘柳,2015b)。与传统社会弱势群体研究相比,基于社会排斥理论的研究更加注重对弱势群体全面、综合的考察(马广海,2004)。社会学家、政策研究者以及相关政府部门都越来越倾向于从社会排斥的角度来探讨某些社会问题的深层根源(景晓芬,2004)。它不仅提供了一个研究弱势群体的新视角,也为解释社会问题和寻找解决方案提供了一种新的理论途径。

社会排斥概念形成于欧洲学者对于贫穷的研究。1974年,法国学者拉诺尔(Rene Lenoir)首次使用社会排斥的概念解释那些缺乏社会保障的保护,同时被贴上"社会问题"标签的人群(高政,2011),包括精神和身体残疾者、有自杀倾向者、老年患病者、被虐待的儿童、药物滥用者、单亲父母、反社会人士等社会弱势群体(Silver,1995;刘柳,2015b)。随后,英国社会学家吉登斯(Anthony Giddens)提出,社会排斥是一种多样化剥夺的结果,它使个人或群体无法投入地参与到他们所居住地方的经济、社会和政治生活中(吉登斯,2003)。经济上被排斥常表现为在获取劳动生活资料的过程中所遭遇到的不公正对待,其直接后果就是失业和贫困;政治上被排斥则指人们无法参与政治活动或参与政治活动受阻;而在社会层面被排斥则大多表现为公共事务参与度低(吉登斯,2003)。自20世纪80年代起,欧洲学术界在对社会政策的研究中,开始把注意力集中到如何减少社会排斥上。而进入20世纪90年代,随着全球化进程的加快,各种被边缘化的群体越来越多,社会排斥概念也逐渐流行起来,并最终形成了社会排斥理论(高政,2011)。

总的来看,首先,社会排斥是一种综合性的状态,它是多种社会问题交织在一起综合性的体现。其次,社会排斥还具有过程性和动态性,社会排斥的原因和产生过程与社会排斥的状态一样受到关注。最后,社会排斥又是多层面的,我们可以从个体、群体、地区、国家等等不同的层面加以考察(马广海,2004)。社会排斥因其丰富的内涵和多样化的表述,在分析弱势群体时相较于其他理论更具解释力。正因如此,社会排斥理论已被学术界广泛运用,成为弱势群体研究领域的核心概念,并囊括了经济、社会、政治和文化等多个领域。

从社会政策研究的角度来看,由于各国经济、社会发展状况的差异及文化背景的不同,各国学者在应用社会排斥理论时会根据与自己国家较为紧密联系的现实提出各自不同的解释(彭华民,2003)。中国学者在对中国社会的研究中,也逐渐形成了自己对社会排斥的理解,并用其来解释中国目前存在的失业、贫困、两极分化、教育、住房改革、城乡差距等各种社会问题。而基于社会排斥视角的中国弱势群体,则被看作是那些在经济、政治和社会资源的分配方面缺乏机会而处于不利地位的群体(王思斌,2003),它既不等同于社会结构意义上的底层群体,也非传统意义上的贫困者。关于社会排斥的研究通常还伴随着对促进弱势群体的社会融入的期待。弱势群体所处的社会排斥状态即一种非整合的、无法融入主流社会的状态,或者说是一种被主流社会所孤立的状态(彭华民,2009)。而分析这些受排斥群体被社会排斥的过程和结果便可能找出对促进该群体的社会融入有帮助的社会政策与方法。

相较于对其他弱势群体的关注,将社会排斥理论应用于对中国吸毒者的研究较为罕见。基于刑事司法视角,社会大众普遍认为吸毒人员扰乱了社会治安,给社会带来巨大的负面影响与危害。正因为这种观念,这一群体和传统上我们所熟识的需要社会关心和帮助的弱势群体形象有所差别,故而使学者们在研究这一群体时有所保留。然而,在认识到吸毒人员造成某些社会危害的同时,我们更加应该认识到,吸毒人员本身亦是毒品的受害者,毒品使其沦入弱势群体的行列。基于此,将社会排斥理论作为分析框架阐释吸毒人员的毒品使用经历以及回归社会的问题理应成为中国弱势群体研究中很重要的一个组成部分,而为促进吸毒人员的社会融入贡献一份力量也是本研究所期待达成的目标之一。正因为前期相关研究的欠缺,本研究也可被视为一项从社会排斥理论视角出发探讨吸毒者生活经历的探索式研究,并基于此提出相关的促进该群体戒毒及社会融入的政策性建议和社会工作实务介入方案。

第三章

吸毒者的毒品使用生涯

为了更好地解读吸毒者的毒品使用历程以及他们对毒品及毒品使用的认知，本研究邀请了 132 名吸毒者(包括引言故事中的欣)回顾了他们的吸毒经历①。依据下表(表 3-1)所示，参与本研究的男性吸毒者有 55 名，占 41.7%，女性吸毒者有 77 名，占 58.3%。本研究的大多数参与者的年龄在 21～40 岁，平均年龄为 33.7 岁。其中，女性参与者相对较为年轻：女性参与者平均年龄为 32.4 岁，男性则为 35.5 岁。超过半数的参与者仅有初中及以下文化程度，在高学历类别中(大专及以上)，男性参与者明显占据较高的比例。从婚姻状况来看，超过三分之二的参与者为单身(包括离婚与寡居)，相对而言，女性被访者的单身比例更高(占比超过四分之三)。接近六成的参与者主要使用冰毒等新型非阿片类合成毒品，这一比例也与目前中国官方登记吸毒人员的毒品使用种类占比相仿(中国国家禁毒委员会办公室，2018)。在使用毒品年限的统计上，男女略有不同。女性参与者中有超过三成为使用毒品 5 年及以下的较短期吸毒者，另有两成半为使用毒品 10～20 年的长期吸毒者，而使用毒品 5～10 年的中长期吸毒者则相对较少；男性吸毒者则大部分都是长期和中长期吸毒者，使用毒品在 5 年及以下者则相对较少。不过，不论是男性还是女性，使用毒品年限在 20 年以上的参与者都只有一成左右。超过六成的参与者只有一次进入强制隔离戒毒所戒毒的经历，而另外接近四成的参与者则有着两次或以上的强制隔离戒毒所戒毒经历，其中次数最多者达八次。与男

---

① 为了保护参与者的隐私，本研究为每位参与者起了化名。因此，下述行文中出现在访谈记录后的名字都是化名，并非参与者的真实名字。

性参与者相比,有两次及以上强制隔离戒毒经历的女性参与者比例更高。

表 3-1 毒品使用者(N=132)的人口学概况

		男性(N=55) 人数/%	女性(N=77) 人数/%	总计(N=132) 人数/%
性别	男			55(41.7)
	女			77(58.3)
年龄	平均	35.5 岁	32.4 岁	33.7 岁
	年龄跨度	17～57 岁	16～55 岁	16～57 岁
	20 岁及以下	3(5.4)	9(11.7)	12(9.1)
	21～30 岁	16(29.1)	28(36.3)	44(33.3)
	31～40 岁	20(36.4)	21(27.3)	41(31.1)
	41～50 岁	11(20.0)	13(16.9)	24(18.2)
	51 岁及以上	4(7.3)	6(7.8)	10(7.6)
	未应答	1(1.8)	0(0)	1(0.7)
受教育水平	小学及以下	5(9.1)	8(10.4)	13(9.8)
	初中	26(47.2)	36(46.7)	62(47.0)
	高中(中专)	11(20.0)	24(31.2)	35(26.5)
	大专及以上	9(16.4)	6(7.8)	15(11.4)
	未应答	4(7.3)	3(3.9)	7(5.3)
婚姻状况	单身(包括离婚、寡居)	32(58.2)	58(75.3)	90(68.2)
	已婚(包括同居)	20(36.4)	14(18.2)	34(25.7)
	未应答	3(5.4)	5(6.5)	8(6.1)
使用毒品种类	主要使用海洛因等阿片类毒品	21(38.2)	34(44.2)	55(41.7)
	主要使用冰毒等新型非阿片类毒品	33(60.0)	43(55.8)	76(57.6)
	未应答	1(1.8)	0(0)	1(0.7)
使用毒品年限	5 年及以下	13(23.7)	28(36.3)	41(31.1)
	5～10 年(包括 10 年)	18(32.7)	13(16.9)	31(23.5)
	10～20 年(包括 20 年)	17(30.9)	20(26.0)	37(28.0)
	20 年以上	6(10.9)	8(10.4)	14(10.6)
	未应答	1(1.8)	8(10.4)	9(6.8)

(续表)

		男性(N=55) 人数/%	女性(N=77) 人数/%	总计(N=132) 人数/%
强制戒毒次数	1次	37(67.3)	44(57.1)	81(61.4)
	2次及以上	18(32.7)	33(42.9)	51(38.6)

第一节 接触毒品

吸毒者毒品使用生涯的开始大多发生在其年轻的时候。年轻人吸毒不仅是一种个体行为,更是一种社会行为。他们开始吸毒或是为了证明自己已经自立,或是为了寻求刺激,抑或是为了获得同伴的认可。事实上,吸毒者们开始毒品使用生涯的原因和经历是很复杂的,有些人很随意,在很偶然的情况下便会开始吸毒;而另一部分人则很谨慎,他们会缜密地考虑从哪种毒品开始、在哪儿开始,以及由谁介绍他们使用(Hallstone, 2006)。毒品生涯的开始阶段可包括两个部分——初次接触毒品的过程和选择进入毒品使用生涯的缘由。具体而言,前者又包括开始吸毒的年龄、地点、友伴以及初次吸毒的流程等,而后者则通常与吸毒者的生命历程、特殊的生命事件以及对毒品的了解与态度相关。

一、初次接触毒品的过程

1. 初次吸毒的年龄

如表3-2所示,大多数吸毒者在青少年时代便已踏入毒品生涯。超过七成的吸毒者在30岁前开始使用毒品,而超过四成的吸毒者在20岁前就已接触毒品。吸毒者接触毒品的年龄最小甚至可能低至12岁。在谈及其吸毒生涯的起始时,吸毒者们普遍表示自己那时候"很小"。

> 刚开始的两年,我在外面打工,当服务员。我那时候岁数还小嘛,好

奇心又重,就跟着外面认识的人吸毒了。(慧,女,33岁,初中学历)

表 3-2 吸毒者第一次接触毒品的年龄

年龄段	男性(N=55) 人数/%	女性(N=77) 人数/%	总计(N=132) 人数/%
15 岁及以下	5(9.1)	5(6.5)	10(7.6)
16~20 岁	15(27.3)	33(42.8)	48(36.3)
21~25 岁	16(29.1)	15(19.5)	31(23.5)
26~30 岁	8(14.5)	7(9.1)	15(11.4)
31 岁及以上	10(18.2)	9(11.7)	19(14.4)
缺失	1(1.8)	8(10.4)	9(6.8)
范围	12~50	13~52	12~52
平均	24.6	22.6	23.5

我们进一步分析吸毒者开始吸毒的年龄可以发现(表3-2),女性较男性初始吸毒的年龄更小(平均小2岁),且更多的女性吸毒早于20岁。可见,相对于男性吸毒者而言,女性更有可能在青少年时代就开始接触毒品。

2. 初次吸毒的种类

在对第一次使用毒品的种类的统计中(表3-3),我们可以获知,冰毒是吸毒者们在第一次吸毒时最常使用的毒品,占比超过四成。另有接近四成的吸毒者提到自己最初使用的毒品为海洛因。此外,也有部分参与者以K粉、摇头丸、鸦片、大麻等其他种类的毒品作为其吸毒生涯的开始。

表 3-3 第一次使用毒品的类型

第一次使用毒品的种类	频数	百分比
冰毒	62	46.9%
海洛因	51	38.6%
K 粉	9	6.8%
摇头丸	5	3.8%

(续表)

第一次使用毒品的种类	频数	百分比
鸦片	3	2.3%
大麻	1	0.8%
缺失	1	0.8%
合计	132	100%

考虑到中国毒品市场的变化,第一次使用毒品种类的选择又与吸毒者的年龄有紧密的联系。总的来看,年龄较长的吸毒者多选择海洛因作为其初次使用的毒品,他们大多数自20世纪90年代初便开始了他们的毒品使用生涯。

我第一次吸毒是在1991年的时候。那时候我和几个从小就是邻居的朋友在一个朋友家里一起玩。他们在吸海洛因,我也就跟他们一起"玩"(指吸毒)了。(震,男,47岁,大专学历)

而较为年轻的吸毒者大多在2000年(尤其是2010年)以后才开始其毒品使用生涯。他们首次使用的毒品大多为冰毒、K粉、摇头丸等新型非阿片类毒品。其中,冰毒是最常被提及的一种。

18岁吧(指开始吸毒的年龄)。第一次就是冰毒。(昌,男,24岁,小学学历)

这一对比充分反映出中国毒品市场的主流药物已由以海洛因为主的传统毒品转向以冰毒为主的新型非阿片类合成毒品。20世纪90年代,在中国毒品市场上流传最广的毒品为海洛因。而进入21世纪,非阿片类合成毒品(新型毒品)越来越受到吸毒者的"欢迎"。尤其是2010年以后,冰毒等新型非阿片类合成毒品越来越占据中国毒品市场的主流,并被年轻的吸毒者所喜爱。在年轻一代吸毒者的眼中,这些新型毒品不仅"新奇有趣",而且不像海洛因那样容易"上瘾",被认为是很"理想的"娱乐选择。越来越多的年轻人放弃使用海洛因,转而选择冰毒等新型非阿片类合成毒品开启其毒品使用生涯。

此外,如调查结果所示(表3-3),只有极少数的吸毒者(仅一位)选择如大麻类的"软性毒品"作为其毒品使用生涯的开始,而选择如鸦片类较为"朴实"的毒品开始其毒品使用生涯的吸毒者也很少(仅三位)。这反映出中国的毒品使用者往往从一开始就直接使用较为"强劲"的、市场上最为流行的药物,而并非如西方研究者们普遍发现的那样,吸毒者们常常从较为"软性"的、成瘾性较弱的药物(也称"关卡药物")开始,之后才逐渐过渡到成瘾性更强的药物(索斯,2012)。

3. 不良的社交网络和吸毒历程的开始

受到不良社交网络的影响是吸毒者进入毒品使用生涯最重要的原因之一。无论男性还是女性,海洛因等传统阿片类毒品使用者还是冰毒等新型非阿片类合成毒品使用者,在谈及他们的毒品使用生涯的开篇故事时,总免不了强调他们身边的朋友和"圈子"。

> 那时候我天天面对毒品呀,当时我身边的人都吸毒。我刚刚步入社会的时候确实有一点害怕,那时候也不敢吸。后来天天看到圈子里的朋友吸,我就没有这么恐惧了。我那时候的感觉就是,吸就吸吧,就这样。(嫣,女,38岁,初中学历)

可见,身处不良的社会交际网络,周围又有朋友吸毒,是吸毒者们进入毒品使用生涯最直接的原因。他们往往在"好奇心"的趋势下便也开始吸毒了。

吸毒者们在讲述第一次吸毒经历时,大多清楚地提及"毒友"的影响。其中最重要的一点便是,大多数吸毒者第一次吸毒是在和朋友相聚的时候。

> 一开始是我的干姐姐带(我吸毒)的。她吸冰毒。那天,她带我到她的朋友家里"玩"(指吸毒)。一开始我不懂那个东西(指冰毒)是什么,就没敢试。后来,她就劝我、怂恿我吸两口(指尝试吸冰毒),跟我说是"好东西"。后来,我就吸了一口,然后就在床上又蹦又跳的,这是第一次。(琳,女,19岁,初中学历)

其中,有部分吸毒者表示,朋友对于使用毒品的"劝说"与"邀请"对于当时的他们来说,是很难拒绝的。例如,以下这位男性吸毒者就坦言,如果自己当时不同意,便是扫了朋友的兴。

> 当时就是几个朋友的聚会,然后其他人都在那儿"玩"(指吸毒)。如果那时候我不加入,就扫了大家的兴,这不太好。(景,男,31岁,本科学历)

甚至,对于一些吸毒者来说,初次吸毒是迫于一种无形的群体压力。他们表示,使用毒品是进入或融入某个群体的"必要条件"。对于他们而言,开始使用毒品并不是出于对毒品本身的好奇或需要,而是迫于无奈。或者,用他们的话来说,是由于"不好推脱"而作出的妥协。例如,有一位女性吸毒者提及,她就是在朋友的压力之下开始吸毒的,因为朋友们以怕她报警为由,禁止其离开。

> 当时第一眼看到,我就知道是毒品嘛。我就说我不"玩"(指吸毒,下同)。结果他们(指朋友们)就讲,你不"玩"也不能走,因为他们害怕我报警。我后来没办法,就加入了。(瑜,女,28岁,初中学历)

同时,在另一些吸毒者看来,使用毒品是融入毒友圈的必需品。如果希望被毒友圈中的其他毒友接纳,或被这些毒友认可,新的吸毒者们便需要主动加入并开始使用毒品。

> 那时候我周围的人都吸毒。我觉得如果想要和他们交朋友、融入他们的朋友圈,就必须得吸。其实我当时也不是很清楚毒品是什么,但总觉得不是什么好东西。叫"毒"嘛,肯定不好。但我想和他们交朋友,所以就吸了。(楚,女,43岁,未受过正规教育)

除了朋友,亲密伴侣吸毒成为很多女性吸毒者(尤其是女性海洛因使用者)开始吸毒生涯的一个重要因素,典型例子除了引言中的欣,还如下述两例。

> 我吸食海洛因是在 2009 年年底,因为男朋友吸毒,所以我就吸了。(茹,女,27 岁,中专学历)

> 因为我的男朋友是吸海洛因的,我跟他在一起以后,就接触到了海洛因。刚开始的时候,他不吸毒。也是因为在一个朋友圈,他认识的一个朋友吸毒,就把他带着吸毒了。然后他又带着我,就这样一个影响一个。(丝,女,41 岁,职高学历)

总体而言,相对于其他种类的吸毒者群体,亲密伴侣的影响在女性海洛因使用者开始吸毒生涯的故事中出现得最频繁。这一结果充分表现出,相较于诸如冰毒这样的新型毒品而言,海洛因更多地表现为一种男性主导的毒品,而女性接触海洛因则大多因与其有密切关系的男性伙伴的影响。这一结果与西方已有的研究结论相符,即女性海洛因使用者较为依赖于男性同伴(Hser et al., 1987; Rosenbaum, 1981; Rosenbaum & Murphy, 1990)。

与女性开始吸毒生涯与朋友和亲密伙伴紧密相关不同,相当一部分男性吸毒者提及他们开始毒品使用生涯是由于"工作的需要",或生意场上的"应酬"。一位男性吸毒者甚至更加直接地表示,他第一次吸毒是受客户的邀请。他如果不加入,便会影响自己的生意。

> (我第一次用冰毒时的伙伴)也不算是朋友吧,是一个客人让我吸两口。我和那个客人算认识吧。虽然谈不上朋友,但我每次见面肯定得打招呼。那天他在"溜冰"(指使用冰毒),我刚好在,他就让我也吸两口。我本来不想吸,但还是觉得面子上过不去,就吸了。主要感觉就是个面子问题,没有一个很好的理由拒绝。那种情况下,如果我拒绝了,就意味着看不起他,那以后就不好再做生意了,很复杂的。(兴,男,37 岁,初中学历)

因"应酬"和"工作需要"而使用毒品的女性吸毒者数量远不及男性,在讲述初次接触毒品的场景时谈及工作伙伴的女性吸毒者仅有下述一例。

> 我第一次接触海洛因,是在我的店里。一个经常来的客人跟我挺熟的。有一次,我喝了很多酒。他跟我说有办法醒酒,然后就拿出来一包白色粉状的东西(指海洛因)。我当时差不多喝醉了,很难受,一听他讲可以醒酒,就很乐意试试。(溪,女,44岁,高中学历)

4. 初次接触毒品的地点

本研究出乎意料地发现,在谈及初次接触毒品的地点时,选择在娱乐场所第一次尝试毒品的吸毒者并不如想象中的那样占绝大多数。相反,绝大多数吸毒者陈述,他们第一次接触毒品是在较为私密的住所(朋友或自己家中)或酒店客房。

> 那天,我到朋友家,看见他们在一起吸(毒)。那时,我也不知道那是什么东西。他们让我尝尝,我就尝了。我就是好奇。那时候不懂什么叫海洛因,看朋友在"玩"(指吸毒,下同),我就也"玩"了。我当时想,它应该就像香烟一样。(珊,女,38岁,中专学历)

相较于公开的娱乐场所,私密场所更加为吸毒者们所青睐,因而也成为他们踏入毒品使用生涯的首选地点。吸毒者们大多表示,相对于激情四射的KTV、酒吧、夜总会等娱乐场所,私人住宅以及宾馆房间可以提供给他们更多的"隐私"和使用毒品的"自由"(Liu et al., 2016)。另外,在目前严厉打击娱乐场所毒品使用的大背景下,私人场所也更有利于新的毒品使用者们在更加"安全"的环境里向"老手"学习使用毒品。

5. 初次吸毒时的"介绍人"与劝说模式

因大多数吸毒者首次接触毒品的情境是朋友聚会,他们第一次使用的毒品也大多为朋友提供。并且,我们从访谈中可以发现,大多数毒品使用者第一次使用的毒品都是免费的。若干吸毒者坦言,毒品常常被用于在聚会中"招待朋友",正如以下这位女性吸毒者所述。

那一次是去朋友家玩。一到她家,就看见她们把那个(指冰毒)拿出来了,很自然的。就像你去别人家做客,人家给你倒茶、敬烟一样,她们就是拿那个(指冰毒)招待客人的。(苏,女,31岁,初中学历)

除了提供毒品给新入门的使用者,有经验的吸毒"老手"朋友还是吸毒的劝说者以及教新手如何使用毒品的"导师"。首先,他们会用各种理由劝说新朋友加入吸毒者的行列。例如,"用了之后会很开心""很舒服""这个感觉你肯定喜欢"等便是常见的劝说理由。无论是海洛因等传统阿片类毒品还是冰毒等新型非阿片类合成毒品的使用者,都有若干人表示,他们在第一次接触毒品时,被告知使用之后会带来"快乐"。就如同以下这位男性吸毒者所言。

当时,我们一群朋友在一起赌钱。赌完钱以后,他们就把这个东西(指冰毒)拿出来,说是吸了后很舒服,可以忘掉烦恼。他们也让我试试,我就试了一下。(福,男,42岁,高中学历)

与"忘记烦恼""获得快乐"相伴随的另一个常见劝说理由便是"不上瘾""试一次没事"等,他们以此打消尝试者的顾虑。

第一次吸毒是跟一个朋友在一起。当时,他在那里吸(毒)。我没见过,就问他是什么。他就告诉我是海洛因。我那个时候很好奇,就问他吸了以后是什么感觉。他跟我说,吸了以后会让人觉得很舒服。而且,他说吸一两次没事,不会上瘾。听他这么说,我就"玩"(指吸毒)了。(磊,男,37岁,学历不详)

当然,相较于海洛因使用者,这种"无瘾说"更常见于冰毒等新型毒品使用者群体。他们往往将自己使用的毒品与海洛因进行对比,并强调两者的不同,以说服新的使用者尝试该种药物。

他们跟我说不会上瘾,说这个(指冰毒)和海洛因不一样,没有瘾。当

时我相信他们的话,就吸了。(若,女,17岁,初中学历)

除此之外,一些所谓的"功能"也被用来作为劝说的理由,如"醒酒""止痛""减肥"等。尽管这些所谓的"功效"不过是用来劝说的说辞,但对许多处于彼时情境中的新吸毒者而言,却有相当的吸引力。例如,以下这位就表示,自己是出于醒酒的目的,听了朋友的劝说,才第一次尝试了冰毒。

我第一次吸毒纯粹是为了醒酒。那时候,我跟几个朋友一起喝了点酒。后来,朋友跟我说吸点冰毒可以解酒,我就吸了。我当时对这个东西完全不了解。(宇,男,40岁,高中学历)

对女性更有效的引诱其使用毒品的借口恐怕是"可以减肥",就如以下这位女性吸毒者所经历的。

记得有一次,我去商场买衣服。营业员说我胖,没有我的尺码,我就特别难过。这时,有朋友跟我说,吃减肥药没用,一"溜冰"(指使用冰毒)就瘦了。我发现她们那些"溜冰"的人确实都挺瘦的。我当时不知道这种瘦是病态的。我唯一想的就是变瘦,后来就主动尝试了一下(指使用冰毒)。(蕾,女,38岁,高中学历)

除了劝说,"老手"们通常还会亲自准备吸毒装置,演示吸毒的具体步骤,教新手如何使用毒品。新手们大多不熟悉毒品的使用,对吸毒所用的装置和设备也没什么了解。通过"导师"的手把手教授,他们便可在边看边尝试中学会毒品使用的方法。例如,一位冰毒使用者便在访谈中介绍了自己第一次接触冰毒时,朋友是如何教会他使用方法的。

那时候是一个朋友给我做的。朋友当时用矿泉水瓶做了一个装置,还演示了一遍怎么用,我就会了,挺简单的。(珊,女,38岁,中专学历)

这种使用矿泉水瓶自制吸毒工具吸食冰毒的方式是冰毒使用者最常用的,大多数使用者均讲述他们是采用此种方式开启冰毒使用生涯的。事实上,很多吸毒者表示,这就是他们知道和认可的唯一一种吸食冰毒的方式。

> 就烫吸嘛。这个不像海洛因。冰毒就只能烫吸,然后用矿泉水瓶子做一个过滤的东西。(岩,男,34岁,高中学历)

可见,第一次使用毒品的方式在很大程度上将成为毒品使用者(尤其是冰毒使用者)今后最常使用的方式。不过,海洛因的使用者在这一点上会略有差异。他们大多初次接触海洛因时会采用烫吸、鼻吸,或者放在香烟中使用。而随着时间的推移,使用者们逐渐增加了对药物的依赖程度。大多数海洛因使用者会改用注射的方式使用毒品,因为这种方式更易于较大剂量地摄入药物。

6. 初次吸毒的体验

最后,在讲述第一次使用毒品之后的感受时,吸毒者们普遍认为第一次吸毒的体验并不像朋友们口中说的那般美好。事实上,不论初次使用的是何种毒品,吸毒者们都表达了相似的看法,即认为第一次的体验是很糟糕的。

> 第一次(吸毒)很难受。就是吐,不想吃东西,浑身软软的,根本就没有他们所说的"想要什么有什么""飘飘欲仙"的感觉。人难受,不想再碰了。(佩,女,40岁,初中学历)

当然,也有少量吸毒者表示,第一次吸毒的体验是复杂的,一开始很不适应,但之后就"慢慢适应了"毒品所带来的身体反应。

> 一开始(吸毒)的时候不舒服,想吐。后来慢慢就适应了。(康,男,31岁,初中学历)

二、接触毒品的缘由

1. 生命历程及"特殊生命事件"的影响

在分析吸毒者进入毒品使用生涯的缘由时,我们发现,对于一些吸毒者而言,他们的生命历程本身便是各种越轨和犯罪行为的组合,而吸毒只是他们越轨和犯罪生涯的一个组成部分,是"自然而然"产生的。例如,一位男性吸毒者在谈及吸毒生涯的起始时,叙述了他一直处于"吃官司"状态的人生。

> 我大部分时间都在"吃官司"(指坐牢,下同),前前后后十几年吧。最早从17岁开始,我那时候跟着"老大"帮人要债。有一次,我们要债的时候发生冲突,就打起来了,造成了两个重伤。我被判了7年。出来时,我大概23岁了。我在27岁的时候又吃官司,因为合同诈骗被判了6年半。出来时,我33岁了。我中间在外面的几年也都没正经工作,就靠"捞偏门"赚钱。我差不多23岁的时候开始吸毒,当时刚出来(指出狱)没多久。我是跟在牢里认识的朋友一起吸毒的,他们带着我吸毒。(钢,男,38岁,初中学历)

当然,更多的吸毒者表示,他们吸毒是受"特殊生命事件"的影响。例如,一位女性吸毒者谈及,除了身处不良的朋友圈,缺乏家庭温暖和事业的不顺是导致自己吸毒的重要原因。而其间,与男朋友吵架是直接导致其选择吸毒的"特殊生命事件"。

> 在高中毕业后,我也找过一份工作,在酒店做管理,每个月能有两三千元的收入。我做了大半年就辞职了。辞职的原因很多:一是在酒店看到形形色色的客人,跟他们熟悉以后流连各种娱乐场所,心"变野"了。二是觉得酒店工作枯燥,没什么意思。三是家里的原因,我妈和我继父又生了个妹妹,他们希望我辞职帮他们带孩子。我本来是不愿意的,但不想让他们再说我,所以辞了工作,但我也没去帮他们带妹妹。辞掉工作以后,

我也没什么事情干,就跟社会上的朋友一块儿出去玩。他们经常在一起玩,每次玩都吸冰毒。其实我对冰毒也并不陌生。我那时候的男朋友也吸。所以我很早就知道这个是毒品,但我觉得它不像海洛因那样让人很难受。2012年春天,我第一次吸毒。那时候,我妈刚生了妹妹,我本来就很不高兴了,男朋友又跟我吵架。我感觉受了委屈,就跑去找小姐妹。她当时在吸,就给我"玩"了一下(指吸毒)。我吸完后,感觉很兴奋,精神特别好,还有点幻听。(蕊,女,21岁,高中学历)

其实,很多女性吸毒者则强调,她们吸毒生涯的开始与感情生活的不顺有关。其中一位便直言,因为与前夫婚姻失败,自己为了解闷而选择吸毒。

(第一次吸冰毒)是和小姐妹吧。当时婚姻出现了裂痕,我心情不好,然后就和小姐妹两个人一起吸了,解解闷。(卿,女,30岁,中专学历)

2. 毒品知识的缺乏

吸毒者们对毒品缺乏必要的认识也是他们最终选择尝试毒品的重要原因。其中,海洛因的使用者们普遍有较长时间的吸毒史。他们大多强调,在他们开始吸毒的"那个年代",整个社会对毒品的认知还很有限。因此,他们几乎对毒品没有任何了解。例如,一位有20年吸毒历史的海洛因使用者坦诚,当年海洛因被认为是"有钱人用的",是"身份的象征",而使用者们则几乎不会考虑成瘾或者对身体的伤害等这类健康问题。

我开始吸毒的时候还不到2000年。那时候吸毒的人都吸海洛因,而且吸毒被认为是一种"身份的象征",经济条件好的人才会吸。(海洛因)贵啊,没钱哪能吸得起?我当时觉得搞这个东西(指使用海洛因)"有面子",觉得"风光",就尝试了。(芳,女,40岁,高中学历)

不过,由于禁毒教育的普及,大多数年轻一代的吸毒者表示,自己清楚地了解海洛因的危害,并认可其是完全"碰不得"的东西。相反,对于近些年才流行起来的非阿片类的新型毒品，较少有人了解其对人体健康所带来的伤害。也正因如此，这些新型毒品的使用者们普遍表示，自己就是因为不了解新型毒品（如冰毒）的危害，才轻易地选择了尝试。例如，下述这位吸毒者的经历就很典型。

我知道那（指冰毒）是毒品，但是我不知道这东西的危害这么大。我当时感觉，"玩玩"（指吸毒）应该没事。我对这个东西（指冰毒）没什么了解。（景，男，31岁，本科学历）

很多冰毒使用者表示，自己就是因为知道"这不是海洛因"，以及认为使用冰毒"不会像海洛因那样上瘾"，才选择使用冰毒等新型毒品。

他们（指毒友）跟我讲这个东西（指冰毒）"没有瘾"。所以在我的认知里，冰毒不像海洛因，即使不用也不会像抽海洛因的人那样身体有什么反应。我当时完全不知道冰毒的危害这么大。（城，男，30岁，大专学历）

还有一些吸毒者则坦言，在他们的朋友圈子里，冰毒并不会被称作冰毒，而是"冰"或其他代称，其毒品的属性和敏感性被降低。可见，虽然中国的禁毒教育正在逐年完善，但由于新型毒品层出不穷以及吸毒者们大多较早离开学校等因素，吸毒者在开始尝试毒品时对毒品的了解还停留在极其有限的阶段。这一状况导致他们在面对毒品时往往无法做出妥善而理性的考量，从而在好奇心或朋友劝说的影响下轻易选择开启毒品使用生涯。

第二节　进入毒品的世界

毒品使用生涯的第二阶段是扩张期。在这一阶段，吸毒者们进入了"毒品的世界"。他们开始接触到越来越多的毒品，且对毒品的依赖程度越来越高。同时，他们也得以向"老手们"学习"毒品的世界"中的"世界观""价值观"，以及独特的行为模式。通过探寻吸毒者群体在扩张期的心理和行为变化,我们可以了解吸毒者们如何进入"毒品的世界",探究他们如何在"毒品的世界"中改变自己的生活。

一、对毒品依赖的形成

1. 迅速"上瘾"的海洛因使用者

在问及其对毒品形成依赖的体验与过程时,吸毒者们明显分成了两个阵营:"有依赖"与"无依赖"。而他们讲述的依赖性又和他们主要使用的毒品有密切的联系。大多数明显体会到对毒品的依赖感的人都是海洛因使用者。他们很多都描述自己在很短时间内便对海洛因形成了依赖,产生了所谓"上瘾"的感觉。下面这位海洛因使用者的经历便很具有典型性。

> 那时候我家、我男朋友家的条件都蛮好,不在乎钱。天天"玩"(指使用海洛因,下同),很快就上瘾了。不"玩"的话就犯瘾,人很难受,连路都走不动。我觉得自己那时候像个病人。(丽,女,48岁,学历不详)

正如这位吸毒者提及的,依赖的产生令海洛因使用者对毒品有持续且逐渐增加的需求,一旦缺少毒品的摄入,便会产生一系列的生理反应,如"流鼻涕,冒冷汗,浑身疼"(芳,女,40岁,高中学历),"腰酸背疼,打喷嚏,人没有力气,出血等症状"(华,男,54岁,初中学历),甚至"浑身像蚂蚁在爬"(桂,女,37岁,小学学历)。也正因为对海洛因的需求和依赖性逐渐增强,许多海洛因使用者表示,为了能够迅速减少身体不适的症状,自己慢慢将吸食改为注射。注射比吸食等其他毒品使用方式更加有可能造成生命危险。例如,一位有20年海洛因使用经历的男性吸毒者在谈及自己的注射毒品经历时,还心有余悸。

> 刚开始口吸,后来就改注射。(注射)危险啊,好多次打针把自己打昏过去了。我都不知道,醒来以后发现那个针头都弯了。打的时候没什么感觉,眼一黑就不知道了。因为身体症状在那儿,每天都需要(吸毒)嘛。不打(指注射海洛因)就难受。吸已经不行了,必须打针。危险,但我已经

麻木了。(华,男,54岁,初中学历)

其他很多海洛因使用者也都有相似的从吸食到注射的转变过程。而这也意味着他们对海洛因的依赖程度加深。不过,即使他们知道注射毒品会带来很多危险,也亲眼见过毒友们"出状况",甚至自己在注射时险象环生,但这些海洛因使用者们依然无法摆脱注射海洛因的"命运"。因为对于他们而言,吸食已经无法满足他们对药物的渴求,只能借助于药效更加显著的注射来对抗身体因为缺少足够药物摄入而产生的戒断性反应。

2. 宣称"无瘾"的新型毒品使用者

与海洛因使用者不同,冰毒或其他非阿片类新型毒品的使用者则多认为自己并没有对毒品产生依赖。冰毒的使用者们普遍认为冰毒"不上瘾"。

> 我没觉得这个(指冰毒)上瘾,我感觉至少自己就没上瘾。不像那种上瘾的人要每天用,不用不行。我没有。我觉得即使很长时间不碰(冰毒),我也不会觉得特别难受。(菊,女,32岁,初中学历)

正因如此,有相当一部分吸毒者认为,只有海洛因才是毒品,冰毒等新型毒品则"不算毒品",而只是朋友聚会时常用的助兴物品而已。甚至在相当一部分吸毒者看来,使用冰毒"已经成为一种社交方式"。

> 我感觉冰毒这种东西呢,也不是一定要吸。但是如果朋友聚会或者谈事情,几个人坐下来,总归要找点事情做。如果刚好朋友也是吸(冰毒)的,那就大家坐在一起吸几口。(泰,男,45岁,高中学历)

此外,有一位用了十多年大麻的吸毒者也认为,同海洛因等"烈性"毒品相比,大麻这种药物"不会上瘾",甚至"都不能算作是毒品",因此他就算常年使用也"没什么大不了的"(尚,男,57岁,本科学历)。

当然,也有一些新型毒品的使用者表示,从自己的经历来看,自己确实已经

"上瘾了"。

> 他们(指毒友)说(冰毒)没有瘾。但是,我"玩"久了(指使用了较长一段时间冰毒以后)就觉得不对劲了,感觉身体被掏空了。我觉得浑身疼,不"玩"(指吸冰毒)就会身体疼痛,头昏昏沉沉的,很难受。我一开始没有这种感觉,但是时间久了,这种感觉越来越明显,身体明显承受不住了,就想吸。(凌,男,23岁,小学学历)

可见,冰毒等新型毒品使用者们对于自己是否上瘾的判定与其对"瘾"的理解相关联(刘柳、段慧娟,2018)。大多数新型毒品使用者仅将"瘾"理解为"生理性依赖",或者,更准确地说,是"生理性戒断反应"。与海洛因相比,人体在冰毒等新型毒品摄入缺乏时较少引发全身的戒断反应。因此,在这些新型毒品使用者看来,他们便没有对这些药物"上瘾"。可见,在他们的观念中,是没有"心理依赖"这个概念的,他们甚至没有将头晕、嗜睡等身体不适反应看作药物摄入缺乏所带来的问题,更看不到这些毒品对人的神经系统的损伤。而那些提及自己有"上瘾"感觉的新型毒品使用者则在谈及乏力、疼痛等少量生理性反应之余,更多地强调"心瘾"。例如,以下这位冰毒使用者就详细阐述了"生理成瘾"和"心瘾"两者的差别。

> 这个(指生理成瘾)还好吧。它不是生理上的那种(瘾),而是一种心理上的(瘾)。我如果感觉到很空虚、很无聊,以及心情不好的时候会第一时间想到要用这个(指冰毒)。(素,女,22岁,初中学历)

而对于这种"心瘾",一些吸毒者表示,它们是可以"控制"的,并逐渐形成一种使用新型毒品"可控说"的观点,认为这是一种"想玩的时候就玩,不想玩的时候就完全可以不玩"的东西。

> 我感觉没什么瘾,所以也不觉得自己需要戒毒。我感觉我可以天天吸,也可以很长时间不吸,自己是能"控制"的。(露,女,24岁,初中学历)

当然,这种"可控"感只是吸毒者们的一种错觉。事实上,这些宣称吸毒"可控"且自己并未"上瘾"的吸毒者大多都在不间断地使用毒品。因此,更多的吸毒者认为,这种"心瘾"是挥之不去的,虽然感觉自己能够控制,但实际上会不由自主地被牵着走。

> 如果不看到(冰毒)的话,也不想(吸毒)。但是如果到朋友那里,看到了,我就会控制不了。就是一种心瘾,最后就一直"玩"了(指吸毒)。(礼,男,28岁,初中学历)

可见,由于不同种类毒品其药物属性不同,海洛因等传统阿片类毒品使用者和冰毒等新型非阿片类合成毒品使用者对于"成瘾"的体验是不同的。这同时影响着他们对于药物依赖性的认识和对待毒品的态度。

二、融入"毒友圈"

与吸毒生涯的开始阶段类似,毒品使用者在讲述自己吸毒生涯扩张期的故事时,也几乎都提及了"毒友"这一共同要素。吸毒者在叙述中最常提及的一句便是"圈子很重要"。男性吸毒者们往往将一起吸毒的伙伴称为"一起玩的朋友"或者"朋友",而女性吸毒者则赋予毒友一个特殊的名号——"小姐妹",即一起吸食毒品的女性毒友。融入"毒友圈"成为毒品使用者在吸毒生涯扩张期最重要的一项活动。

1. 毒友圈的进入与融入

首先,毒品使用者需要经由"朋友"或"小姐妹"的介绍进入特定的毒友圈子。例如,一位女性吸毒者在来到一个新城市后,便通过一个朋友的介绍顺利结交了当地的其他毒友。

> 我当时年纪轻,和家里人吵了一架,就一个人跑到 H 市,准备在那边玩一段时间再回家。刚好我也有朋友在那儿工作。那段时间我就和朋友

在一起。她把她的朋友介绍给我认识。我这个人大大咧咧的，和别人聊几句就熟了。她们坐在一起吃摇头丸，问我要不要一起来，我说可以。（娉，女，32岁，学历不详）

在进入毒友圈以及与毒友结交的过程中，一些吸毒者表示，自己会将毒友和其他朋友分开，从而赋予这一群朋友独特的、以使用毒品为中心的社交属性。

基本上都是和碰这个东西的人（指毒友，下同）一起（吸毒）。不碰这个东西的人不知道我碰这个东西（指吸毒）。我很清楚地知道这不是好东西。我也知道，别人（指不吸毒的朋友）知道了会用一种异样的眼神或者心态来看待我。（鹏，男，45岁，本科学历）

当然，绝大多数吸毒者并没有这么泾渭分明的朋友圈区隔。相反，他们经历的大多是朋友圈的更迭——即身边不吸毒的朋友渐渐远离，而吸毒的朋友则越聚越多。

"玩"（指吸毒）的时间长了以后，那些正常的朋友（指不吸毒的朋友）就没有了，基本都是毒友了。（野，男，19岁，初中学历）

可见，进入和形成自己的毒友圈对吸毒者的社交生活也具有极其重要的影响。吸毒者们普遍表示，自从开始吸毒，原来的朋友就逐渐不再来往了，交往的都变成吸毒的"毒友"，毒友圈也随着毒品使用生涯的发展而越来越大。有相当一部分吸毒者认为，因为有了吸毒这一共同的"爱好"，自己和毒友们的"友谊"更加牢固，在这样的毒友圈里也感觉更加"愉快"和"有归属感"。例如，以下这位吸毒者在被问及对毒友圈的看法时是这样回答的。

吸毒圈子里面的人都是我的朋友。和他们在一起，我忍不住要去吸（冰毒），大家聚在一起都在"玩"（指使用冰毒）。和他们在一起会有一种踏实的感觉，我不吸（指吸冰毒）的话，朋友也就做不了了。其实就是通过

吸毒和他们处朋友。（凯，男，18岁，初中学历）

一些吸毒者甚至表示，自己在吸毒之后，很难再和不吸毒的人交朋友，觉得和那些不吸毒的"普通人"没有共同语言，"聊不到一块儿去"，而跟毒友却更有共同语言、更容易交流（刘柳、段慧娟，2015）。

之后（指开始使用冰毒以后），我就再也不想和不"溜冰"（指使用冰毒，下同）的人接触了。聊不起来，没有话讲。我们"溜冰"的一般都不和其他人（指不使用冰毒的人）来往，玩不到一起去。（琳，女，19岁，初中学历）

并且，吸毒者大多分成以使用冰毒为主的新型非阿片类合成毒品使用者和以使用海洛因为主的传统阿片类毒品使用者。新型毒品使用者的毒友圈中基本也都是使用新型毒品的人，他们与传统阿片类毒品（如海洛因）的使用者们甚少来往，反之亦然。"抽粉的（指使用海洛因的吸毒者，下同）吃相（指使用海洛因的样子）太难看"，所以"和抽粉的说不到一块儿去"，这是冰毒等新型毒品使用者们的共识。相反，对于使用海洛因等传统毒品的吸毒者而言，他们也不是很愿意"与溜冰的（指使用冰毒的吸毒者）一块儿玩"，因为他们觉得冰毒使用者们都"神经兮兮的"，"溜冰（指使用冰毒）把脑子都溜坏了"。可见，这两类毒品的使用者相互之间是排斥的，甚至是相互看不起的（刘柳、段慧娟，2017）。一方面是因为两类毒品使用者在年龄上有明显差距，另一方面则与毒品本身的药理特性有关。在冰毒等新型毒品使用者为了几天几夜不睡觉而兴奋时，海洛因的使用者则大多沉醉于"飘飘欲仙"的"放松"、昏昏欲睡和半麻醉状态（刘柳、段慧娟，2017）。正是这种兴奋剂/致幻剂类药物与抑制类药物的药理性差异，使得两类吸毒者在使用药物过后的身体状况和精神状态有很大的不同，而他们也就无法理解彼此的感受，这也是他们相互间沟通受阻的重要原因。

虽然吸毒者们大多提到毒友圈对其社交生活的重要性，甚至谈及对毒友圈的"归属感"，不过有趣的是，在访谈中却鲜见有人提及自己在毒友圈中有什么"知心朋友"。相反，他们大多表示"吸毒的人不可信赖""都不能交心"。绝大多数吸毒者都承认,自从开始吸毒,自己的社交范围就越来越局限于毒友圈。虽然他们与圈中毒友的交往仅限于共同使用毒品(且基本均为同种类型的毒品)以及吃喝玩乐等消遣活动,很少涉及精神层面的交流,但鉴于"社交的需要"和"群体认同感",他们依然选择维持与毒友的交往(刘柳、段慧娟,2018)。

2. 毒友圈对吸毒生涯的影响

随着吸毒者使用毒品次数和频率的增加,这些经常与其一起吸毒的朋友或"小姐妹"逐渐成为他们毒友圈中最重要的部分,在吸毒者毒品使用生涯的扩张阶段发挥着极其重要的作用。

(1) 群体性毒品使用、社交及毒品获取

使用冰毒等新型非阿片类合成毒品的吸毒者大多习惯采用群体式的方式使用毒品。此类吸毒者们也普遍表示,喜欢追求此类毒品带来的"愉悦"与"兴奋感",只有"大家一起玩才好玩"。而"好几个人聚在一起""通常都是几个小姐妹一起,大家一边玩一边说说话"便成为冰毒等新型毒品使用的常态。例如,一位女性冰毒使用者便通过冰毒与海洛因使用习惯的对比,说明使用冰毒过程中具有很明显的群体式特性。

> 冰毒和海洛因不一样,它们刚好是相反的。玩海洛因都是一个人,偷偷摸摸的,打一针躺在那儿就睡了。但"溜冰"(指使用冰毒)就不一样,一般来说都是好几个朋友一起,一边"玩",一边说说话,有时候也打打牌什么的,很少有一个人"玩"(指使用冰毒,下同)的。(欣,女,41岁,高中学历)

而在吸毒伙伴的选取上,男性新型毒品(尤其是冰毒)使用者大多表示,他们期待的"吸毒聚会"通常混杂了男性和女性,且大多伴随着性行为。而与之相反,大多数女性吸毒者则表示,自己并不期待吸毒过后的性行为。相比较而言,她们更喜欢和"小姐妹"一起打牌、打麻将,甚至就是简单的聊天(刘柳、段慧娟,2018)。她们也认为,这是男性和女性吸毒者之间最显著的差别。还有一些女性吸毒者认为,使用毒品,尤其是冰毒等神经兴奋类毒品,可以"让朋友间的矛盾释放出来",是一种"良好"的人际沟通的桥梁。而无论是聊天、打牌、打游戏、玩手机,甚至化妆、做家务等等这些活动通常都是自己和"小姐妹"在一起完成的。相反,与男性吸毒者在一起吸毒,则被她们认为是危险的和不可取的。

与冰毒等新型毒品使用者不同,海洛因的使用者大多表示自己在使用毒品时更多选择单独进行,因为海洛因是一种"安静的药",用过之后就"要睡了",所以比较适合一个人或少数一两个朋友一起使用。

> 在一起"玩"海洛因的最多两个人,一个或者两个人。"溜冰"(指使用冰毒)的话,人可能要多一点的。海洛因不需要(太多人),用了以后很安静。(天,男,48岁,高中学历)

即便如此,大多数海洛因使用者表示,他们还是会有固定的、同样使用海洛因的毒友,这也是一种社交的需要。

> 我朋友圈里基本也都是"玩"海洛因的,大家比较谈得来。(阳,男,39岁,初中学历)

同时,与冰毒等新型毒品使用者不同,海洛因使用者们更加强调自己需要依靠毒友圈形成固定的购买海洛因的网络,因为海洛因只有"通过朋友"才能购买到。

可见,无论是冰毒等新型毒品还是以海洛因为代表的传统毒品使用者,基于群体性使用或者获得毒品的需求,在经过一段时间之后,吸毒者们大多会发展出一些自己固定的毒品使用伙伴。用他们自己的话来说,大多都是"熟人"在一起玩,"不跟其他人玩",通常一起吸毒的就是"固定的几个朋友"。

(2) 毒友圈中的"文化"符号:暗语与仪式

除了固定的朋友,毒友圈中还往往有独特的吸毒暗语。例如,"溜冰"指吸食冰毒,"粉友"指一起吸食海洛因的朋友,"小姐妹"指一起吸食毒品的女性毒友等。

冰毒等新型毒品使用者往往称呼海洛因使用者为"粉呆子",而海洛因使用者则有时候称呼冰毒使用者为"溜冰的小孩"。

除了暗语,毒友圈中还有一些特殊的仪式用以维系圈中成员的关系。其中,一个很常见的仪式便是"进过局子"(指去强制隔离戒毒所戒毒)的人,出来的时候要"还愿"。这是指吸毒者在强制隔离戒毒结束后,为了弥补在戒毒所期间不能吸食毒品的"痛苦",出来后便要立刻"再吸一口"毒品。而在外面的毒友则会为了庆祝其结束两年的强制隔离戒毒生活,欢迎其重归毒友圈子而为其举行"接风"宴。这可不是通常意义上的摆桌酒席接风,而指毒友们聚在一起共同使用毒品。

> 还有20天,我就解教了(指结束戒毒所的强制隔离戒毒治疗了,下同)。我在想,出去了肯定要去"还愿"。上趟官司(指前一次进强制隔离戒毒所戒毒)结束的时候我都没来得及回家,一出这个大门就去"还愿"了。我当时身上有钱,就打了个电话给前面解教的朋友,说我回来了。当时,我那朋友又叫了几个朋友一起给我"接风"(指一起吸毒)。他们帮我准备了白粉(指海洛因),等于摆了个"接风宴",这么个意思。(珊,女,38岁,中专学历)

而另一位吸毒者则表示,虽然自己不想再吸毒了,但是圈子里这种特有的"文化"与"仪式",令她可以预见到自己走出戒毒所大门之后将会很快"回归"毒友圈的生活。

> 出去之后除非不接触这个圈子(才有可能戒掉)。我出去之后,我朋友肯定会带东西(指毒品)接我。大家接了我,肯定先去吃个饭、洗个澡,去逛街买买衣服什么的,到了晚上没事了,大家在一起就……我好不容易出去了,朋友总会请我"搞"一次(指吸毒)的呀。(姜,女,31岁,中专学历)

可见,对于吸毒者而言,毒友圈不仅为他们提供了吸毒的伙伴和购买毒品的渠道,还形成了独特的令其产生认同的"文化"元素。因而,毒友圈对吸毒者的影响是显而易见的。毒友圈里的成员之间的相互影响也直接导致了吸毒者吸毒行为的扩展。

三、改变对毒品的态度和看法

1. 吸毒是件"正常的事情"

如前文所述,绝大多数吸毒者之所以接触到毒品,都可以或多或少归结于不良的交际圈。当朋友圈里多有吸毒者时,接触毒品便成为一种非常简单的事情。一个很小的借口便会成为他们吸毒的开始,如前文提及的"醒酒""减肥""止痛"等,抑或简单的"消除烦恼"和"获得愉悦感"。

吸毒这一行为在中国当代社会主流文化中并不被认可。在大众视野中,毒品被视为一种应尽量避免接触的有巨大社会危害性,以及对人的健康有很大伤害的成瘾性药物(刘柳、段慧娟,2018)。但在这种社会大众"谈毒色变"的大背景下,在毒品使用者的毒友圈里,吸毒却被视为生活的常态。因周围的人都吸毒,毒友圈中便逐步形成了吸毒"很普遍""很正常"的观点。也正是因为"大家都在玩"(指周围的朋友都在吸毒),吸毒者们普遍秉持"别人能玩(指吸毒,下同)我也能玩"的态度,而并不在意毒品可能对其身体及生活所造成的副作用。相反,他们大多认为这"没什么大不了的",认为那些糟糕的后果不会落在自己身上,或至少不会那么快发生在自己身上。同时,在毒友圈里,毒品也成为一种"常态化"的社交工具,人们会在待客时用它,在聚会时用它,也会在与工作伙伴谈生意时用它,毒品变得如同烟、酒、茶那样普遍被使用(刘柳、段慧娟,2018)。

> "玩"这个东西(指使用冰毒)就和喝酒、抽烟,甚至和吃饭差不多。太普遍了,我周围的人都在"玩"(指使用冰毒)。(婉,女,25岁,初中学历)

吸毒者进入并逐渐形成了自己固定的毒友圈之后,其对毒品的认识和态度也随之产生巨大的变化。尤其是受到毒友圈中的毒品使用"常态化"观念的影响,吸毒者们对于毒品的认知大多趋于正面,而忽视毒品的负面影响和危害。因为周围的人都吸毒,所以,吸毒也便成为一件"正常的事情"。

大家(指身边的朋友们)都在吸(毒)。我就没有什么想法,感觉吸毒就是很正常的一件事情。(钢,男,38岁,初中学历)

2. 毒品"无害说"与"有益说"

对于冰毒等新型非阿片类合成毒品使用者而言,毒品"无害说"是他们对毒品认知和态度的主流(刘柳、段慧娟,2017)。如前文所述,在大部分吸毒者看来,像冰毒这样的新型毒品是不会像海洛因那样"上瘾"的。也正因为冰毒等新型毒品不像海洛因那样具有强烈的生理性戒断反应,且被吸毒者们普遍认定为"生理依赖性较小",他们大多觉得"冰毒不可怕","溜冰(指使用冰毒)不能算吸毒"。

海洛因嘛,(危害)看得多了。(禁毒)广告上面都有介绍呀,海洛因这个东西肯定不能碰。但我想这个东西(指冰毒)肯定没有海洛因那么厉害,那肯定就不怕了。(钢,男,38岁,初中学历)

不仅如此,很多吸毒者还宣称冰毒等新型毒品不像海洛因那样对人体有害。相反,在一些吸毒者看来,使用这些药物还会为使用者带来一些"好处",例如"提神""止痛""减肥""解酒"等(刘柳、段慧娟,2018)。具体案例如下。

我一般两三天"玩"一次,都是和麻将圈子里的麻友一起"溜冰"(指使用冰毒,下同)。那个时候熬夜打麻将,就会"溜冰"提提神。(麻,男,35岁,初中学历)

开始的时候,我用这个(指冰毒)就是为了止痛。那时候我得了淋巴炎,特别痛,全身都肿起来了,一直在医院挂水,挂了三个多月也不管用。那时我男朋友是贩毒的,他跟我说冰毒可以止痛。我太痛苦了,就用了一点。(嫣,女,38岁,初中学历)

我听朋友说(吸冰毒)对减肥特别有效,于是就尝试了一下。第一次

吸,我三天三夜没有睡觉,但我感觉第二天自己就瘦了。(露,女,24岁,初中学历)

主要是醒酒。反正喝醉我就要用那个(指使用冰毒)。(苏,女,31岁,初中学历)

当然,这些所谓的"好处"是坚决不可取的,其不过是吸毒者们为其毒品使用行为辩护的一种"合理化"说辞罢了。相对于冰毒,吸毒者们普遍承认海洛因的成瘾性,然而这并不妨碍海洛因使用者们同样为其使用行为而辩护。"有益说"在海洛因使用者群体中也有一定的"市场",而其中最普遍的便是"止痛"。

为了(缓解)身体上的疼痛吧。以前只是偶尔"玩"两口,后来就是为了止疼。当时我生病了,朋友就拿(海洛因)给我,说是能止疼。我后来就抽上了。(华,男,54岁,初中学历)

一些吸毒者还表示,海洛因作为一种植物提取物,比冰毒等新型毒品更加"安全、可靠""不会把人吃出神经病来"。以下这位同时有过冰毒和海洛因使用经历的吸毒者详细分析了两种药物的使用感受以及自己对其的态度。

两种不一样,冰毒是化学品,海洛因是植物。我都是用海洛因。我抽过两次冰毒,感觉抽过后精神马上就好了,也不要睡觉。但是我总有种感觉,抽完冰毒以后神经兮兮的,没什么意思。我就对冰毒不怎么感兴趣了,还是继续用海洛因。(珊,女,38岁,中专毕业)

总体而言,基于毒友圈的影响,吸毒者们对于毒品的认知偏向于正面。他们有些不承认自己使用的毒品是有危害的,有的即便知道毒品的危害性,也着重强调其"好处",从而为自己的使用找到一定的合理性。

3. 毒友圈的边界与群体标志

毒品的"普遍化"和"常态化"也是具有边界性的,通常只针对毒友圈里的人,而所谓的"外人"却是摸不到门路的。一位女性吸毒者以亲身经历介绍了毒品"圈子"的边界感及其与外界的区隔。

> 有卖(毒品)的。只不过,你如果不是他们那个圈子里的人,他们就不会卖给你。即使你知道谁在卖(毒品),找他,他也不会卖。必须得有熟人介绍。我们那边好多酒吧到了十一点以后,就都是"玩"(指使用毒品,下同)的了。那时候酒吧都关门了,外人(指正常来酒吧消费的客人)也不知道其实还在营业。真正"玩"的人都在里边,一般都是一个通宵,第二天早上出来。(亮,女,40 岁,高中学历)

可以说,毒品使用行为已经成为一种划分群体边界的标志(刘柳、段慧娟,2015)。吸毒者由于共同的毒品使用行为相聚在一起,形成毒友圈。在毒友圈中,以毒品的使用为中心形成了"毒品亚文化"。受到毒品亚文化的影响,在毒友圈中的吸毒者并不将毒品视为不可碰触的"洪水猛兽",而使用毒品也不再被视为一种社会越轨行为。相反,毒品在毒友圈中是一个"常态化"的存在,是社会交往过程中经常被使用的东西。甚至有些吸毒者表示,毒品在他们的生活中成为某些特定场合下固定的社交活动,就像去饭店吃饭、去卡拉 OK 唱歌一样(刘柳、段慧娟,2018)。因此,毒品的使用在那些场合里便是一种"自然而然"的行为。

从全国范围来看,只有极少部分人群涉及毒品使用,吸毒本身是一种非常边缘化的越轨行为。然而,在毒品使用者的圈子里,吸毒却是他们日常生活中的一部分。而这种毒友圈及"毒品亚文化"也成为毒友圈中人维持毒品使用生涯的有力支持力量。

第三节 维持毒品使用行为

在维持阶段,毒品使用者对于毒品的需求变得常态化。此时的吸毒者逐渐成为毒品的"奴隶",其生活基本围绕毒品而展开(刘柳、段慧娟,2015)。换句话说,对于这一阶段的吸毒者而言,其日常生活中最重要的部分被毒品占据。在这一阶段,吸毒者需要面对由于其吸毒行为而引发的经济问题、家庭问题,以及社会偏见与标签化的问题。

一、经济压力与解决

在毒品使用生涯的维持阶段,最受吸毒人员关注的便是是否有足够的经济来源支撑自己使用毒品的需求。很多吸毒者都承认,随着时间的推移,自己对毒品的需求量越来越大,而经济压力也随之增加。即便有正经收入,他们也要每天考虑毒资的来源问题。

> 买毒品是比较费钱的,每个月的工资都用在这个上面,我还觉得不够用。(珠,女,22岁,初中学历)

1. "正常"的毒资获取渠道

为了解决毒品使用生涯维持阶段的经济压力,吸毒者往往采用不同的方式获取金钱。有相当一部分吸毒者(尤其是一些年纪较大的、有一定社会阅历的吸毒者)表示,他们会用自己工作赚的钱供自己使用毒品的开销。

> 我哥是做香烟批发、日用品批发的,家里有个店。我给他们看店看了几年,有点收入。够花的(指买毒品够用)。(丽,女,48岁,学历不详)

与这些自己赚钱买毒品的吸毒者不同,还有相当一部分吸毒者(主要是那些更加年轻的吸毒者)表示,他们的毒资大多来源于家庭供给。而为了成功地向父母或家中其他长辈要到毒资,吸毒者们往往会编各种理由,例如买学习资料、同学/朋友聚会、出去旅行、打麻将,甚至生病了需要看医生等。

> (吸毒的钱)都是在家里找爸妈要的。就说要买什么资料、同学聚会

等等,各种各样的理由。但次数多了,(父母)肯定多少会怀疑,就很少给了。后来我就辍学在家,托人帮着找工作,自己有时候厚着脸跟家里要,要么就是问爷爷、奶奶要。(砖,男,17岁,中专学历)

当然,也有些吸毒者坦言,他们的毒资就是通过各种方法从亲戚朋友那儿"骗"来的。

> 毒资的话,一般就是骗。用各种办法向朋友"借",但都是有借无还。"借"过一次之后,一般就再也"借"不到了。这时我就埋怨朋友,说向你们借点钱,我又不是不还。但其实就是不会还的。(薇,女,23岁,初中学历)

2. 毒资获取的"灰色"渠道

除了相对"正常"的筹钱渠道,众多吸毒者亦坦言,他们也有通过不为社会所认可的"特殊方式"获取金钱的经历。在这一点上,男性吸毒者和女性吸毒者往往有不同的选择。男性吸毒者大多选择参与犯罪行为以获取毒资。

> (扒窃)也是为了吸毒,这个是肯定的。没钱了,上瘾,就去偷。海洛因这个东西花费很大,就算有金山银山也吃光了(指吸毒把钱用光了)。(盛,男,43岁,小学学历)

当然,也有少部分女性吸毒者表示,她们也曾采用犯罪的方式获取毒资。其中,参与贩毒是最常见的"赚钱"途径。

> 自己赚了一点钱,所以开始还行(指能支撑吸毒开销)。不过,也就是几年的时间,几百万就吸掉了,后面就只能贩毒了。没钱吃(指使用海洛因)嘛,就走上以贩养吸的道路了。(佩,女,40岁,初中学历)

不过,正如上述这位吸毒者所强调的,女性即便也同男性一样从事"贩毒"的买卖,她们也大多是为了满足吸毒的资金需要,是"以贩养吸",而并非想做什么

"大事"(Liu & Li, 2021)。她们也不会像男性毒贩那样参与"大买卖",而是"够用"即可。

除此之外,"出卖色相"也被一些女性吸毒者用来作为一种筹措毒资的手段。一些女性吸毒者表示,她们虽然未选择在娱乐场所工作,但却依附于男性吸毒者或男性毒贩以获取免费的毒品。而这也成为女性吸毒者用性来换取免费毒品的一种方式(Liu & Chai, 2020)。

鉴于毒品售价较高,随着时间的推移,吸毒者们所需的毒品用量与日俱增,其吸毒所需的资金投入也越来越大。无论是通过合法渠道还是灰色渠道,吸毒者们在吸毒生涯的维持阶段不断需要面对筹措毒资这一问题。而经济问题也成为导致吸毒者们出现家庭矛盾、朋友交往受阻,以及涉足犯罪行为的重要因素。

二、家庭成员的暧昧态度

正如前文所述,很多吸毒者均表示,他们曾从家庭中获取吸毒所需的资金。可见,在吸毒者维持毒品使用生涯的过程中,家庭成员的影响起到了很重要的作用。

1. 家人知晓吸毒者毒品使用行为的过程

在谈及自己的家庭成员对其吸毒状况的了解和态度时,大部分被访者表示,他们在刚开始吸毒时总是尽力地向父母、配偶和其他家庭成员隐瞒,不想让其知晓自己吸毒的事实。

> 我只有在自己状态好的时候才会回父母那里。父母看我瘦了,我就说我吃减肥药了。所以之前家里人根本不知道我在吸毒。(露,女,24岁,初中学历)

不过,虽然吸毒者们极力隐瞒,但时间长了,他们的家人总能通过日常生活的琐碎细节发现自己儿女/配偶的行为异常。正是这些"蛛丝马迹"使得很多父母/伴侣最终知晓了他们吸毒的事实。

才开始肯定是瞒着的,后来就瞒不住了。也不光是因为花钱。早上起来的时候没劲爬不起来,不打一针根本就爬不起来。起床起不了,浑身出汗什么的。这就不正常。后来我太太就知道了。(磊,男,37岁,学历不详)

2. 家人对待吸毒者吸毒行为的态度

有些吸毒者表示,他们的家人知道了自己吸毒的事实后,会"很生气",并且采取各种办法劝说和督促其戒毒,尽管这些劝说和督促所起到的作用十分有限。当然,也有些亲属在知道吸毒者吸毒的消息后虽然生气,但却"无能为力",或轻易相信了吸毒者宣称自己"不玩了(指不再吸毒了)"的"承诺"。

之前嘛,我在他们(指父母)的印象中都是很好的,他们很相信我,我说不"玩"了(指不吸毒了,下同),他们很相信。我以前很瘦,只有120斤,后来胖了一些,他们就以为我真的不"玩"了。(礼,男,28岁,初中学历)

出于种种"不忍心""心疼"或溺爱的情愫,许多父母在知道了自己的子女吸毒的事实之后不仅没有要求其戒毒,反而采取了的一种默许甚至纵容的态度(刘柳、段慧娟,2015),并且常常在经济上提供资助。

家里人都比较宠爱我,我在家里想干吗就干吗。就拿不想上学来说,我说不上,家里人拿我也没有办法,就由着我。我后来吸毒,向家里要钱,基本上要一次给一次。不管我白天要还是黑夜要,他们都会给我,对我很放纵。如果哪次家里不给钱,我就会生气,只要我转头就走,家里肯定会给我钱。(桂,女,37岁,小学学历)

而另外一些父母则因为缺乏对毒品的了解,并不很清楚毒品可能带来的危害,因此对子女的吸毒行为并没有很强烈的反应。这尤其表现在冰毒等新型非阿片类合成毒品使用者的父母身上。相较于海洛因等传统毒品,父母对于冰毒等新型毒品的知识更加缺乏。

> 我爸觉得,"溜冰"(指使用冰毒)不像吸海洛因,这个(指使用冰毒)就是社会影响不好。他觉得跟社会上的人不要接触就行了。所以最多跟我讲一讲,不要跟外面的人接触,就这样。(絮,女,29岁,职高学历)

还有一些父母对子女的吸毒行为既不表示赞成,也不表示反对,而是采取一种回避态度,在明知自己子女吸毒的情况下,却当这个事情不存在。

> 这个事情(指吸毒),我妈是知道的。她虽然一开始不知道,但后来慢慢地也就知道了。她知道以后什么也没说。她从来没有跟我说让我戒毒,或者说毒品不好让我别再用了之类的。(花,女,33岁,大专学历)

3. 长期吸毒引发的家人态度的变化

除了上述家人对吸毒者的吸毒行为采取无能为力、默许以及回避的态度,也有一些吸毒者表示,他们的父母和家人在其吸毒的早期阶段是持关心态度的,也会积极劝说其戒毒甚至亲自帮助其戒毒。但随着时间的推移以及一次次戒毒的失败,他们的父母也逐渐对其丧失了信心,而慢慢变得冷漠。

> 我跟爸妈关系还挺好的。以前他们还是很相信我的,相信我能戒,戒了就不会再吸毒了。但他们现在就不相信了,很生气(我一直戒不掉)。我以前不吸毒的时候和两个姐姐也比较好,但吸毒之后联系就很少了。她们现在也不相信我了。(甜,女,37岁,高中学历)

总之,父母等家庭成员在应对吸毒者吸毒这一问题上并不如我们想象中的那样持坚决反对态度。相反,家庭成员的容忍、默许、回避,甚至纵容出乎意料地成为促使吸毒者保持吸毒行为的要素。甚至,对于一些吸毒者而言,父母不仅采取消极态度默认其吸毒行为,更成为促使其吸毒且保持毒品使用行为的推手。

三、社会排斥与标签化经历

如前文所述,随着毒品使用生涯的发展,吸毒者的社会交往也产生了变化。

他们原有的朋友圈和社会交际网络逐渐瓦解,同时,他们身边的毒友越来越多,毒友圈中的朋友关系也在逐渐加强(刘柳、段慧娟,2015)。这种改变一方面缘于吸毒者本身融入毒品亚文化群体而做出的选择,另一方面,这也是一种社会排斥与标签化的结果。

1. 隐瞒与被发现

鉴于吸毒在中国被看作严重越轨行为(Liu & Chui, 2018; Liu & Hsiao, 2018),社会主流文化对吸毒者的态度并不那么友好。一旦某些社会成员的吸毒行为被他人知晓,他们便会被迅速地贴上"吸毒者"的标签,并遭遇广泛的社会排斥(刘柳、王盛,2019)。为了避免遭遇"歧视"和被他人"另眼相看",吸毒者在毒品使用生涯的早期,大多会选择隐瞒自己的吸毒行为,尤其避免被自己周围的人(如家人或亲朋好友)发现。正如本研究中的一位女性吸毒者所述,自己在刚开始吸毒的时候,虽然不十分了解使用毒品的后果,但却清楚地知道这"不是好东西"。所以,在她看来,吸毒要偷偷摸摸地进行,不能让不吸毒的人知道,特别是"不能让父母知道"(琴,女,19岁,初中学历)。

然而,世上没有不透风的墙,吸毒的事实最终总会被家人、亲朋好友及其他周围的人知晓。有一些吸毒者表示,自己之所以"暴露"了,是因为被警察抓了。而另一些吸毒者则如同前文中所描述的,由于使用毒品引起的生理反应导致的反常表现,或维持毒品使用而耗费大量资金等引起了周围人的疑虑。例如,有些拥有正常稳定工作的吸毒者谈及,他们由于吸毒之后出现的各种生理和精神反应,如慵懒、幻觉、脾气暴躁等,使其无法顺利完成正常的工作,而逐渐被领导、同事或者客户发现。

> 做生意肯定要跟人接触,要出去跑,要陪客户,才有生意可做。正常跟客户吃饭、聊天至少也要聊一个小时吧,但吸毒以后坐不了那么久,也就能聊十分钟吧。自己也就不想去(跟客户接触)了,这么一来肯定影响生意。而且慢慢地肯定会被察觉。(城,男,30岁,大专学历)

2. 贴标签及主观体验

依《中华人民共和国禁毒法》(2008)规定,"公安机关应当对吸毒人员进行登记",故吸毒者一旦有被公安机关查处的经历,便长期处于公安部门的监控之中(刘柳、段慧娟,2015)。而这也成为对吸毒者标签化的一个重要过程。吸毒者的身份信息被公安机关列于"黑名单"之中,一旦其使用身份证件,便会引发示警。这对于整个社会的稳定和发展是有益的,但在吸毒者的眼中,这一社会治理措施却令他们感到"不太方便"。以下这位女性吸毒者便讲述了她和朋友在旅行途中遭遇临时检查的经历。

> 被抓过(指因吸毒被查处)以后,我的身份证就不能用了,用了警察就要来查。有的时候我出去旅游,也只能让我朋友帮我开房间。我们就等于没身份证的"黑人",开房间、上网什么的都不行。一用身份证,警察就知道了,会马上有人来给你做尿检。(淑,女,24岁,小学学历)

此外,有了公安机关的"认证",他们被正式认定为吸毒者,而使其吸毒行为完全暴露于社会网络之中,前期的"隐瞒努力"都付诸东流(刘柳、王盛,2019)。当吸毒的经历被大家知晓之后,吸毒者往往会遭遇周围亲朋好友的疏远。

> "以后你去姨妈家也好,去舅舅家也好,人家都是要防着你的。"我妈当时就这么跟我说的。我说我又不会偷他们东西,干吗防着我。她说,"就是啊,但是人家不这么想啊!"我搞这个(指吸毒),人家就会那么想。虽然都是亲戚,但是我一去,人家就拿我当贼一样防着。你说我难不难过!(琴,女,19岁,初中学历)

尽管公安部门的查处和登记并不以"标签化"吸毒者为目的,但却使得吸毒者的行为有可能被大众知晓,并被贴上标签。而社会对于背负"吸毒者"标签的人大多持负面态度,进而发展为疏远和排斥。依据标签理论,吸毒者本人在经历这些社会排斥之后,会逐渐接受并且内化这种负面评价,并继续自己的吸毒行为以符合"吸毒者"的标签。同时,在这一过程中,因为遭遇社会主流文化的强烈排斥,吸毒者感觉自己"底气不足",而他们中的很多成员也产生了自卑的心理。

> 不管周围的人对我有没有异样的看法,我自己心里就比较自卑了。因为吸毒这个事情,毕竟还是不好听。原来自己偷偷摸摸地吸,其他人还不知道,就还行,周围还有好多朋友。后来大家都知道了,那些朋友就全没了,就剩下吸毒者圈子了。(海,女,35岁,学历不详)

而这种自卑心理又反过来强化了他们继续吸毒行为的动机。

> 感觉就是一种自暴自弃的心理。这是最重要的因素。反正工作也找不到,什么都没有了。就再去吸(毒)吧。(盛,男,43岁,小学学历)

3. 对待"吸毒者"标签的不同态度

虽然绝大多数吸毒者在使用了一段时间的毒品后,都能清楚地意识到毒品的危害,但即便如此,仍然有一些吸毒者强调吸毒是自己的选择,就算这种行为可能对身体健康不利,但如果自己没有犯罪、没有做出造成严重社会危害的事情,就不应受到社会排斥。而拘留或强制隔离戒毒这样的毒品问题治理措施在他们的眼中更是"处理得太重了"。

> 如果吸毒的人,他还有刑事案件,那就有处理的必要,因为这危害到社会了。但如果他没做这些,而且还有正式的工作,就只是"溜冰"(指使用冰毒),那我觉得是不是可以考虑给个稍轻一点的惩罚。这(指吸毒)是一种生活方式,其他人理不理解又是另一回事了。(翼,男,34岁,学历不详)

从犯罪学的观点来看,这些吸毒者显然是以"否认自己的行为有受害者"这一方法为自己的吸毒行为开脱,从而发泄对相应社会治理和应对措施的不满。更有一位吸毒者非常直白地表达了自己对"社会歧视"的"愤慨"。

我们都是要在社会上混的,有的时候虽然做了不对的事情,但是社会也不能以这种歧视的眼光看我们吧!(超,男,27岁,初中学历)

然而同时,在被标签化为"吸毒者"并遭遇了一定社会排斥之后,却仍然有相当一部分吸毒者认为,这种"特殊对待"是可以理解的,因为他们已经认识到了毒品的害处。在以健康和生命为重的前提下,这些吸毒者认为,虽然被标签化、被隔离、接受强制性戒毒治疗不那么令人感到愉悦,但这些对其健康却是有益的。因此,他们也能够接受这样的结果。

在戒毒所里,我有时候会想,要是我没被抓的话,我肯定继续在外面"玩"(指吸毒)。那自己肯定不会像现在这么好,估计瘦得像鬼一样,生活一塌糊涂,或者早就死掉了。我吸毒吸了十几年了,什么不知道?毒品有什么危害,我一清二楚。我以前在外面整天生病,感冒发烧什么的,都是吸毒吸的。我进来以后戒了,身体也变好了,也不生病了。现在我烟都不抽了。(桂,女,37岁,小学学历)

第四节 戒毒的成效与复吸

毒品使用生涯的终止往往是由于外界的强制干预,如进入监狱或者被送去强制戒毒,几乎很少有吸毒者会自发选择戒毒而开始"新生活"。而终止期如果无法持续不使用毒品,吸毒者便会产生复吸行为从而重新回到毒品使用生涯之中。

一、自愿戒毒决定与体验

1. 戒毒意愿

在调查中可以发现,大部分吸毒者表示他们有过戒毒的想法,也想早日摆脱对毒品的依赖以及毒品对其生活的控制。他们或是厌倦了终日吸毒的生活状态,或是感受到了吸毒带来的负面影响,无论这种影响是健康上的、经济上的、还是社会关系上的。

> (吸毒)上瘾两个多月以后就开始想戒毒。吸毒真的影响很大,跟以前的朋友也不联系了,跟家里人也不联系了,每天什么事情也干不了,上班都力不从心。最重要的是吸毒特别消耗钱,我很快就入不敷出了。(茹,女,27岁,中专学历)

甚至,有吸毒者总结,吸毒的人"没人不想戒","每个人都想戒的",只不过"这个路比较难走"(运,男,21岁,初中学历)。但显然,以本研究所获取的访谈资料来看,戒毒并非每个吸毒者的意愿。事实上,也有相当一部分吸毒者坦言,他们从未考虑过戒毒。甚至有人宣称,自己已经习惯了有毒品相伴的生活,因此从来没有想过戒毒。

2. 自愿戒毒经历

那些有戒毒意愿的吸毒者,绝大多数都有过自愿戒毒的尝试。这种自愿戒毒主要包括两种类型:冷火鸡(cold turkey)式的"硬戒"以及有医药辅助的医疗模式戒毒。

(1) 冷火鸡式戒毒法

首先,最常见的,便是"关在家里戒毒",也即冷火鸡法。用一些吸毒者的话来说,就是"忍着不吸"(方,男,29岁,中专学历),"一直熬着"(琳,女,19岁,初中学历)。在各种戒毒方法中,冷火鸡法最为简便易操作,且无须任何医疗等专业手段的辅助。然而由于毒品的成瘾性特质,采用冷火鸡法戒毒对于吸毒者而言需要极大的忍耐力。因此,很多吸毒者在陈述自愿戒毒的经历时,大多提及得到了父母或亲属的监督及帮助。甚至有一位吸毒者表示,为了怕其"犯瘾",父母选择将其绑在家中戒毒。另一名吸毒者则提到,他的家人是通过物质刺激和奖励的办法来帮助他戒毒的。

家里人一直支持我,说只要我能把毒戒了,就一直支持我。爸爸会给我物质激励,他说如果我戒毒成功的话,就会给我买房子。(辉,男,21 岁,初中学历)

(2) 医药辅助式戒毒法

除了冷火鸡法,也有一些吸毒者提及他们曾有"去医院戒毒"或者采用一些药物辅助戒毒的经历。其中,使用镇静和助眠类药物是较常被提及的治疗方法。

之前我试过自愿戒毒,在私人的治疗中心。我在那儿治疗过两次。他们会提供一些安眠镇静的药物,让我的心情平静下来,主要是以镇静为主,也会有点催眠的作用。(志,男,36 岁,本科学历)

除此之外,也有吸毒者提及使用美沙酮或其他戒毒辅助药物的经历。

(尝试过)自愿戒毒。就是喝美沙酮来戒毒。(翰,男,54 岁,初中学历)

我也在外面戒了好几次。就是用那个戒毒的药啊、胶囊啊,药店都会有卖的。(绍,男,28 岁,高中学历)

与冷火鸡法相比,采用医疗辅助戒毒的吸毒者不会那么"难熬"。医疗辅助戒毒法会采用很多医学手段帮助吸毒者戒除毒瘾,并且使用药物减轻其身体由于缺少毒品摄入而产生的戒断性反应。与冷火鸡法类似,在进行医疗辅助戒毒时,吸毒者们也得到了许多来自家属的陪伴、支持与帮助。

我爸妈帮我戒过两次,都是送我到 Y 医院。Y 医院是个指定的戒毒医院。那时候他们把我送过去,在里面住一个多星期,然后回来,再配点药带回来吃。(欣,女,41 岁,高中学历)

尽管在多数情况下,这种陪伴与帮助并不一定能达到令吸毒者完全戒除毒瘾的预期效果,但至少,吸毒者们能够感受到来自家人的"一片苦心"(娉,女,32岁,学历不详)。

(3) 自愿戒毒的"成效"

然而,尽管吸毒者们普遍有戒毒的意愿,采用了各种方法尝试自愿戒毒,也同时得到了家人的支持,但最终多以失败告终。许多参与了本研究的吸毒者表示,他们不是不想戒,也不是没付诸行动,而是真的"戒不掉"(珊,女,38岁,中专学历)。

> 我都不知道戒过多少次了。到外地、到医院啊,我自己都记不清楚了。就是戒不掉。(浩,男,50岁,初中学历)

同时,在吸毒者们看来,那些提供自愿戒毒服务的医院也"没什么效果"(志,男,36岁,本科学历)。一位男性吸毒者用他的自身经历表述了这一观点。

> (医疗辅助的自愿戒毒)对我来讲都不能叫戒毒,最多叫减量。(吸毒的)量大上去以后,到那边(指自愿戒毒医院)去减掉点。要说彻底戒掉,那不可能。我感觉(医院的戒毒治疗)对戒毒没什么效果。(天,男,48岁,高中学历)

当然,吸毒者们所认为的"没效果"并非真的毫无帮助。由于医疗辅助的自愿戒毒疗程持续时间有限,而短时间治疗结束之后,吸毒者仍无法摆脱毒瘾。

(4) 自愿戒毒失败的主要原因:毒友圈的影响

当问及自愿戒毒失败的原因时,有一部分吸毒者强调,这是因为"身瘾"好戒而"心瘾"难除。

> 我想戒(毒)啊,但是戒不掉啊。生理上是戒掉了,心理上不行。老觉

得在家太闷了,一闷就想(吸毒),就想出去玩。(楚,女,43岁,未受过正规教育)

也有一些吸毒者强调,自己是出于一些必要原因,如"减肥""醒酒""提神"等,才无法成功戒毒的。这些吸毒者始终倾向于将自己对毒品的依赖"合理化"为某种特定的生理、精神或社会性"需要"。例如,一位年轻的女性吸毒者表示,自己为了保持苗条的身材而选择一直使用毒品。

我想过(戒毒)呀,真想过,而且也试过。但我感觉很难,因为一不"玩"(指吸毒,下同)就会变胖。我就觉得很难过,觉得自己太胖,就忍不住想继续"玩"了。我就是想赶紧瘦下来。(琴,女,19岁,初中学历)

而更多的吸毒者则认为,吸毒还是和"圈子"有关。简单来说,在吸毒者们看来,其戒毒的成功与否主要取决于他们是否真的能脱离吸毒者圈子。

要离开这个圈子才能戒(毒)成功。从开始接触这个东西(指毒品)以后,认识的人、身边的朋友就慢慢变成都是吸这个(指毒品)的。慢慢地,周围(吸毒的)人越来越多,(吸毒者)圈子也越来越大。所以说,几乎所有人都(戒毒)失败了,不离开圈子肯定不可能成功。搞这些东西的(指吸毒的)不离开圈子是戒不了的。(池,女,21岁,初中学历)

不过,正如吸毒者们所经历的那样,离开吸毒者的圈子并非一件容易的事儿。整日浸淫于成员同为毒品使用者的毒友圈里,很多吸毒者表示,他们感受到了很大的群体影响力。一旦戒毒,便意味着要脱离毒友圈,以及失去自己原有的社交网络。在此种情况下,即使吸毒者自己有戒毒的愿望,往往也很难实现戒毒的目标。

我如果是一个人,那么(冷火鸡法)是有用的。不吸就不吸了,吸了费钱又对身体不好。但是,实际上戒毒不是这么简单、想戒就能戒的。我觉得,吸毒不是一个人的事。没有人一生下来就要吸毒的,哪有这样的人,肯定都是别人带的啊。换作戒毒也一样的,戒毒也不是一个人的事,圈子里的人都吸,我这么一戒,就不合群了。我那时候又吸了,就是因为他们(指朋友)。(方,男,29 岁,中专学历)

一位吸毒者最后总结,"心瘾"和朋友圈的影响便是导致大多数吸毒者自愿戒毒失败的两大主要因素。

吸毒的人都有个心理,总是认为自己戒掉了,但其实还是戒不掉。从医院(戒毒)出来一开始两天在家里还行,没什么感觉,但后来一出去接触到以前的朋友,就又开始(吸毒)了。生理层面戒掉了以后,是能拒绝几次的。但不是做到(拒绝)一次就可以保持的。虽然不敢保证所有人都这样,但就我所看到的,生理层面的(毒瘾)刚戒掉之后,都会拒绝(别人吸毒的邀请)。但如果时间一长,就不一定会拒绝了。为什么呢?第一是心理因素,还是想那种感觉(指吸毒后的感受和体验)。第二呢,就是感觉面子上过不去,不好意思老拒绝朋友。这两个因素肯定会有的。(阳,男,39 岁,初中学历)

正因为对毒友圈的依赖,吸毒者们普遍认为"戒毒比想象中难得多"(华,男,54 岁,初中学历)。他们表示,自己不是不能戒掉毒品,而是摆脱不了毒友圈。

二、社区戒毒经历

依据《中华人民共和国禁毒法》(2008)以及《戒毒条例》(国务院令第 597 号,2011),对于毒品依赖程度较轻的吸毒者应实施为期三年的社区戒毒治疗。因此,吸毒者在被公安机关查处的初期都会被要求签署社区戒毒协议而参加社区戒毒项目。换句话说,在吸毒者因吸毒成瘾严重而被送入强制隔离戒毒所戒毒之前,他们理应都有过社区戒毒的经历。然而,当问及参与本研究的吸毒者们所经历的社区戒毒项目及其体验时,他们普遍表示基本"没什么服务","最多就是有个尿检",因此对戒毒"毫无用处"(浩,男,50岁,初中学历)。正因为如此,他们大多表示,自己基本不去参加或者选择"躲避检查"(梅,男,35岁,本科学历)。相比自愿戒毒以及强制隔离戒毒所戒毒的经历,吸毒者们谈及社区戒毒的体验明显较少。因此其反馈和感受也极其有限。

三、强制隔离戒毒所戒毒经历

1. 有规律的强制隔离戒毒所生活

正是因为自愿戒毒的艰难以及社区戒毒项目有待完善,吸毒者们最终还是进入了强制隔离戒毒所戒毒。强制隔离戒毒所是具有监管性质的机构式戒毒场所,有严格的管理制度和严密的安全戒护体系。在其中接受戒毒治疗的吸毒者需要严格按照机构的安排生活、劳动和接受教育。这是和社会生活所不一样的、"有规矩"的生活。

> 在这里面(指在强制隔离戒毒所)生活很规律。早上6点钟起床,吃早饭。7点去车间做工,一直工作到11点,然后去吃午饭。夏天会有午休的时间,然后工作到5点。晚上7点看新闻联播,8点半上床睡觉。(峰,男,48岁,初中学历)

一些吸毒者认为,这种严格的、有规律的生活是"不自由"的,且令他们感到很不适应。

> 我在这里(指在强制隔离戒毒所)每天都很难过。没有自由。要求太多了。这里肯定跟外面不一样,肯定要约束自己,所以感觉不舒服。还是自由点好啊。(伟,男,27岁,初中学历)

也正因为如此,大部分吸毒者表示,他们在刚进入强制隔离戒毒所时,需要经过一段时期才能适应戒毒所内的环境和生活节奏。

> 我一开始(指刚进强制隔离戒毒所时)不适应。在这里做什么都有规定,洗漱有洗漱的规定,吃饭有吃饭的规定,下车间有下车间的规定,不像在外面那么自由。(我)花了一个月才适应。(轩,男,34岁,高中学历)

2. 生理脱毒

在刚进入强制隔离戒毒所时,吸毒者除了要花费一段时间适应戒毒所中规律的生活,还会经历一段时间的"生理脱毒"期。在生理脱毒期间,戒毒所会根据不同吸毒者的生理状况辅助以相应的药物治疗。不过,大部分的药物治疗和生理脱毒辅助治疗是针对海洛因使用者的,而针对冰毒等新型毒品使用者的治疗则相对较为有限。一位吸毒者介绍了她所了解及经历过的针对不同类型吸毒者的生理脱毒治疗。

> (在强制隔离戒毒所中)一般早上开一次药,下午开一次药。每个人不一样。如果海洛因犯瘾,就要联系门诊开美沙酮。冰毒的话,一般没什么,但如果实在反应大就会开一点助睡的药。好像暂时没有像美沙酮那样专门戒冰毒的(药物)。(芳,女,40岁,高中学历)

3. 劳动和职业训练项目

在经历了生理脱毒和适应期之后,吸毒者便进入戒毒所的常规戒毒治疗和康复项目中。这主要包括两大类,分别是劳动和职业训练项目以及教育治疗项目。其中,劳动和职业训练项目大多以组织戒毒人员参与集体化生产性劳动来实现。

(1) 参加劳动和职业训练项目的经历

当被问及在强制隔离戒毒所中的经历时,吸毒者大多提及,参加劳动和职业训练项目是他们在戒毒所生活中的最主要内容。

> 平时我们在车间里劳动,主要是做服装。劳动时间也不长的,跟外面差不多,从早上七点半做到下午四点钟。中午还有休息、吃饭时间,还有

吸烟时间。我们一周劳动五天。(天,男,48岁,高中学历)

可见,在强制隔离戒毒所所辖的工厂中做工是戒毒人员主要从事劳动的形式。当然,也有一些戒毒人员被安排从事一些非工厂的"辅助性"劳动,如厨房工作、清洁工作等。

我觉得洗碗比较适合我。洗碗就不用去里面(服装厂)做工了。我不想去踩机子(指在服装厂做衣服),就主动要求去洗碗。我们一共就十个人洗碗,就是每天三顿饭结束后去洗碗。(平,男,35岁,初中学历)

总体而言,强制隔离戒毒所中的劳动和职业训练项目的安排是十分规范和系统的(Liu & Hsiao, 2018):包括固定的劳动时间、劳动流程、劳动技能的学习过程,以及对劳动成果的评价与考核。无论是参与工厂劳动还是非工厂劳动的吸毒者,都能够在规范的标准和流程下参与劳动项目,并从中收获劳动技能、锻炼劳动能力,以达到帮助戒除毒瘾的目标。

(2) 参加劳动和职业训练项目的作用

有部分吸毒者表示,参加劳动可以学习到一些劳动技能,并且对自己的戒毒和康复很有好处。

我觉得(参加生产劳动)挺好,学会手艺了,会踩缝纫机了。不过最主要的是毒品戒掉了。如果在家里一直吸(毒),也不知道成什么样子。(伟,男,27岁,初中学历)

其实,在一些吸毒者看来,即便不考虑劳动技能的学习与精进,而仅仅是忙碌的劳作,也能够在一定程度上起到帮助其戒除毒瘾的作用。

天天干活,稍微把自己弄得忙一点,挺好的。其实忙一点的话,也不会瞎想了。闲一点的话,就老会想以前"溜冰"(指使用冰毒)的(日子)。

没时间想,反而就好了。(昌,男,34岁,小学学历)

4. 教育治疗项目

除了参加劳动,在强制隔离戒毒所中戒毒的吸毒者还需参加教育治疗项目。教育治疗项目主要包括毒品知识的学习、法律知识的学习和独立生存技能的学习,以及心理矫治等内容。

(1) 参加教育治疗项目的经历

首先,毒品知识的学习是吸毒者们最常提及的教育项目。通过学习,吸毒者们普遍表示,自己知道了很多毒品的知识,也对毒品使用的危害有了比较全面的了解。

> (参加)教育(项目)吧,就是对毒品知识有了了解。现在(我)对毒品的成分、吸毒后的反应等方面有了充分的认识,知道了很多(种类的毒品),像吗啡、摇头丸、大麻等。(辉,男,21岁,初中学历)

其次,与毒品相关的法律知识也是教育项目的一部分。在这一部分,吸毒者表示,他们会学习禁毒法规和相关政策规定。

> 这边(指在强制隔离戒毒所里)都有法律普及教育的。警官会教。(学习的内容包括)《中华人民共和国禁毒法》,以及跟毒品有关的(各种法规)。(城,男,30岁,大专学历)

除此之外,独立生存技能的学习也被归为戒毒所中教育项目的一部分,旨在教会吸毒者必备的生活和工作技能,以期他们在两年强制隔离戒毒期满后能够顺利回归社会。例如,一位吸毒者提及,她正在参加计算机和园艺课程的学习。

> 这里(指在强制隔离戒毒所里)有计算机培训,还有园林园艺。我现在正在学。(童,女,21岁,初中学历)

最后,教育项目中还有一个很重要的部分,那便是心理矫治。许多吸毒者谈到,强制隔离戒毒所中的心理矫治项目能够帮助他们重塑人生观、价值观,也教会了他们如何调节心情、解决情绪问题。

> 这里(指在强制隔离戒毒所里)有心理咨询。(心理咨询师)会找我们聊聊,看看最近的情绪状况啦,有没有情绪不好啦等等。他们会在一个表上打钩,对我们进行评估,看看我们有没有心理问题。有的话就会单独辅导。(心理咨询的频率)大概一个月一两次吧。(念,男,50岁,初中学历)

然而,尽管大多吸毒者都表示他们经历过多种教育治疗项目,却很少有人能够明确地说出教育治疗项目的规则、体系与评价标准。相对于劳动和职业训练项目执行的规范性与严谨性,教育项目的安排与执行却显得不那么系统化与规范化(Liu & Hsiao, 2018)。此外,由于专业人员的缺乏,有一些教育项目(如心理咨询或独立生存技能学习)提供得稍显不足,且开展频率较低。有一些吸毒者表示,他们并不能随时获取心理咨询服务,项目也无法完全满足自己对于独立生存技能的学习需求。

(2) 参加教育治疗项目的作用

在参加了上述各种教育项目之后,很多吸毒者表示,他们从中收获了许多,包括毒品知识、法律知识以及各种生活和劳动技能。例如,一位吸毒者详细阐述了自己在戒毒所中真切地认识到,冰毒是一种对人体伤害很大的药物。

> (我在强制隔离戒毒所里)确实学到很多。毒品这东西对人的影响是潜移默化的,你都不知道它改变了你。这个东西狠就狠在这个地方。现在,我甚至觉得新型毒品比海洛因更可怕。吸海洛因上瘾了,自己知道自己有瘾,而冰毒就是让你在不知道自己上瘾的情况下上瘾,你还坚定地认为自己没有上瘾,这就是冰毒的危害。说到底,冰毒的危害就是:第一,冰毒的危害具有潜藏性、迷惑性;第二,经历两年(指在强制隔离戒毒所的两年),你可能才会意识到,冰毒是有害的。这个都是我在这里学到的。(我

现在知道)冰毒可能是比海洛因更可怕的东西。海洛因就是一种"明摆着"的危险,你天天打针,也就知道自己上瘾了。但是冰毒不一样,你不知道,意识不到这一点,就一直认为自己不上瘾。但现在学过了,我就知道了,它的危害很大。(鹏,男,45岁,本科学历)

除了获得与毒品相关的知识,也有吸毒者提及,经过在强制隔离戒毒所中的学习,他们成了更好的自己。例如,他们学会了如何与人相处以及控制自己情绪的方法,同时,自己的心境也有了一定的改变。

我觉得我的改变还是挺大的。之前在外面(指没进入强制隔离戒毒所戒毒之前)天不怕地不怕,人也很暴躁。我进来以后,脾气变好了,也知道怎么与人相处了。另外,我也懂得感恩了。以前爸妈跟我讲什么,我都会跟他们发脾气,但是我现在看见他们就感觉不好受。以后,他们讲什么,我都会好好地听。(米,女,19岁,初中学历)

5. 强制隔离戒毒所戒毒的效果

在问及强制隔离戒毒所的戒毒效果时,有吸毒者总结,戒毒所的教育项目与劳动和职业训练项目相结合,并与戒毒所中的生理脱毒以及严格而规整的生活安排一起,对吸毒者的戒毒产生了积极的作用。正如以下这位吸毒者所述。

这边(指在强制隔离戒毒所里)有教育计划表,并按照教育计划表制定各种课程。有矫治的,有毒品知识的,有心理的,有集体劳动的,还有一些特殊的专项培训,比如电工、电脑之类。这些教育肯定是有用的。像我们(指吸毒人员)多多少少都有点偏激、多疑,所以(戒毒所)也会进行相应的矫正治疗。戒毒所配心理辅导师,帮我们心理康复。我们一开始进来的时候,还有脱毒治疗,也有正常时间的集体劳动。一系列的活动相结合,就能达到戒毒的目的。(戒毒)是一个系统的过程。(鹏,男,45岁,本科学历)

正因为此,吸毒者普遍感觉自己在经历了一段时间的戒毒治疗之后,身体状况有了明显的改善。

> 我进戒毒所以后,感觉人精神多了,胃口也比以前好了。我比刚进来的时候胖了些,身体养好了。(翰,男,54岁,初中学历)

当然,也有一小部分吸毒者认为,强制隔离戒毒所戒毒对他们来说是"浪费时间",并没有什么效果。对于这种差别的产生,一位吸毒者直言,这是由于有些人是第一次进戒毒所,另一些人则"几进宫"(指已经多次进戒毒所戒毒)了。对于那些已经入所多次的吸毒者来说,戒毒所里的一切安排和治疗项目都显得"毫无新意",因此作用也就有限了。

> (强制隔离戒毒所里的戒毒项目)对一些"老的"(指已经多次进入戒毒所戒毒的吸毒者)吧就没用。对一些时间长的(指吸毒时间长的吸毒者),一次又一次的,五六次、七八次的(指进过五六次、七八次戒毒所的吸毒者)就没用。听都听腻了,感觉有些内容都能背出来了。(坤,男,28岁,初中学历)

对于这部分人来说,他们深知自己在完成强制隔离戒毒治疗之后大概率还会复吸。因此,他们只希望"安安稳稳"度过两年的戒毒时光,并不期待从中获得什么持续性的戒毒成效或行为的改善。唯一对他们有益的,可能就是在戒毒所中的两年,他们可以摆脱对毒品的依赖。相反,戒毒所中的各种戒毒项目对于第一次经历强制隔离戒毒的吸毒者而言都是有益的,也对其戒除毒瘾有积极的效果。总体来看,依据本节的研究发现,很多吸毒者都在经历了强制隔离戒毒所的戒毒项目后顺利戒除了毒瘾。同时,他们的身体状况和精神状况也得到了改善,并且学会了很多劳动技能和毒品知识,形成了良好的日常作息和行为习惯。

四、戒毒与回归社会

虽然有很多吸毒者认为戒毒所中的劳动和教育项目帮助他们戒除了毒瘾,他们的身体也有所康复,然而,却仍然有许多吸毒者在两年戒毒期满重归社会后再次回到了吸毒的生活状态。很多吸毒者已经是第二次、第三次甚至更多次踏进戒毒所的大门,最多的一位吸毒者坦言,这已经是他第八次进强制隔离戒毒所戒毒了。

> 第八次了嘛(指第八次进强制隔离戒毒所戒毒)!第一次进来是1997年。我是1993年开始吸的,1997年买海洛因时被抓的。(德,男,39岁,初中学历)

1. 回归社会的崎岖道路

事实上,即便吸毒者们抱着很强烈的戒毒信心,他们回归社会的道路也依然十分崎岖。正如前文所述,这在很大程度上缘于受到社会排斥与标签化的影响。吸毒者们虽然可以通过戒毒所的戒毒项目完成生理上的脱毒和心理上的康复,然而他们在回归社会的过程中,依然需要面对他人的"异样眼光"。

> 家里不排斥我就不错了,肯定谈不上关心。自己也是很封闭(的状态),逢年过节和亲戚吃饭,也不愿意说什么话。虽然人家不说什么,但那种眼光,很冷的那种眼光……(影,女,52岁,高中学历)

这些"另眼相待"真实地影响着吸毒者们的生活,令他们在结束为期两年的强制隔离戒毒之后,很难平静地回归社会。如前所述,吸毒在中国是一种严重的越轨行为(Liu & Chui, 2018; Liu & Hsiao, 2018),而进入强制隔离戒毒所戒毒更被社会大众普遍认为是由于吸毒这一不当行为而遭受的"惩罚"。虽然《中华人民共和国禁毒法》(2008)有明确规定,"戒毒人员在入学、就业、享受社会保障等方面不受歧视。有关部门、组织和人员应当在入学、就业、享受社会保障等方面对戒毒人员给予必要的指导和帮助",但事实上,吸毒者即便已经过强制隔离戒毒所的治疗并戒除毒瘾,却依然无法在社会生活中享受到与正常(即未有吸毒经历的)民众同样的社会身份与待遇。相反,他们可能会遭受各种社会排斥和标签化对待,这些"特殊待遇"与其未戒除毒瘾时并没有本质的不同。依据标签理论(Becker, 1963;

Lemert,1951),越轨者如果一朝被贴上了"越轨"的标签,那么这个标签将会伴随其终身。正如前文所述,吸毒者在被公安机关因吸毒行为查处时,其"吸毒者"的身份即被大众所知,也即"吸毒者"的标签便已经形成,其之后虽然经过戒毒治疗戒除了毒瘾,但却依然无法彻底清除贴在自己身上的"吸毒者"的标签(刘柳、段慧娟,2015)。

(1) 来自就业市场的"歧视"

在吸毒者们看来,吸毒这一"污点"对其回归社会造成了很大的影响,尤其是严重影响他们找工作。多名吸毒者表示,他们真切地感受过或预计将会体验到来自就业市场的"歧视"。

> 我觉得找到一个长久的工作可能还是比较难。以前(指没吸毒的时候)找工作,我没觉得难找,只要不是太挑剔,工作还是挺容易找的。但吸毒了以后,就不一样了。特别是上次从所里面出去(指其前一次结束强制隔离戒毒治疗之后),找工作一直没什么结果。我觉得就是因为他们知道我吸毒。(瞬,女,34岁,初中学历)

(2) 离开毒友圈与重建正常社会交往的艰难

除了考虑就业,刚刚结束强制隔离戒毒所戒毒治疗而回到社会中的吸毒者还需要面对重建正常社会交往的难题(刘柳、段慧娟,2015)。由于曾经的吸毒经历,大多数吸毒者的社交圈仅限于毒友,而缺乏与不吸毒的人群进行的正常的社会交往。此外,由于社会排斥与标签化,吸毒者们即便戒毒成功,想要重新开始新生活,也很难迅速交到"正常的"(指不吸毒的)朋友,而想要建立健康的社会交际网络则更加困难。也正因为此,很多吸毒者迫于社交的需要,在结束强制隔离戒毒所戒毒并回归社会之后不久,便又返回毒友圈,重新开始吸毒。对此,很多有强制隔离戒毒所戒毒以及复吸经历的吸毒者都有很深的感触。说起自己的复吸经历,很多吸毒者都表示,自己在戒毒之后依然避不开贯穿吸毒者毒品使用生涯的"毒友圈"。

（复吸）最关键是环境。我随便到哪个地方,都有我的朋友,吸毒的。（德,男,39岁,初中学历）

有些吸毒者坦言,如果不回到毒友圈,自己的戒毒成效或许是能够保持的。

这么长时间在里面呢,圈子什么都脱离掉了,以后如果不接触的话,也许能彻底戒掉。不接触那种毒品的圈子,也许是能戒掉的。（福,男,42岁,高中学历）

但他们也同时承认,这多半只是他们"美好的设想"。如果建立在客观评估毒友圈影响力的基础上,大多数吸毒者表示,他们无法很乐观地预期自己以后的生活。

现在讲这个没用。我要是和你说我一定能戒掉,那也不一定能保证。我出去以后呢？我的朋友如果又喊我了（指毒友又找他一起吸毒）呢？我不能保证。这个没有那么简单,说戒就戒。（翰,男,54岁,初中学历）

甚至有吸毒者直言,就是因为有"毒友圈"的影响,估计自己出了戒毒所之后,还是"戒不掉"。

现在在这里面（指在强制隔离戒毒所之中）情况还好,不过估计出去以后,我还是戒不掉。我还有一个月就出去了。以前我朋友出去以后,其他朋友说请他吃饭,其实就是喊他去吸毒。我觉得要是朋友叫我去（吸毒）,我也可能忍不住。（震,男,47岁,大专学历）

(3) 家庭的冷漠与不良影响

除了来自就业市场的"歧视"以及重建正常社交网络的障碍,一些吸毒者还汇报了他们所经历的来自家庭的冷漠。而这也成为他们顺利回归社会的障碍之一。

回去还能干什么事？好多人回家都没事做。家庭没了，婚也离了，父母都不在了。你说回家还能干什么事？（华，男，54岁，初中学历）

此外，家人，尤其是伴侣的影响也是一部分吸毒者在完成戒毒治疗之后重新回归毒品使用生涯的原因。一位女性吸毒者表示，自己在戒毒成功后顽强地抵制了毒友们的复吸劝说，最后却还是抵挡不了男朋友的影响。

我来这边（指进强制隔离戒毒所）是第二次了。我在2010年被"抓"过（指在强制隔离戒毒所戒毒）一次。出去后，我也没想要复吸。当时我还经常跟里面（指戒毒所里）认识的那些戒毒的朋友联系呢。跟她们在一起的时候，她们也吸毒，但我没有。我有时候还会劝她们，甚至把毒品扔了，丢到厕所里面冲掉。直到半年后，我男朋友出来了（指结束强制隔离戒毒），我知道他一出来又吸了。我也以同样的方法告诉他不要"吃"（指吸毒，下同），但他还是要"吃"。他还一直劝我（吸毒），最后我被他讲得没办法了。我想，那好吧。就这样又复吸上了。（茹，女，27岁，中专学历）

两年的强制隔离戒毒对于大部分吸毒者而言都是个警示，也有相当一部分吸毒者表示，因为忌惮再被"关进来"，他们决定出去不再吸毒了。

我不会再"玩"（指使用毒品）了。本来就不应该"玩"（指使用毒品）。而且现在管得越来越严了，肯定还会被抓，一抓又得来这里（指强制隔离戒毒所）两年。时间都耽误掉了。不能再浪费时间了。（坤，男，28岁，初中学历）

但是，正因为有着来自就业市场、社会与家庭的负面影响，吸毒者们完成戒毒项目之后回归正常社会生活的道路十分崎岖。许多吸毒者表示，虽然自己很想戒毒，不想再重蹈覆辙，但面对真实的社会环境，一切就"不好说了"（伟，男，27岁，初中学历）。

> 我自己肯定不想去"吃"这个东西(指使用毒品)。因为这个东西(指毒品),我摔的跟头、吃的亏太多了。但想的时候都是好的,一出去,面临的问题很多。比方说,我想出去做个生意,能行吗?要用钱,经济才是第一的,怎么办?家里肯定没有,去找朋友借吗?朋友也不见得理我。这是一个现实的问题。(盛,男,43岁,小学学历)

2. 缺少专业性的社会支持

吸毒是一种具有很强反复性的不良行为,想要戒除毒瘾,除了需要适当且有效的治疗手段,还需要持续性的戒毒支持(Laudet et al., 2004; Majer et al., 2016; Tucker et al., 2005)。并且,鉴于可能会遭遇社会排斥,吸毒者在戒毒完成回归社会的过程中也普遍需要社会的支持,尤其是社会工作者等专业人士的帮助(Liu & Chui, 2018; Liu & Hsiao, 2018),否则他们极易重新回到毒品使用生涯之中。

(1) 社区康复服务的现状

根据《中华人民共和国戒毒法》(2008)以及《戒毒条例》(国务院令第597号,2011)的规定,完成两年强制隔离戒毒所戒毒的吸毒人员还将经历三年的社区康复。然而那些曾经有过强制隔离戒毒经历的吸毒者却纷纷表示,他们在回归社会的过程中甚少得到专业人士的支持与帮助,也甚少有参与专业化社区康复项目的经历。

> 遇到事情(指完成戒毒所戒毒后回归社会的过程中遇到困难)的时候只能靠自己。哪有什么人帮助哦。(蜜,女,28岁,大专学历)

有些吸毒者即便知道社区康复项目,也认为其"作用不大"。在他们眼中,所谓的社区康复就如同社区戒毒一样(甚至部分吸毒者认为,两者是一回事),就是"尿检"(钟,男,36岁,初中学历),最多和警官"谈谈心""聊个天"(超,男,27岁,初中学历)。正因为缺乏专业化的社区康复项目支持,一些吸毒者表示,他们在戒毒所戒毒完成之后,依然"该玩还是玩"(指继续吸毒)。

> 三年的社区康复,就是每个月去做一次尿检,督促一下自己,这个作用也不大。我在外面的时候见过一些朋友"该玩还是玩"。尿检的话,他感觉时间快到了,就停一停。有些人干脆就逃了,不去尿检。(哲,男,27岁,初中学历)

除了社区康复,当问及吸毒者是否享受过其他社会福利支持与服务,如最低生活保障、医疗保障、保障性住房、再就业培训与指导等时,则鲜有人提及。他们多数表示根本不知晓可以申请这些,更谈不上知晓申请的渠道。

(2) 对专业化的社区康复服务的需求

虽然吸毒者几乎都未曾得到过专业化的社区康复服务,但这丝毫不影响他们表达对于这些服务的需求。事实上,许多吸毒者表示,他们在困难、无助时很希望得到一些"陌生的"但有"专业资质的"人士的帮助。

> 面对他(指陌生的专业人士),(一些平时不想跟家人朋友说的话)我就能说出来。什么都会说。但如果面对我身边的人,像父母、亲戚、朋友之类,我就不想说。我会把有些东西藏起来,不会那么敞开地说。跟"陌生人"好沟通。而且如果听的人很有经验,懂的又多,还会给我一些指点,就更好。但面对家里人,我会觉得,该不该说这个话啊,说了家人会不会想什么呀,就很担心。而且有时候身边的人也不是很懂我,就像那时候,我想要不要离婚,跟朋友说了,朋友就说,离就离、不离就不离,纠结什么呢。她们不能够体会我的难处,也给不了我什么建议。我反而觉得更不舒服、更压抑了。她们自己也没什么经验,不懂怎么安慰人。(苏,女,31岁,初中学历)

在吸毒者的实际生活中,他们虽然觉得自己可能寻求到的帮助寥寥无几,但对这些专业化的服务却充满了向往。事实上,很多吸毒者在访谈中谈及此议题时还不停地追问这些服务的具体内容和获得的途径。

你刚刚说,社区中会有一些人帮助我们,我想要了解社区在我们出去以后会提供一些什么样的帮助。这是我第一次听说。(蜜,女,28岁,大专学历)

总之,正因为这一系列的标签化所带来的对生活的"限制",吸毒者群体很难在结束强制隔离戒毒所戒毒之后顺利开始新的生活。他们虽然回到了社会之中,但开始新生活的道路却十分艰难和崎岖。在这种情况下,如果他们又无法获得专业人士的帮助与支持,便有极大的可能性重新回到毒友圈之中,并重新开启毒品使用生涯(刘柳、段慧娟,2015)。正如前文所述,如果无法摆脱毒友圈,吸毒者是很难成功戒毒的。而由于社会排斥和标签化以及专业化社会支持项目的缺失,吸毒者想要脱离毒友圈十分困难。

第四章

禁毒戒毒政策与福利安排

第一节　毒品使用生涯理论视域下的中国吸毒者

在毒品使用生涯理论的框架下,基于吸毒者毒品使用生涯不同阶段的发展历程,本研究关注了吸毒者的毒品使用经历、对待毒品的态度,以及与毒品使用行为相联系的各种生活事件。而这些都将成为禁毒戒毒政策及相关福利安排的基础,因此,本节将总结前述的经验性研究发现,并以此作为后续政策、福利及服务项目设计的开始。

一、毒品使用生涯的开始

与西方研究者的研究发现类似(Liu, Chui et al., 2018),吸毒者大多数从青少年或者青年早期便开始其毒品使用生涯历程,平均为23.5岁,但有超过四成的吸毒者表示他们在20岁或以前便已经开始吸毒。在两性的差异上,本研究发现,女性相较于男性会在更小的年龄接触毒品。

我们从第一次使用毒品种类的调查中可以获悉,以冰毒为代表的新型非阿片类合成毒品已经取代海洛因等传统阿片类毒品,成为当今年轻人最常选择的药物。这一结果也和毒品市场的变化高度契合。自2000年以后,毒品市场上最流行的药物便逐渐由海洛因开始转向冰毒。此外，以宣传海洛因危害为主的禁毒教育得以在全国范围内全面铺开并取得了很好的效果。这些都是直接促使年轻人谨慎选择使用海洛因的原因。相较而言，在西方国家流行的大麻等"软性毒品"在中国的市场并不大。这一方面源于中国在地理位置上距离大麻产地较远，另一方面也表现出中国吸毒者毒品使用生涯的独特之处。中国的吸毒者往往不像西方的吸毒者那样从大麻等成瘾性相对较低的毒品开始其毒品使用生涯，然后随着时间的推移再过渡至较为强劲的毒品。很多中国的吸毒者从接触毒品开始便使用海洛因或冰毒等毒品市场上较流行、成瘾性强且药性"强劲"的药物。

虽然每个吸毒者初次接触毒品的经历各不相同，但通过分析和汇总，我们依然可以发现吸毒者们在毒品使用生涯开始阶段的共通点。第一，"朋友圈"在吸毒者们开启毒品生涯的过程中起到了非常重要的作用。身处不良的社会交际网络以及与其他吸毒者的接触和交往，是吸毒者们接触毒品最重要的渠道。在身边毒友的影响下，加上特定的环境、氛围以及好奇心的趋势，吸毒者们便"兴致勃勃"地开始尝试吸毒。他们初次接触毒品的环境通常为朋友聚会，而地点则大多在娱乐场所或者私密性更强的酒店或私人住宅。这些私密场所带给他们更加"安全"和"自由"的体验，以便更加"细致"地体会毒品带来的"乐趣"（Liu et al., 2016）。已经是毒品使用者的朋友是带领吸毒者们开始毒品生涯的"导师"。在毒品的初始体验里，他们通常同时扮演着"劝说者""指导者"和"毒品提供者"的角色，手把手地教会"新人"如何使用毒品以及"享受"毒品。第二，除了小部分吸毒者因身处越轨和犯罪行为交织的生命历程之中，而视吸毒为其越轨和犯罪生涯的一个组成部分，大部分吸毒者都是由于一些"特殊生命事件"的影响而开始吸毒的，如事业受挫、家庭矛盾、感情问题等等。第三，对于绝大多数吸毒者而言，他们在开始接触毒品的时候，其关于毒品的知识都是相当缺乏的，他们大多不知道毒品的类型和药理特性，不了解其成瘾程度，更加不了解毒品所带来的危害与后果。第四，吸毒者们开始毒品使用生涯的情况是很复杂的，虽然大多数吸毒者在开始吸毒之前对毒品的了解并不多，但他们开始其毒品使用生涯依然是深思熟虑之后的选择。他们会缜密地考虑选择哪种毒品开始，以及由谁介绍他们使用。他们的选择或基于自己有限的毒品知识（例如，一些冰毒使用者选择使用冰毒而非海洛因的理由即为，在他们看来，冰毒不像海洛因那样容易"上瘾"），或源于对当下社会时尚和潮流的追赶（例如，一些自20世纪90年代开始吸毒的海洛因使用者认为，在当年使用海洛因是一种时尚和社会地位的象征），抑或基于一些所谓的功能性的需求（如"醒酒""减肥""消除烦恼"等）。最后，并非所有的吸毒者第一次吸毒的体验都是美好的。事实上，相当一部分吸毒者坦言，他们的第一次经历是难以描述甚至是糟糕的，经过几次之后才能够体验到所谓的"美好"感觉。

二、毒品使用生涯的扩张

在经历了初次毒品使用体验之后，吸毒者们便来到了毒品使用生涯的扩张阶段。他们在这个阶段与毒品建立起紧密的联系，也在此时体验了"上瘾"的感觉，对毒品的依赖度逐渐增加。通过对访谈资料的整理可以发现，吸毒者在毒品使用生涯的扩张期中大多表现得像个"学徒"。他们为了证明自己、获得"经验"或者得到资深吸毒者的认可而努力使自己融入吸毒者的圈子，和毒友交朋友，学习圈子文化，并基于毒友圈中流行的吸毒亚文化"修正"自己对于毒品的认知和态度、价值观以及行为模式。

在这一过程中，不同种类毒品使用者的体验有明显的差别。使用海洛因等传统阿片类毒品的吸毒者通常在较短时间内就会有成瘾的体验，并据此形成稳定且逐步增长的对毒品的需求。相对而言，使用冰毒等非阿片类合成毒品的吸毒者则较少谈及他们的成瘾性体验，并据此认为冰毒（或其他非阿片类合成毒品）与海洛因不同，是"不上瘾"的。此部分吸毒者更加倾向于将使用冰毒等非阿片类新型毒品看作一种娱乐或消遣方式。然而，即便如此，大多数冰毒等非阿片类合成毒品的使用者依然承认，即便较少体验到生理性戒断反应，他们也真切地感受到毒品带来的"心理依赖"，就是这样的"心瘾"促使他们一直不停地使用毒品。

由于药理性质的不同，海洛因使用者和冰毒等新型毒品使用者有不同的成瘾性体验。而这些体验也对其形成的关于毒品的认知和态度有所影响。当然，更多的影响来自吸毒者所处的毒友圈子。事实上，在这一阶段，毒友圈的重要性更加凸显出来。随着吸毒者使用毒品越来越频繁、对毒品越来越熟悉，他们的交际网络也随之发生变化。他们首先因毒友的引荐而进入毒友圈子，随着时间的推移逐渐融入"吸毒者的世界"，并形成固定的以毒品使用为中心的交际网络——毒友圈。毒友圈对吸毒者的毒品使用生涯有重要的影响,毒友圈成员间的交往也促进了其吸毒行为的扩展。冰毒等新型毒品使用者大多遵循"圈子"里的习惯,采用群体式的方式使用毒品;而海洛因使用者则大多视毒友圈为获取毒品的渠道。除此之外,毒友圈中独特的"亚文化"(包括暗语和仪式)亦成为凝聚圈中成员的要素。受毒友圈"亚文化"的影响,以及与圈中较为"资深"的毒友的频繁交往,吸毒者学习到了与社会主流文化相左的关于毒品的认知和态度。具体而言,吸毒者大多认为吸毒是一件"正常的事情",而毒品则大多被认为是"有益的"或至少是"无害的"。这种以毒品使用常态化为中心的"毒品亚文化"也成为吸毒者群体与社会大众相隔的群体标志与边界。

三、毒品使用生涯的维持

毒品使用生涯的第三阶段是维持阶段。此时,吸毒者的生活重心大多已围绕毒品展开。他们不仅需要维持毒品的使用,而且需要面对维持毒品使用所带来的经济、家庭问题以及社会排斥与标签化问题等诸多。

其中最重要的一项便是,吸毒者为了应对自己日益增长的对毒品的需求,需要想办法解决毒资问题。因毒品价格昂贵,吸毒者们往往需要花费很多精力在筹措毒资的问题上。而筹措毒资有很多种方式。毒资的来源既包括打工、做生意、投资等合法收入,也包括家庭供给、向亲戚朋友拆借等亲友支持,亦包括一些不为法律与社会所认可的"特殊方式"——如加入帮派或参与犯罪行为,或涉足色情、赌博等灰色行业。

在吸毒者维持毒品使用生涯的过程中,家庭的影响是不容小觑的。尽管大多数家庭成员在得知自己的家人吸毒后均表示愤怒和不满,并试图采用各种不同的方式劝说其戒毒,然而这些劝说或督促所起到的作用十分有限。事实上,家庭成员(特别是吸毒者的父母)大多对吸毒者的吸毒行为表达了无能为力、默许或回避的态度,有的甚至纵容其吸毒行为。可以说,在这一阶段,一些家庭对于吸毒者毒品使用生涯的维持起到了"推波助澜"的作用。很多父母在得知子女吸毒后,一方面劝其戒毒,另一方面由于对吸毒者的溺爱和"不忍心"而选择纵容,并在经济上支持其吸毒开支。此外,即便有些家庭成员在吸毒者吸毒初期表示反对或表达对其戒毒的期待,但时间久了也对吸毒者丧失信心。还有很多父母因对毒品缺乏了解,不是很在意子女的吸毒行为,或选择回避态度。而这些消极的反应都在一定程度上促进了吸毒者毒品使用生涯的维持。

随着吸毒者长期使用毒品,他们的社交生活也发生了巨大的改变。原有的正常的朋友圈逐渐瓦解,以毒友为主的新朋友圈取而代之。甚至一些被访者表示,自己吸毒以后,周围便逐渐没有了不吸毒的朋友。当然,这种改变一方面是吸毒者为了融入"吸毒者的世界"而主动做出的选择,而另一方面也存在社会排斥及标签化的影响。一旦吸毒者的吸毒行为被他人所知晓,其便会承担相应的标签化和社会排斥后果。因为感受到社会排斥,吸毒者们往往承受很大的心理压力,并且极易产生自卑的心理,从而更加容易选择"自暴自弃"的越轨生活模式,而很难下决心回归正常的社会生活。

四、毒品使用生涯的终止

吸毒者毒品使用生涯的终止往往由于吸毒者进入监狱或强制隔离戒毒所,吸毒者受外界的强制干预而被迫停止吸毒行为。尽管很多吸毒者表示他们曾考虑过,甚至有很多人尝试过自愿戒毒,却甚少有吸毒者能够依靠自愿戒毒摆脱毒品依赖而开始"新生活"。他们的自愿戒毒模式基本上可归纳为"冷火鸡"式的家庭戒毒或者有医疗辅助的医院戒毒两种类型。家人是他们最常提及的在自愿戒毒过程中予以陪伴和帮助的群体。不过,虽然大多数吸毒者都有想要摆脱毒品依赖的意愿,但他们在戒毒的实践中却屡屡受挫。究其原因,除了"心瘾难除",最重要的便是毒友圈的影响,这使得他们即便能够依靠自愿戒毒模式获得短暂的成功,也会在很短时间内复吸。

虽然按照《中华人民共和国禁毒法》(2008)和《戒毒条例》(国务院令第597号,2011)的规定,吸毒者在被送入强制隔离戒毒所之前应经历过社区戒毒项目的治疗,但他们对此没有太多的经历和感想。他们普遍表示,除了尿检和少量的毒品知识普及,自己没有在社区中获得专业化的戒毒服务。因此,对于他们而言,社区戒毒的成效并不十分明显。

这些吸毒者因自愿戒毒失败且缺乏专业化的社区戒毒治疗,最终进入强制隔离戒毒所。在强制隔离戒毒所中接受戒毒治疗的吸毒者会按照机构的安排经历一种与社会生活不一样的准军事化生活，并参与生产劳动、学习劳动技能，以及接受心理辅导和参与其他种类的教育项目。这些戒毒项目对于吸毒者而言是有效的，很多吸毒者都坦言，在强制隔离戒毒所中，他们戒除了毒瘾，身体状况有了很大的好转，同时学到了很多劳动技能和毒品知识，其心理和行为问题也得到了一定的矫正。

然而，即便顺利完成了两年的强制隔离戒毒治疗，在戒毒所的治疗下顺利戒毒，很多吸毒者仍然无法在离开戒毒所之后彻底戒除对毒品的依赖。他们很容易在短时间内重新迈入毒品使用生涯，而这也意味着终止期的结束。有些吸毒者被迫进入强制隔离戒毒所进行戒毒治疗，其自身的戒毒意愿并不强烈，这在很大程度上导致他们出所之后迅速回归毒品使用生涯。而另一些吸毒者虽然有很强的戒毒意愿和信心，却依然无法坚持，究其原因，主要是吸毒者回归社会的艰难与社会支持的缺乏。由于标签化和普遍的社会排斥，吸毒者即便已经完成强制隔离戒毒治疗戒除了毒瘾，依然需要面对来自就业市场的"歧视"、重建正常社交网络的障碍以及家庭的冷漠，而这些都令他们回归社会正常生活的道路变得崎岖难行。

中国的法律规定了吸毒者在结束了强制隔离戒毒所戒毒治疗之后，将进入社区康复项目，以更好地回归社会。这种社区康复计划对于维持吸毒者的戒毒成效是很有必要的（Liu & Chui, 2018; Liu & Hsiao, 2018）。依据美国一项的研究发现证实（Miller et al., 2016），良好而有效的回归社区计划将有效降低犯人或吸毒者的再犯罪或复吸的可能。然而，现阶段中国的社区康复项目普遍不完善或缺乏专业性，无法为完成戒毒所戒毒项目的吸毒者提供良好的持续性戒毒服务和社会支持。吸毒者们在回归社会的过程中即便遇到不顺，也很难得到专业人士的帮助，便很可能重新回到吸毒者的圈子里。

戒除毒瘾并不是简单地消除生理性药物依赖，还涉及处理很多诸如心理、家庭、社会关系等方面的问题。吸毒者戒毒很难成功也并非仅仅缘于其身体对毒品的渴求抑或自身承受不了戒毒所带来的戒断性症状，而更多缘于毒品在其生活中的"重要性"和他们在吸毒上过多的投入，这些投入既包括经济上的，亦包括情感、时间及社会交往等方面。吸毒者的生活几乎完全围绕着毒品展开，他们的情感、朋友、社交网络等等都和毒品有着千丝万缕的联系（Coombs, 1981）。正因为如此，吸毒者毒品使用生涯的终止也并不简单意味着他们走完了整个生涯流程到达终点,而意味着其在生活中完全摈除毒品,以及随之而来的生活的翻天覆地的变化,而这对于沉浸在毒品使用生涯中的吸毒者是相当困难的(刘柳、段慧娟,2018)。

第二节 社会政策与社会福利服务改进

一、社会排斥与社会偏见:制度层面与社会层面的双重影响

正如前文所述,吸毒者即便下定决心要摆脱毒品,在回归社会的道路上也会遭遇各种社会排斥。而这些排斥大多源于社会大众对吸毒人员的"歧视"与负面的刻板印象。正如标签理论所解释的那样,人的行为是否被标签化、被视为越轨并不仅仅取决于他们所做的事情,而更多取决于他人对其行为的反应(江山河,2008;李明琪、杨磐,2012)。只有当行为人的行为被他人予以负面评价,才完成所谓的"贴标签"的过程。社会大众习惯于将吸毒这一行为贴上负面的标签,而吸毒者则被看作"社会败类",因而不值得同情,即使身处困境也常被认为"罪有应得"。人们往往忽视对其正常权利的保护,致使其遭遇各种社会排斥。具体而言,他们经历的社会排斥主要表现在被社会保障体系排斥、被就业领域排斥以及被家庭和社交领域排斥。

1. 贫困与病痛:被社会保障体系"排斥"

社会保障体系的建立是为了保护弱势群体。然而吸毒人员可能因为受到社会负面评价,很难和其他弱势群体一样享有社会保障体系赋予的各种救助资源和服务。参与本研究的百余位吸毒者几乎没有人提及他们曾享受过社会保障体系所提供的救助或服务。这种缺失具体表现在如下两个方面。

第一,有过吸毒经历的人很难申请最低生活保障。最低生活保障(即"低保")是目前中国用以维持社会成员最基本生活水准的保障性政策,它起到了社会安全网的托底功能(姚建平,2005)。从政策的角度出发,所有人均收入低于既定贫困

线的中国公民都可以申请"低保",然而在实际操作中却远非如此简单。其主要问题在于这一政策的落实有赖于基层组织和办事人员对于贫困对象的认定。基于刻板印象的影响,进入"低保"救助系统的贫困者多来自传统民政的救助对象以及社会转型期中的下岗人员,而由于社会偏见,人们对某些"特殊群体"则存在强烈的排斥(姚建平,2005)。吸毒人员就属于受到排斥的"特殊群体"之一。虽然并非每个吸毒者都处于贫困之中,但一些长期吸毒人士通常面临经济方面的捉襟见肘。那些从强制隔离戒毒所出来准备重归社会者也很有可能面对经济困难、生活无着落的贫困境地,极其需要国家与社会给予帮助。而这些身处贫困状态的吸毒人员却因为受到社会排斥而求助无门,在申请"低保"的道路上困难重重,不仅无法改善自身处境,反而更加陷入贫困的泥潭。从犯罪学的角度考虑,当个体处于贫困以及生活无着落的状态时,将更易诱发其越轨及犯罪行为(刘柳,2015b)。

第二,有毒品使用经历者很难申请相应的医疗救助。医疗救助也是政府针对弱势群体的社会保障体系的组成部分,主要为那些身患疾病而又无经济能力进行治疗的公民提供帮助和支持。具体的医疗救助可包括临时救济、医疗减免、专项补助、团体医疗互助、医疗救助基金、慈善救助等(时正新,2002;姚建平,2005)。目前我国对于吸毒人员的医疗救助主要以医疗减免的形式展开,这一措施的实施确实能够为一些有需要的吸毒人员提供帮助。但是,这种减免大多局限在以海洛因为代表的传统毒品戒瘾治疗中,或者和艾滋病的医治联系在一起,如提供洁净针具、美沙酮治疗等。近些年,以冰毒为代表的新兴毒品使用者比例迅速上升(刘柳、段慧娟,2015),然而对于其成瘾性问题的治疗和救助还相对有限。此外,吸毒者由于使用毒品,其身体健康状况常常很不理想,可能随时需要医疗救治。然而,由于贫困、经济限制等原因,其往往很难得到及时的医疗服务帮助。并且,由于社会大众的偏见和标签化的刻板印象,一些诸如专项补助或公共医疗救助资金等项目很难被提供给有毒品使用经历的人士。

2. 缺乏稳定而正当的职业:被就业领域"排斥"

近些年来,基于基层社区及社会工作者的不懈努力,可为戒毒成功人士提供的工作岗位越来越多。然而,从整体上看,吸毒人员在戒毒和回归社会的过程中依然经常遭遇求职困境。首先,从自身能力来看,由于受教育水平普遍不高、劳动技能缺乏、身体健康状况不佳,吸毒人员可从事的职业范围本来就很有限。在当今职场激烈的竞争环境之下,他们很难寻找稳定而满意的工作。其次,由于有吸毒史这一"污点",他们在求职过程中饱受"歧视",处处碰壁。社会普遍认为吸毒者行为不良,而且大多有"不可靠""缺乏信用"等道德缺陷,这些对于职场而言都是致命伤。因此,尽管负责禁毒戒毒工作的基层工作人员做了大量的努力,但依然很少有用工单位愿意聘用吸毒人员。虽然《中华人民共和国戒毒法》(2008)规定了吸毒人员在戒毒和回归社会过程中,不应在就业等方面受到"歧视"(刘柳、段慧娟,2015),然而这在实际生活中却很难落实到位。

这两部分原因共同促成了吸毒人员在就业领域被"排斥"的状况。而失去了获得正当而稳定的工作可能之后,一些吸毒者会选择打散工或者做点不稳定的小本生意,而另一些则选择重新回到"自暴自弃"的状态,进入灰色领域(如色情行业)就职,甚至采用犯罪的方式获取经济来源。而这种非正当领域的就业经历更不利于他们在主流领域就业。

3. 家人远离与朋友圈重组:被家庭和社交领域"排斥"

除了社会保障体系和就业领域,吸毒人员在家庭和社交生活中也遭遇了严重的社会排斥。

首先,吸毒者的家人在发现其吸毒之后往往会选择远离,而令其被家庭生活排斥。那些已婚的吸毒人员大多会因为毒品的使用而最终走向婚姻的破裂,而那些单身的吸毒人士则在婚姻市场很难寻觅到合适的另一半。此外,亲属关系的紧张和疏离也是吸毒者受到家庭生活"排斥"的一个重要方面。吸毒者的亲属往往由于社会对于吸毒人员的偏见承受诸多社会压力。基于此,一些家人便会选择与吸毒者"断绝关系"来表达失望之情。而如果吸毒者有子女,他们的子女也大多承受了极大的心理压力和社会压力,造成学业退步或出现社交障碍。因此,一些孩子不愿意与他人提起自己那"丢人"的父母。另一些子女则选择逃避这个事实,否认与吸毒者的亲子关系。于是亲子关系便愈发紧张。可见,由于社会的广泛压力,吸毒人员无法建立和维持正常的家庭生活。

其次,在使用毒品之后,吸毒者大多很难再和不吸毒的人交朋友。原本的朋友圈逐渐瓦解,周围不吸毒的朋友渐渐远去,取而代之的是以毒友为主的交际圈。

这标志着吸毒者在社交生活方面逐渐远离了社会主流,而逐渐形成一个以毒品使用为中心的亚文化群体。这并不完全是吸毒者的主动选择,更多的其在社交领域遭受"排斥"的结果。第一,毒品在主流文化中被看作社会的毒瘤。基于此种社会主流观点,没有毒品使用经历的人士往往不愿与吸毒人员交往,而原本有交集的人也大多在得知当事人吸毒的消息后逐渐远离。第二,吸毒者也因为此种社会刻板印象而不再愿意与不吸毒的人士来往。他们大多感到自己面对非吸毒者时会有自卑的感觉,害怕对方看不起自己,遭受"歧视"的目光。第三,毒品引起的生理反应也影响着吸毒者的社交活动。紊乱的生活作息、不稳定的情绪、吸毒后的慵懒等反应均会令吸毒者无法继续"正常"的社会活动。这种变化是没有吸毒经历的人所不熟悉,也很难理解和接受的。因此,吸毒者在与不吸毒的人士交往时也会感觉相互间缺乏共同语言,得不到理解。吸毒者便更加倾向于与毒友交往以获得认同感。与不吸毒的朋友交流的减少和毒友的增多,吸毒者的朋友圈于是得以重组;这一变化往往是不可逆的,吸毒人员即便戒毒了,也往往很难回归到正常的社交中去,难以建立常态化的社交圈子(刘柳、段慧娟,2015),而只能维持与毒友的接触。这不但对其戒毒成果的保持无益,还使其长期游离在主流社交领域之外。

二、吸毒者弱势地位根源与社会政策改进方向

自20世纪90年代开始,弱势群体问题逐渐被中国社会所关注(刘娜,2012)。大量弱势群体的出现,使得针对弱势群体的社会政策成为维持社会稳定发展的必需品。如果弱势群体的基本利益得不到保证,社会阶层之间的矛盾将会加剧,社会问题将会增加,必将影响社会的稳定与和谐(刘娜,2012)。可见,针对弱势群体的社会政策是一种解决弱势群体基本生活问题的国家政策,它体现了政府的基本责任,也反映了基本的社会公平的需要(王思斌,2003),其核心价值理念应为保证民众权利、促进社会公正和增进社会福利(苏海、向德平,2013)。针对弱势群体的社会政策是社会政策体系发展的一个重要环节,也同时是弱势群体的需求在政策层面的呈现,代表着国家社会福利体系的完善。

中国目前针对弱势群体的社会政策采取了补偿性社会政策与发展性社会政

策相结合的形式。补偿性社会政策指针对弱势群体的基本权利的保护政策,例如社会救助政策、社会保障政策、住房补贴政策等;而发展性社会政策则是指增进弱势群体社会参与或提供其平等机会、消除社会排斥的政策,例如相关就业、再就业政策、教育和培训政策等(冯先灵,2006)。

正如吉登斯所言,对弱势群体的社会排斥具有多种形态和内涵。结合中国社会的发展与转型,有学者总结,弱势群体所面临的社会排斥来源于多个方面(马广海,2004;向玉琼,2012)。对于弱势群体的社会政策研究一直是社会政策研究领域的一个重要组成部分。不仅有整体性的关于弱势群体社会政策的宏观讨论,也有区分各种不同的弱势群体(如残疾人、老年人等)的针对性社会政策研究(苏海、向德平,2013;王思斌,2003)。

然而,相较于对其他弱势群体的广泛关注,对于作为弱势群体一个重要组成部分的吸毒人员的社会政策研究却并不多见。在毒品问题全球化的大背景下,中国境内的毒品形势也非常严峻(中国国家禁毒委员会办公室,2018)。可见,我们面临的不仅是吸毒人员数量依然较多这一严峻形势,还有如何帮助这一群体彻底戒毒和回归社会的艰难挑战。然而,正如前文所述,由于标签化以及社会排斥的存在,无论是在社会政策制定者还是社会服务实践者的眼中,吸毒者与传统的社会弱势群体的形象还是有所差别的。同时,学者们在考虑为弱势群体提供政策支持时,也较少涉及这一群体。这也造成了事实上的吸毒群体普遍被社会福利体系所"排斥"的局面。然而,从社会福利及社会政策的视角出发,吸毒者不应仅仅被看作有偏差行为的群体,更应被列入弱势群体的行列。正是因为毒品的使用,他们的健康受损,无法维持正常生活,还经历许多社会排斥。因此,制定针对吸毒人员的社会政策或社会福利安排,将十分有利于减少对吸毒人群的社会排斥,并起到促进其戒毒与回归社会的目标。

1. 吸毒者身处弱势地位的原因

特定社会群体的弱势地位往往导致某些社会排斥,而这些排斥又导致更多的劣势和更大的社会排斥,并最终形成持久的多重剥夺(De Haan,2011)。具体到吸毒人员,我们可以发现,当个体被社会标签化为"吸毒者"时,社会保障、就业、家庭与社交等领域的排斥便随之而至,共同构成了排斥吸毒人员的一张强有力的网

(周林刚,2003)。而这些社会排斥之间又是相互关联、相互影响、环环相扣的,从而形成了一个当事人即便有意想要戒毒,仍然很难走出去的怪圈。究其根源,可发现这一系列的社会排斥均来自我们的社会对待吸毒者的惩罚的刑事司法视角以及基于此生成的观念层面的社会排斥。通过社会建构,我们认定了吸毒者是越轨者和行为偏差者,我们不愿意甚至惧怕与他们发生联系,故而在此基础上产生了对该群体的各种社会排斥现象。

新制度主义认为约束有正式约束与非正式约束之分,正式约束与非正式约束在协调一致的前提下便能很好地发挥作用(周林刚,2003)。作为正式约束的法律,如《中华人民共和国刑法》,虽并未规定吸毒属于某种犯罪,但在实践中却并不妨碍社会将吸毒者当作近似于罪犯的群体来看待。公安机关会查处与打击毒品使用,吸毒者需要接受强制隔离戒毒治疗,在其戒毒项目完成后又需通过社会帮教等工作防止吸毒者复吸以及帮助吸毒者回归社会,二者都是司法矫治体系的重要组成部分,其主要目的都是维护社会安全,和司法工作的目的是一致的(姚建平,2005)。

与此同时,社会刻板印象和观念等非正式约束亦加深了社会主流对这一群体的排斥。宏观的社会结构和社会价值观念在形成有关排斥吸毒人员的文化观方面起至关重要的作用。第一,现代社会大多欣赏健康、强壮、富有精力和朝气的社会成员,因其标示着顽强的生命力和创造力,能够为社会创造更多的价值和财富。而吸毒者与这种形象截然相反。由于药物作用的影响,他们往往呈现出慵懒、无神、生病的状态,工作能力很低。在平等的条件下,他们与任何非吸毒者相比均处于竞争的劣势,因而处于社会阶梯的"底层"。第二,鸦片贸易以及因此而带来的一系列战争使得中华民族落入贫困、落后和受欺压的处境,这种苦难的记忆难以磨灭。而由此带来的便是人们对毒品的憎恨和对吸毒者的排斥。两者相叠,致使排斥观念深入人心。

2. 吸毒行为的标签化及其影响

如前文分析所示,吸毒者的毒品使用生涯常伴随着标签化以及社会排斥(刘柳、王盛,2019)。他们因为吸毒行为被社会贴上"吸毒者"的标签,而可能遭遇社会排斥,他们大多呈现出自卑、低自尊以及自信心较弱的心理状态。一些前期研究也证明,吸毒人员普遍觉得自己的价值感较低,对自己持否定态度,对自己的现状常觉得不满(何鸣等,1995);同时,吸毒者在自我评价、自我认知和自我监控能力方面也较非吸毒者平均水平低(李鹏程,2006)。简单来说,他们大多觉得自己是个"没用的人",且感受不到自己的"价值"(刘柳、王盛,2019)。

对吸毒者的负面评价在很大程度上源自中国社会主流文化中对毒品的传统负面刻板印象。自近代以来,中国饱受毒品之害,人们对吸毒者的印象一直是极端负面的。同时,中国长期以来实施的禁毒教育大多强调毒品对人体健康的摧残,进一步强化了吸毒者的负面形象(刘柳、王盛,2019)。一项针对中国禁毒公益广告的研究发现,目前该类广告主要表现为三种:其一为后果呈现式,即采用视频或图片展示人在吸毒后会呈现出的状态(通常是触目惊心的)以及可能引发的社会危害;其二为毒品形象比拟式,也就是将毒品比作可怕或危险的物品;其三则为真实事件整理式,和前两种不同,这类禁毒宣传主要面对吸毒者,通过向其讲述真实案例的方法来引导其戒毒(谭洁,2016)。可见,公众性禁毒教育基本上是"大而化之"的,多采用冲击力强的形式使人们对毒品产生排斥与厌恶的情绪。这虽然能引发社会大众对毒品的戒心,但也在一定程度上加重了社会排斥。其实,很多中国社会中的普通民众并不真实地了解毒品的成分、会造成的生理反应以及带来的健康伤害。毒品对于大多数人来说还是很陌生的,他们唯一的认识便是,这是一种不能够去触碰的"可怕的"东西。而对于使用这种"可怕东西"的人群——吸毒者——也是"不能够接触"的,哪怕人们对吸毒者的了解几近于空白。

3. 相应社会政策的改进方向

社会对于吸毒人员在观念上的排斥是其他各种社会排斥的根源,这也是吸毒人员成功戒毒和回归社会最大的障碍。这种观念上的排斥不仅作用于社会大众与吸毒人员的交往与互动模式,也同时令人们很难意识到需要在相应的社会政策方面做出改进。正如前文所述,我们的社会中已经有多种类型的社会政策和社会福利服务用以保障和帮助社会弱势群体。然而,在面对吸毒者这一特殊的社会弱势群体时,我们依然能够发现,相应的社会政策及社会福利服务需要从下述几个方向继续推进。

第一,社会保障体系的改进。社会保障体系需要改进并不完全意味着政策本身的不完善，而更多地体现为缺乏系统、有效、公正的执行机制和程序，从而导致了相关的政策和保障无法传输至需要帮助的弱势群体（刘柳，2015b）。社会保障体系本应为保护弱势群体而服务，却因为具体执行时的"社会偏见"将本应享有保障的部分弱势群体排除在外。这充分反映在吸毒人员作为一种特殊的弱势群体遭遇贫困和病痛时，缺乏相应的求助渠道。吸毒人员如果无法获得必要的救助，就会面临更加绝望而无助的生活，从而更难戒除毒瘾，甚至开始犯罪生涯。

第二，就业与再就业政策的改进。吸毒人员受自身学历与能力所限，在求职竞争中本就处于劣势，社会偏见等因素会使其很难获得稳定而正当的工作。而这种困难的局面一方面反映出目前针对吸毒人员的就业与再就业技能培训项目的缺乏，另一方面则可看出社会在促进吸毒人员就业和消除吸毒人员求职"歧视"方面还有可提升和改进之处。

第三，微观层面社会支持服务的改进。吸毒人员回归社会不仅与生活保障和工作机会相关，同时也与微观层面的社会融入有关，即健康的家庭生活和良性的社交网络。然而在社会偏见以及相应微观支持服务缺位的情况下，这种融入很难实现。微观层面的社会支持服务主要依托专业的社会工作机构和社会工作者。在现代社会中，社会工作与社会政策有紧密的联系（刘柳，2015b），社会工作者致力于帮助弱势群体解决困难，并在相应社会政策的输送过程中起到良好的作用。帮助吸毒人员改善与家人的关系、协助其摆脱毒友圈并重新建立正常社交网络等，都应属于社会工作者的服务范畴。然而在中国，社会工作专业发展尚处于初始阶段，为吸毒人员回归社会提供帮助的专业社会工作者更加稀缺，这就导致大量吸毒人员无法在这些方面寻求到专业的帮助，从而很难在微观层面实现良好的社会融入。

弱势群体社会政策的发展与国家的社会福利理念及其执行的程度相联系。政府应通过社会政策的制定和实施为弱势群体提供资源与机会，提升其自身能力、增进社会福利，以最终实现社会融入的目标（苏海、向德平，2013）。然而，以吸毒人员回归社会的经历来看，如果针对弱势群体的社会政策不够完善，一些弱势群体身处困境的现状便无法得到改善，且容易导致弱势群体遭遇社会排斥的现象产生。

三、构建整合式社会政策支持体系

社会排斥的过程不仅是社会偏见的表达,更是导致社会环境动荡的因素(肖特,2000)。无论何种弱势群体,如果因种种原因被排除在主流社会之外,则必将造成社会的碎片化以及最终的分崩离析,从而影响全体社会成员的福祉(格伦伯格,2000)。社会弱势群体对于社会排斥的忍受是有一定限度的。消除社会对吸毒人员的广泛排斥,不仅可以促进吸毒人员更有效地完成戒毒和回归社会,更是建设社会主义和谐社会的理性选择。针对吸毒者所遇之社会排斥状况,本研究认为可以以消除观念的排斥为中心建立整合式社会政策支持体系,帮助吸毒者消除、缓解和应对各种回归社会的障碍。

1. 前提:消除观念的排斥

增强社会融合,消除对吸毒者"谈虎色变"的排斥观念,是消除对吸毒人员广泛社会排斥的基本前提。社会融合的心理建构主要围绕认同和接纳展开,中心议题即为个体如何能动地、主动积极地融入群体,以及整个社会应如何维护团结和凝聚力(黄匡时、嘎日达,2010)。

为了消除对吸毒者的排斥观念,增强吸毒者对社会的认同感以及社会的接纳程度,我们应改进现有的纯粹基于刑事司法视角的禁毒和戒毒政策。基于刑事司法视角,社会大众倾向将毒品看作罪恶的源泉,而将吸毒者认作社会的不良成员,从而造成心理上、观念上本能的排斥。然而,如果我们能更多地从医学视角出发,吸毒者便可被视为等待救治的病人,而社会应以医学治疗和社会工作康复服务为主帮助其戒除药物依赖和回归正常生活,这就可以在一定程度上弱化社会大众对吸毒者的强烈排斥观念。虽然相较于前文所阐述的毒品使用生涯视角,医学视角依然具有一定程度的"居高临下"感,但其所形成的社会排斥大概率低于刑事司法视角。因此,笔者认为这可作为现阶段相关禁毒戒毒政策改革的方向。

具体实施政策可包括两个部分:第一,禁毒宣传和禁毒教育的改进。现有的禁毒宣传与教育具有明显的刑事司法视角倾向,倾向于强调毒品的危害性及可怕性,内容上多较为陈旧和单调,缺乏对毒品种类、毒品知识、吸毒后的生理和精神反应等科学知识的讲述。例如,大多数吸毒者均提及,他们接受的有限的禁毒教育基本上都是关于海洛因等传统阿片类毒品的,且多将其描述为"洪水猛兽",侧重于强调其"痛不欲生"的戒断症状,针对冰毒等新型非阿片类合成毒品的教育则几乎未被提及(刘柳、段慧娟,2015)。而基于医学视角的禁毒宣传与教育应如同普及医学知识一样以一种更加平和、客观的方式向社会大众呈现各种毒品的相关知识。第二,吸毒人员管理和回归社会帮扶工作的改进。事实上,中国近些年的戒毒工作朝医学化的方向发展,如建立更多的美沙酮门诊、在强制隔离戒毒所中引入心理咨询和社会工作矫治服务、建立更为完善的社区戒毒社区康复服务等。然而其尚有可改进的空间,如社区戒毒项目中的社会工作者极其缺乏,一些社区戒毒、社区康复工作流于形式,而戒毒者也无法获得有效的帮助。此外,在对吸毒人员的治疗过程中,相关的服务也可以更加系统化和科学化,并致力于降低其遭遇社会排斥的可能。

2. 配套:调整补偿性和发展性社会政策

基于以禁毒和戒毒政策为中心的改进,我们亦可配合其他补偿性和发展性的社会政策调整,帮助吸毒人员戒毒更好地达到回归社会的目的。具体可包括三个方面。

第一,将生活困难的吸毒人员纳入社会保障体系。《中华人民共和国宪法》(1982)第45条规定:"中华人民共和国公民在年老、疾病或者丧失劳动能力的情况下,有从国家和社会获得物质帮助的权利。"吸毒者也是中国公民,也应该享有宪法赋予公民的有关社会保障的权利(王守田,2006)。而要将这一政策落到实处,则牵涉消除基层组织和工作人员对吸毒人员的负面刻板印象,切实保障吸毒者应有的公民权利。

第二,可在就业与再就业政策方面给予吸毒者必要的帮助。如前文所述,吸毒者在职场竞争中处于劣势,即便戒毒成功,仍因社会排斥而很难找到工作。基于此现状,除了应结合禁毒教育和宣传进一步消除针对此群体的就业"歧视",政府相关部门还可多提供岗前培训与岗位援助,帮助吸毒者(尤其是已戒除毒瘾或正在经历戒毒的吸毒者)参加相关职业技能培训项目以提升其竞争力,并链接相关合适的岗位。

第三,针对吸毒人员在人际关系以及家庭生活方面的被排斥状况,则可通过社区戒毒社会工作的普及加以改善。在戒毒领域工作的社会工作者不仅可以成为社区戒毒、社区康复工作的执行者,亦可成为帮助吸毒者改善人际关系的重要支持,为减少社会排斥、促进社会融合贡献力量。虽然近些年来,中国的社会工作专业从业者人数逐年增加,但禁毒和戒毒相关领域的从业者人数却依旧十分有限。这一方面由于社会尚未完全认可医学视角下的为吸毒人员提供治疗和帮助的戒毒模式。另一方面,待遇及职业发展竞争力不足,无法吸引大量优秀人才进入该领域就职。故而,在此方面加大政府的投入,提高相关领域从业者的薪资和福利待遇,将有利于戒毒社会工作更有效地开展。

虽然针对吸毒人员建立的整合式社会政策支持体系并不足以全面消灭毒品和吸毒现象,也无法确保每一位吸毒者都能快速而成功地戒毒,但可以减少吸毒者由于受到社会排斥而落入更不幸的境地,或由于社会排斥而无法从吸毒的深渊中走出来,甚至最终走上犯罪道路。完善的反社会排斥的社会政策支持体系不仅可帮助吸毒人员实现戒毒和回归社会的目标,更是维持社会稳定和发展的必要条件。

3. 社会工作:整合式社会政策支持体系的落实

所谓"整合式社会政策支持体系"不仅应强调在政策层面的横向整合,还应关注如何令现行政策更好地落到实处,切实为吸毒者等弱势群体服务。因此,"整合式社会政策支持体系"也是一种纵向维度上的整合,而其整合的关键便在于建立和普及专业化的禁毒戒毒社会工作机构和禁毒戒毒社会工作专业服务(刘柳,2015b)。

社会工作与社会政策有紧密的联系,这二者通常相互配合,以达到输送社会福利、帮助弱势社群的目的。随着社会福利制度的发展与完善,以及人们对于社会福利的需求越来越趋向于精细化和多样化,具有较高专业化程度的社会工作者越来越成为现代社会分工的重要组成部分,在解决社会问题、帮扶弱势群体,以及维持社会秩序与社会稳定方面发挥着重要作用(王思斌,2006)。

普通民众很难全面了解国家的社会福利制度和政策安排。这些制度和政策大多较为复杂,需要人们具备一定的专业知识。尤其是对于弱势群体而言,他们大多受教育程度有限,几乎没有经济资本与社会资本,因此在遇到困难时更难迅速应变,也很难分辨应求助于何种部门。此时,必须有专门的、拥有专业资质的人员和机构承担输送社会福利的职责,并充当政府和普通民众之间的桥梁,以实现社会政策体系的纵向整合。事实上,依据欧美等西方国家的经验,社会工作者是承担社会福利输送的专业群体,可为普通民众,尤其是弱势群体的福祉提升而服务(葛道顺,2012)。

中国的社会工作专业仍处于发展的早期阶段,社会工作机构大多规模较小且服务水平有限,专业的社会工作者也较为缺乏(刘柳,2015b);专门为吸毒者服务的社会工作机构和社会工作者较为少见,且整体专业化程度仍有待提高。因此,对于吸毒者来说,他们很难有机会在遭遇生活困境或需要戒毒服务时及时向社会工作机构求助,这也是其无法改善生活状况或很难摆脱毒品依赖的一个重要原因。可见,专业的戒毒社会工作尚需要普及和完善,以保证社会能够及时为吸毒者提供必要的、专业性强的戒毒服务。

第五章

社会工作干预策略与服务模式

第一节 将社会工作应用于禁毒/戒毒服务:西方经验

将社会工作专业方法应用于对毒品使用的预防以及对吸毒人员的戒毒治疗,并对他们的行为和生活状态予以干预,最终促使其回归社会正常生活,这就形成了社会工作专业中一个独特的分支——禁毒/戒毒社会工作(高巍,2014)。如前文所述,中国目前的禁毒教育不够精细化,很难让普通民众真实而全面地了解毒品的特征和危害。中国长期以来对显性吸毒人员采取的是以机构式强制隔离戒毒为主,非机构式自愿戒毒、社区戒毒和医疗戒毒为辅的戒毒政策(钟莹、莫艳虹,2008)。从实践的角度来看,虽然目前实施的戒毒模式有一定的效果,但其戒毒成效的长期保持仍然不容乐观(Liu & Hisao, 2018; Hser et al., 2013)。早些年,有学者与实务工作者发现,吸毒者的心理健康与心理问题可能会影响戒毒的成效。心理治疗在戒毒服务中得以开展,并被认为能够为吸毒者提供一定的帮助。然而近些年来,越来越多的学者和专业戒毒工作者逐渐认识到,药物依赖除了是医学问题、心理问题之外,更是一个社会问题,吸毒者需要的不仅仅是药物治疗和心理治疗,他们更加需要的是全方位的、基于其生活状况的帮助和服务。正因如此,很多学者在探索将社会工作专业服务应用于禁毒和戒毒工作中,以完善目前的戒毒模式(王瑞鸿,2006)。

将社会工作专业服务引入禁毒和戒毒工作的价值理念包括两部分。第一,基于优势视角理论,社会工作者在针对吸毒者的戒毒工作中会强调突出服务对象,即吸毒者的自身优势,并注重促进服务对象对于整个服务的参与度和合作度,达到帮助其改变的目标。第二,基于生态系统理论,社会工作者持"人在情境中"的观点,通常强调将吸毒人员置于其所处的生活环境中进行分析,并综合性了解其吸毒的原因和影响因素,从而减少对其贴标签和类型化的现象(许书萍,2014)。这些都为传统的戒毒模式提供了新的思考路径。

一、西方社会禁毒/戒毒社会工作的理念、模式和方法

尽管社会工作实践原则与处理药物滥用问题的目标之间存在明显的契合,但从实践上来看,社会工作者长期以来却不愿意干预酒精和药物的成瘾性问题(Lemieux & Schroeder, 2002)。而这种不愿干预的重要原因是社会工作者对药物滥用人群抱有"不值得干预"的消极态度。早些年,有研究者对社会工作者干预吸毒群体的态度做了相关研究。结果表明,大多数社会工作者提及,自身对毒品问题的认识有限,缺乏干预酗酒者和毒品依赖者的信心(Galvani & Hughes, 2010)。之后,社会工作教育在禁毒/戒毒社会工作中发挥了重要作用,随之而来的便是越来越多的社会工作者重新认识了这一领域的工作,认可了对酗酒者和毒品依赖者提供帮助的必要(Nelson, 2012)。同时,随着这一领域的发展和需求的增加,越来越多的学者和一线社会工作者呼吁社会工作教育应为专业服务做准备,为社会工作者在服务中处理服务对象的药物依赖问题提供必要的理念和技术支持。

经过多年的发展,西方国家的禁毒/戒毒社会工作项目越来越多元化和专门化,并具有很强的实际操作性(刘柳,2015a)。其中,较为常用的项目包括十二步法、认知行为疗法、动机式访谈、简短的策略性家庭治疗、多维家庭治疗、行为连接管理以及心理动力学治疗等(厄里怀恩,2012)。他们主要采用实证主义模式,注重分析治疗中的成功经验,并将精力集中于那些被证实有明显治疗效果的部分。而最常用的是认知行为疗法和动机式访谈。在众多西方实施的禁毒/戒毒社会工作项目中,动机式访谈被认为是最为基本且最为行之有效的服务技巧(刘柳,

2015a)。其被认为可以有效降低个体对于毒品的依赖以及药物渴求程度,并可以有效纠正个体的不良和偏差行为(Miller & Rollnick, 1991; Rosenblum et al., 2005)。该方法在美国等西方国家已经使用超过二十年,广泛用于针对成瘾性问题的治疗中,并获得了良好的效果(Liu & Hsiao, 2018)。动机式访谈最为鲜明的特点便是,其基于真诚、共情和积极关注的技巧,突破了以治疗者为主导的传统,强调以服务对象为中心展开服务(Miller & Rollnick, 1991)。

除了一系列实证主义治疗项目,西方社会工作者还秉承生态系统理论所强调的人与环境相互作用的观点,发展出许多关注人与环境关系的戒毒方案。在这些方案中,整合理论模型、七阶段治疗模型和循环式阶段安排是最有代表性的三种(刘柳,2015a)。整合理论模型认为,药物成瘾者在戒除其成瘾性问题的过程中会经历不同治疗阶段的往复,因此,对于治疗各阶段变化的关注和描述是该模型最关注的方面(Prochaska & DiClemente, 1988)。七阶段治疗模型强调自我管理与自我调整,并且较整合理论模型更加关注治疗效果(Kanfer, 1988)。而循环式阶段安排则是由前述两种模型改编而成,干预维度更加丰富、更加实用(巴伯,2008)。同时,其他社会工作技术也会被用于戒毒治疗之中,如替代医学(例如冥想疗法)、技术辅助干预、家庭治疗、共病集中疗法以及创伤集中疗法等(Straussner, 2012)。

在实际实务工作中,这些治疗模式和项目又可以采用个案工作模式和团体工作模式这两种工作模式展开(刘柳,2015a)。个案工作模式即社会工作者为吸毒者建立个人治疗档案,并根据其具体的药物滥用历史和成瘾性问题制定相应的治疗方法,这也是最基础的社会工作治疗方法。团体工作模式则是采用集体性的治疗模式来应对吸毒者的成瘾性问题,主要包括小组治疗、治疗社区以及互助团体等形式(刘柳,2015a)。首先,小组治疗是药物滥用治疗服务中最常用的模式之一(Lenihan, 1995; Matano & Yalom, 1991),可以为吸毒者提供戒毒服务和支持,并帮助其增强独立解决问题的能力(Stuart & Sundeen, 1995)。它强调社会工作者运用专业技能,为参与服务的吸毒者建立一个相互信任和支持的环境,并让其通过角色扮演等活动学习应对困难的技巧和分享毒品知识和信息(Washington & Moxley, 2003)。在此过程中,社会工作者往往强调赋权,并要求参与者增强个人效能,使他们能够克服障碍、增强自身能力、应对挑战,并建立与适应新的角色(Bandura, 1997)。实践经验表明,服务对象在参与小组治疗的过程中生活方式和行为模式上都有实质性的提高和改变(Washington & Moxley,2003)。其次,治疗社区指的是建立一个成瘾者集体居住的地方,并在这一居住区内实现成瘾者共同生活、工作、交往,通过相互帮助最终达致共同戒断毒品的目标。最后,互助团体是指成瘾者自愿结成相互支持的团体,实现互帮互助、互相鼓励和支持。其中,12步法是互助团体治疗中最主流的治疗方法(刘柳,2015a)。

二、西方社会针对不同类型吸毒者的社会工作干预实践

西方社会的禁毒/戒毒社会工作对女性吸毒者有较高的关注度。相比较而言,男性吸毒者大多缓慢地增加毒品的使用量,因此其成瘾过程也是渐变的;而女性则大多会在短时间内迅速加大毒品使用剂量,因而会更加迅速地对毒品形成依赖(Herrington et al.,1987;Wilsnack,1982)。此外,多项研究表明,女性吸毒者的吸毒行为更加有可能源于家庭影响,她们的家庭中往往存在一个或多个人有吸食毒品的经历,而她们就在家庭的影响下步入吸毒者的行列(Cook et al.,1981;Forth-Finegan,1991)。前人研究证实,女性在遭遇个人压力时常会使用毒品(Woody,1989)。正因如此,社会工作者在了解了女性的痛苦原因和生活压力来源后,便可以针对性地为他们提供戒瘾服务(Woodhouse,1990)。其中,药物替代治疗被认为对于女性药物成瘾者的戒毒具有很大的帮助,这也是国际上较为常用的女性吸毒者戒毒服务方法。

社会工作者可作为治疗者,帮助女性吸毒者安全有效地使用替代性药物达到戒除其对毒品依赖的目的。同时,社会工作者在药物替代治疗中应降低服务进入的门槛,并支持女性吸毒者实现"案主自决",即自己决定治疗的目标、方式和过程,这也可以促进女性吸毒者自己掌控自己的毒品使用,从而减少对其的伤害(Vakharia & Little,2017)。同时,在对女性吸毒者提供服务的过程中,社会工作者通常立足于服务对象本身,努力帮助其适应与其他人以及与环境的关系,着重强调外展和倡导的作用(Nelson-Zlupko et al.,1995)。此外,小组工作在帮助女性戒除毒瘾方面有显著的成效,因其可以通过小组成员之间的互动、联系和相互支持减少孤立和增强社会支持,并可以帮助激励女性参与者获得解决其个人和家庭问题所需的技能(Manhal-Baugus,1998)。小组工作也可以促进形成替代学习社

区,女性在这些社区中可以反思自己的生活、形成戒除毒瘾的动力、学习如何克服威胁其康复的因素(Lee,1989)。

禁毒/戒毒社会工作还对染有毒瘾的犯罪者十分关注。众多学者的研究都证实,吸毒与犯罪经常是相互关联的(Baltieri,2014;Gottfredson et al.,2008;Liu,Chui et al.,2018),尤其是暴力犯罪(Grann & Fazel,2004;Steadman et al.,1998)。总的来说,吸毒者涉足犯罪案件是一个严重的社会问题(Harrison & Beck,2004)。逐年增加的与吸毒者相关的刑事案件也成为社会工作专业帮助有吸毒行为的犯罪者戒除毒瘾以及矫正犯罪行为的一个重要契机(Blumstein & Beck,1999;Field,2002)。尤其是对于那些年轻的身染毒瘾者,他们被证实有更大的可能涉及罪案之中(Copeland et al.,2003;Lennings et al.,2003);而这对于这些年轻人来说是具有非常严重的负面效应的,这意味着他们将会拥有一个较低的未来生活预期,很难拥有一个健康的未来人生(Duberstein Lindberg et al.,2000;Monahan et al.,2014)。社会工作者可在多个方面为这一群体提供帮助,例如帮助其戒除毒瘾,增进其对毒品相关知识的了解,改变其不良行为,或对其进行家庭治疗等(Tyuse & Linborst,2005)。实践表明,经过一段时间的社会工作干预,这些染有毒瘾的犯罪者有很大机会戒毒和改变不良行为(Kirkwood,2008)

第二节 中国社会工作介入禁毒/戒毒工作领域的实践及主要实务模式

在中国,社会工作也已经逐渐被引入禁毒、戒毒服务领域。2007年12月,《中华人民共和国禁毒法》的通过,为社会工作进入禁毒、戒毒领域提供了法律基础(李晓凤,2017)。禁毒/戒毒社会工作是将社会工作的专业理论和方法应用于禁毒工作之中,为吸毒者戒除毒瘾提供帮助,帮助其实现生理脱毒与心理脱毒,并为其在回归社会过程中提供心理咨询、就业指导与法律咨询等综合服务,帮助其增强社会适应能力,顺利回归社会(范志海、焦志勇、战奕霖,2011)。

一、介入理念与服务原则

社会工作介入禁毒、戒毒领域可基于医学、心理学与社会学三种不同的理念。首先,从医学角度出发,社会工作者需要对吸毒者的药物依赖状况进行处理。基于沉溺行为理论,毒瘾可被看作一种沉溺行为的表现形态,即吸毒者对药物的依赖以及毒品对使用者健康和情绪的影响等。沉溺行为有一个发展过程,大致会经历迷失期、沉思期、准备期、行动期和维系期五个阶段(杨兆军,2004)。社会工作者便可以针对这五个不同的阶段对吸毒者提供相应的介入服务。而根据正性诱发模型,对毒品的需求是与某些刺激相联系的。当某种刺激条件出现时,吸毒者便会产生很强的对毒品的渴求。例如,吸毒者看见针头时,便可能产生强烈的吸毒动机(Hartz et al., 2001)。因此,社会工作者便可利用这一特点,在实际治疗中采用诸如线索暴露疗法等方法,将引起吸毒者毒品渴求的诱因反复暴露于其面前,并引导其面对与正确处理自己的渴求心理(Tiffany et al., 2000)。精神病学领域的"系统脱敏疗法"被社会工作者合理使用于戒毒领域,并被认为有利于使吸毒者减弱和消除因暴露于刺激条件下所产生的不良情绪反应。

从心理学角度出发,社会工作者可运用专业技术给予吸毒者心理层面的介入,帮助其实现心理脱毒的目标。基于心理社会治疗模式,个体的人格结构可分为本我、自我和超我三个部分。在综合分析生理、心理和社会三方面的基础上,社会工作者可使用专业技巧,使吸毒者有意识地控制"本我"需求,并使其行为符合社会的期待。而基于认知行为理论,消极的思想和认知会导致情绪障碍以及非理性的行为(倪娜,2009)。很多吸毒者均对毒品有错误的认识,继而无法很好地理解毒品对其身体、精神以及个人生活、家庭和社会造成的危害,因此并不能主动产生戒毒的需求以配合戒毒治疗。社会工作者想要帮助吸毒者达到戒毒目标,首先必须纠正吸毒者对毒品的错误认识和态度,只有如此才能促进其行为上的改变(钟莹、刘传龙,2011)。而依据马斯洛需要层级理论,如果吸毒者有吃、住、行等方面的生存担忧,便不会达成较高层次的如发展或自我实现等方面的需要,并表现出戒毒动力缺乏的状态。因此,社会工作者应首先在生活方面给予吸毒者关怀和帮助,免除其生存之忧,在这基础之上才有可能激发其产生较高层次的戒毒动机和实现更好生活的需求(厉济民、傅鹏鸣,2012)。

从社会学角度而言,社会工作者需要帮助吸毒者应对社会偏见,并尝试回归正常的社会角色。如前文所述,在中国社会中,吸毒被认为是严重的越轨行为(Liu & Chui, 2018; Liu & Hsiao, 2018),吸毒者常常被社会大众所排斥,并被认为是行为不端者。在这种大环境的影响下,吸毒者自己也会逐渐接纳这种被社会边缘化的局面,并采用或自卑或"自暴自弃"的态度来应对。因此,社会工作者应引导吸毒者正视这一问题,帮助其消除自卑心理,形成对自我的正确认识,这样才能促使其有一个积极的心态来面对戒毒的挑战(王瑞鸿,2006)。因此,除了遵循社会工作的一般性伦理和服务原则,在禁毒、戒毒领域工作的社会工作者尤其需要遵守尊重、接纳、可塑性(可改变性)以及个别化(差异化)这几项原则(李晓凤,2017),令服务对象(吸毒者)感受到自己能够被平等地对待,并对戒除毒瘾充满信心。而从角色理论的角度来看,个体在同一时间会承担多重角色,当这些角色之间出现矛盾或失调时便会引发个体行为的失当(郑杭生,2003)。许多吸毒者走上吸毒道路便是因为无法正确处理不同的社会角色对其的期待,从而无法适应正常的社会生活而步入歧途。在这种情况下,社会工作者便可采用专业的方法,通过角色扮演等手段,让吸毒者形象地感知和理解自己所扮演的社会角色,并了解不同角色的要求以及正确面对可能的角色冲突。只有如此,才能使吸毒者实现角色矫正,并更好地回归社会生活。

二、介入领域

目前在中国,已有的社会工作介入禁毒、戒毒工作可存在于戒毒康复中心(或戒毒机构)、社区以及家庭等领域,其主要方法包括个案工作、家庭工作、小组工作和社区工作等。

1. 戒毒康复中心与戒毒机构

这主要指在强制隔离戒毒所中实施的戒毒社会工作。社会工作专业介入在戒毒康复中心或戒毒机构的主要工作可包括心理康复、教育康复、职业康复和社会康复四部分(谭湘颖,2016),介入的模式则可包括微观系统、中观系统、个案管理,以及治理法制化工作的推进四个方面(许书萍,2014)。而这部分的具体社会工作方法可包括个案工作、家庭工作和小组工作几个部分。

个案工作主要指社会工作者运用专业的工作方法对个体吸毒者进行干预,例如认知行为疗法、现实疗法等。这部分工作主要采用个案管理的模式来进行,这被认为是必要的也是必需的(赵环、孙国权,2008)。家庭工作方法则包括夫妇疗法、亲子治疗、结构家庭疗法等,都对戒毒工作有很大的成效。例如,在上海的戒毒社会工作实践中,就有亲子平行戒毒小组、夫妻互助戒毒坊等相对比较成功的本土实践。小组工作的类型主要包括教育小组、治疗小组和支持小组等(赵敏、张锐敏,2011)。研究表明,团体辅导和小组工作对戒除毒瘾很有效。例如,海洛因成瘾者在接受团体心理辅导干预后对药物的依赖明显下降,并且有着较好的免疫力和更加持久的药物戒断效果(Belanoff et al.,2005)。在上海的戒毒社会工作实践中,也有一些比较成功的小组实践例子,如同伴互助戒毒小组等。

此外,也有一些在强制隔离戒毒所中实施的综合性社会工作服务。例如,广州的强制隔离戒毒所便对吸毒者展开有针对性的阶段式专业社会工作服务。他们在吸毒人员入所初期、中期和后期分阶段为其提供个案辅导和小组活动,从而辅助处于不同阶段的戒毒人员巩固戒毒成效,达致增强其戒毒动力、恢复其自信心的目标(刘婉妮、梁雪韵,2017)。此外,广东省的强制隔离戒毒所还进行了"云浮模式"的实践,也就是将社会工作服务嵌入强制隔离戒毒所的工作中,并形成"民警+社工"的管理模式,将社会工作专业服务与传统的强制隔离戒毒治疗相结合,为吸毒者戒毒提供综合性帮助。自2014年开展以来,"云浮模式"取得了良好的效果,吸毒者完成强制隔离戒毒所治疗后复吸的比例也大大降低(吴明葵、梅洁琼、黄志文,2016)。在长沙,社会工作者尝试将先进的医学技术应用于戒毒工作之中。一些先进的医疗设备被用来检测强制隔离戒毒所戒毒人员的毒品依赖程度和药物渴求水平。如生物反馈仪等被用于配合系统脱敏疗法等社会工作戒毒措施对吸毒人员提供帮助,并令其逐渐达到心理放松、降低对毒品的渴求等目标(罗旭、刘雄文,2017)。

当然,我们也必须承认,在目前的中国,社会工作服务进入强制戒毒所还存在一定的局限性。在中国,社会工作专业本身尚处于发展初期,社会尚未建立起对社会工作强烈的专业认可。因此,无论是吸毒者还是强制隔离戒毒所的工作人员,都对社会工作者的角色、服务理念以及服务方式存怀疑态度。这也就导致了如下现状:一方面,强制隔离戒毒所中缺乏足够的社会工作者,以至于无法进行专业化程度高的介入工作(孙秀兰,2016);另一方面,即便有社会工作者进入强制隔离戒毒所中服务,吸毒者和戒毒所工作人员也对其工作缺乏足够的信任,从而对社会工作者的工作配合度较低。同时,社会工作者在强制隔离戒毒所开展专业工作时,缺乏相应的实务指导、专家督导以及本土经验的总结,基本采取的还是摸着石头过河的尝试性服务策略(曹霞,2007)。

2. 社区

相较于强制隔离戒毒所,社会工作禁毒/戒毒服务在社区中开展得相对较多。社区不仅是吸毒者戒毒的场所,也同时是戒毒者保持戒毒成效、实现身心康复的重要地点。依据 2008 年 6 月 1 日起施行的《中华人民共和国禁毒法》,可以对毒品依赖相对较轻的吸毒人员实行为期三年的社区戒毒治疗,同时,对那些毒品依赖严重者在进行强制隔离戒毒之后,再于社区接受一到三年的康复治疗服务(钟莹,2007)。社区戒毒社会工作的方法主要包括个案管理、同伴辅导和自治小组以及社区照顾等(赵芳,2015)。

与戒毒机构中较为缺乏社会工作介入的现状不同,社区戒毒和社区康复因为获得了《中华人民共和国禁毒法》(2008)的支持,在全国各地都进行了尝试,并在一些地区已取得了相当不错的成果。与此同时,也有一些学者开始对这些已有的社区社会工作戒毒介入项目进行研究和思考。其中,陈宇和刘芬芬(2014)在总结了全国各地的社区戒毒社会工作介入后,得出三种主要模式,即内生机构服务模式、内生岗位模式和外派社工服务模式。研究同时指出,传统的社会工作介入模式在社区戒毒工作中仍然存在局限性,而政府以项目形式购买社会工作机构的服务能有效规避不足。与这一结论相似,黄永青和陈沙麦(2008)在其研究中也提出,应由政府支付社会工作者的工资,并购买其服务,依托社区资源实现帮助社区戒毒者康复的目标。

从实践经验来看,上海市自 2003 年成立的自强社区戒毒服务中心开启了社区戒毒社会工作的实践,在全国率先进行了禁毒社会工作制度创新(范志海、焦志勇、战奕霖,2011),并确立了戒毒社区工作的上海模式。社会工作者主要根据戒毒者的不同情况和需要,结合社区特色设计多层次的介入策略,并通过整合社区内有关服务机构和团体及其他社区资源,以跨专业合作的方式协助社区居民远离毒品、帮助吸毒者戒毒以及帮助戒毒者维持戒断状态(范志海、吕伟,2005)。以自强为代表的非政府社会工作组织承担起了社区戒毒社会工作的任务,而他们的服务则由政府买单(范志海、吕伟、余金喜,2009)。在具体的实践中,闸北区针对辖区内青年女性戒毒人员较多的现状,尝试运用小组工作方法成立"女性戒毒沙龙",运用榜样示范、群体激励等方法对女性戒毒人员进行帮助(唐斌,2008);静安区主要运用同伴辅导模式,创立了"同伴自助小组";而闵行区和嘉定区则更多采用家庭工作模式,建立"家庭联谊会"和"亲子平行治疗小组"等(范志海、吕伟、余金喜,2009)。继上海之后,广东省也开始了他们社区戒毒社会工作服务的实践。2008年,深圳市政府将福田区作为试点单位,委托"春雨"和"升阳升"两家社会工作机构,在深圳市建立第一个戒毒社会工作站。其后,广州市、东莞市和珠海市也先后推进社区戒毒社会工作服务实践。

3. 家庭

以生态系统理论的视角来看,个体(尤其是青少年)吸毒与所处的家庭环境密切相关。因此,在进行戒毒社会工作时,对吸毒者及其家庭成员分别进行有针对性的辅导很有必要。此时,社会工作者需要建立以家庭为本的社会工作戒毒模式,并依据个案的具体情况为吸毒者及其家庭成员提供必要的介入和咨询服务,通过吸毒者与家庭成员的互动,最终达成戒毒康复的目标(沈黎,2009)。

家庭可谓社会工作专业介入戒毒工作的重要领域,中国也进行了若干实践。例如,在广州市,每个街道都成立了家庭综合服务中心,对进入社区的戒毒人员充分展开常规介入服务以及危机干预服务,综合运用个案管理、小组辅导、联结资源等专业方法,对戒毒人员的家庭给予支持和帮助,并展开家庭成员小组工作,鼓励戒毒者参与中心的各项活动(黄啟洋、段炼、王达平等,2015)。不过,从研究的角度而言,学者对目前中国社会工作介入戒毒康复中心和社区戒毒工作多有探讨,但对于社会工作介入以家庭为基础的戒毒服务却讨论不多,同时也缺少对相应的社工介入的策略和方法的分析。

三、中国禁毒/戒毒社会工作服务改进方向

社会工作方法在中国禁毒/戒毒社会工作中的运用都尚处于起步阶段。尽管有一些学者提出了评价和建议,但仍然缺乏对这些方法成效性的系统化评估。这一方面反映出中国目前戒毒/戒毒社会工作的实施在专业性和标准化方面尚有可改进空间,另一方面也是社会工作专业的研究者在此方面研究缺失的一种表现。社会工作介入禁毒、戒毒工作需要具备一定的理论与研究支持。这体现在我们分析吸毒者的毒品使用行为与吸毒经历时需要有理论的指引。只有依靠系统化的、合适的、明确的理论框架,才能够较为科学性地分析和解释吸毒者的行为和态度,也只有如此,才能够更有针对性地提出相应的帮扶政策和社会工作介入方案。

在美国等西方国家,关于毒品和吸毒人群的研究一直在社会科学界占据着非常重要的位置,研究成果丰富,包括心理学与医学研究(Harrell et al.,2012; Henry et al.,2009),各种基于大规模问卷调查的定量研究(Brown,2011; Meshesha et al.,2013),一些从吸毒人群的角度出发的定性研究(Carbone-Lopez et al.,2012),以及各种关于治疗和干预性项目的研究(Copeland & Sorensen,2001;Cretzmeyer et al.,2003)。这些研究大多较为注重实践,专注于从实践的角度出发分析问题,并且通常一个研究只关注一个特定的问题。中国相关领域的研究则或倾向于在宏观的层面上探讨毒品或吸毒人群的问题(来海军,2013;欧阳涛、柯良栋,1993;周小琳、杨碧,2011),或在微观的层面上探讨吸毒人群某一方面的生理或心理健康问题(邓小娥、刘伟、于丽等,2013;王垒、罗黎辉、赵建新等,2004;朱海燕、沈模卫、殷素梅,2005),而关注吸毒人群真实生活状态的实证研究则非常罕见,更不用说着重于矫治吸毒人群方法的实证研究。事实上,我们的社会在应对毒品问题时最缺乏的并不是对宏观现状的把握或对微观健康状况的治疗,而是缺乏行之有效的防治吸毒、矫治吸毒人群的办法,而这又取决于我们必须结合社会实际状况研究吸毒问题和吸毒人群。

理论不仅能够解释吸毒者选择和保持吸毒行为的原因,还可以在此基础上形成社会工作介入的合理性与有效性。例如,社会学习理论认为包括吸毒在内的所有越轨行为都是习得的(赵敏、张锐敏,2011),因而也是可以通过帮助而改变的。而在亚文化理论看来,某些群体成员在密切交往中形成了不同于主文化的亚文

化,群体成员对这种亚文化高度认同,因此个人所属的群体对个体吸毒行为的选择与否往往起着至关重要的作用(马伊里、吴铎,2007)。在吸毒群体中形成的排斥主文化的亚文化使得吸毒人员形成了不同于主流文化期待的行为。因此,通过社会工作介入改变这种亚文化有利于吸毒个体重归主流社会。标签理论则认为,吸毒群体作为社会中的"被标签人",往往遭遇刻板印象和偏见,进而使其回归社会的努力障碍重重(王瑞鸿,2006)。

因此,本研究即基于毒品使用生涯理论框架,结合多种社会学理论,全面洞悉和解读吸毒群体的生活状态,并在此基础之上,采用社会工作的研究范式和学科视角,分析在毒品使用的不同阶段和历程中,应采用何种社会工作模式,以及如何使用特定的社会工作方法达到有效矫治吸毒人群、帮助其戒除毒瘾以及恢复正常社会生活的目的。

第三节　预防毒品使用

一、毒品知识普及和禁毒教育方案

吸毒者们在其毒品使用生涯开始之前,普遍缺乏对毒品知识的了解。一些吸毒者表示他们从未有过接受禁毒教育的经历,而另一些则提及他们曾接受过有限的禁毒教育,但并不完整与全面(刘柳、段慧娟,2015)。吸毒者对毒品缺乏必要的了解,因而在毒品亚文化和毒友圈的影响下,便会认为使用毒品对自己并没有很大的危害,这在一定程度上也成为吸毒者开启毒品使用生涯的促进因素之一。禁毒/戒毒社会工作应首先防患于未然,为社会大众,尤其是一些高危群体,提供全面、合理、科学而有针对性的毒品知识普及教育。从对西方国家以及毒品主要产地国家的禁毒、戒毒政策与措施的回顾,我们也可以发现,毒品知识普及和禁毒教育已被多个国家所重视,并成为反毒品战争中十分重要的措施之一。

1. 中国禁毒教育的可改进之处

中国的禁毒教育不够精细化，普通民众对于毒品的了解很有限。正如本研究所展示的那样，年龄较长且拥有多年吸毒经验的吸毒者多为海洛因使用者，在他们开始吸毒时，并没有受过完整的禁毒教育。这些吸毒者大多在开始吸毒时对海洛因毫无认识，普遍因为好奇、赶潮流或为了显得"有身份""有地位"等因素而开始使用毒品。而鉴于海洛因的强致瘾性，他们往往在认识到其危害时已经无法自拔(刘柳、段慧娟，2017)。

随着海洛因等阿片类毒品在中国的迅速蔓延以及毒品问题的愈发严重，中国政府自 20 世纪 90 年代开始，逐步建立了多项遏制毒品蔓延的法律法规，而面向社会的禁毒教育也从那时开始起步(刘柳、段慧娟，2015)。迄今为止，中国的禁毒教育已经实施了二十余年的时间，与之前相比，当下的中国禁毒教育虽然已健全很多(刘柳、段慧娟，2017)，但这并不意味着中国目前的禁毒教育是完善而毫无改进空间的。事实上，时至今日，我们的社会大众对于毒品的认知依然十分缺乏(刘柳、段慧娟，2015)。这尤其体现在年轻的新型非阿片类合成毒品使用者的身上。自 21 世纪以来，冰毒等新型毒品在中国的使用人数迅速增长，冰毒也逐渐取代海洛因成为中国毒品市场上最受欢迎的药物(中国国家禁毒委员会办公室，2018)。这虽然在一定程度上是中国毒品市场变迁以及中国全球化进程的结果(Laidler, 2005;梁鑫、郑永红，2015)，然而细究起来，这也和中国目前禁毒教育滞后相关。

在分析吸毒者毒品使用历程中，我们可以很清楚地看到，年轻的吸毒者虽然普遍知晓海洛因的成瘾性以及危害性，并对"海洛因不能碰"具有强烈的认同感(刘柳、段慧娟，2017)，但普遍对冰毒等新型毒品毫无认识，甚至认为其"根本不能算毒品"。这种错误的认知致使年轻的吸毒者普遍觉得自己使用的药物是"无害的"，甚至是"有益的"，因而很容易便开始了自己的吸毒历程。这在一定程度上也间接导致了冰毒等新型毒品在青年群体中的流行(梁鑫、郑永红，2015)。这也正是中国当下禁毒教育最重要的不足之处——内容陈旧而缺乏时效性(刘柳、段慧娟，2015)。

在目前中国的禁毒教育中，"毒品"往往被当作一个整体性概念，并没有详细而准确的分类描述以及阐释每种类型毒品的不同特性(杨黎华，2012)。如前文所述，长期以来，在中国禁毒教育中出现的"毒品"基本以海洛因等传统阿片类毒品为主,这也就是为什么年轻的吸毒者普遍拒绝海洛因的一个重要原因。虽然近些年冰毒等新型非阿片类合成毒品越来越成为中国毒品市场的主流药物,然而中国的禁毒教育却并没有而与时俱进,相反,社会对于新型毒品的认识甚至比 20 年前公众对海洛因的认识还要缺乏。而由于冰毒等新型毒品的危害甚少被人了解,很多年轻人便由于这一毒品知识的盲区而走上吸毒的道路(刘柳、段慧娟,2017)。并且,由于使用冰毒等新型毒品并不会出现诸如使用海洛因成瘾之后的戒断性症状,新型毒品使用者们往往很难意识到毒品的危害,从而对于戒除毒瘾也缺乏动力。而这些又反过来加速了冰毒等新型毒品的"流行"。

除了内容陈旧而缺乏时效性,禁毒教育宣传途径与方式的局限是中国当前禁毒教育的另一项有待改进之处。目前禁毒教育的宣传途径相对单一,覆盖人群也较为有限。中国的禁毒教育基本均基于学校展开(刘柳、段慧娟,2015)。这些基于学校开展的禁毒教育并不那么全面,也不能完全满足学生们对毒品知识的需求。据之前一项针对中职生的调查结果显示,虽然有 84.5% 的中职生汇报他们曾接受过禁毒教育,但有 86.8% 的参与调查者认为他们仍然有关于毒品预防教育的需求(曹洁频、陈家言、赵艳婷等,2017)。

除此之外,学校虽然是很好的禁毒教育场所,但结合吸毒者普遍受教育程度较低、较早离开学校这一事实,许多年轻人可能还没能接触到禁毒教育便已踏入社会,成为潜在的吸毒高危人群。前述关于中职生的研究结果也提及,中职生们很希望通过书籍、报刊、网络等大众传媒途径了解更多的毒品相关知识(曹洁频、陈家言、赵艳婷等,2017)。可见,除了完善学校的禁毒教育,社会应该利用大众传媒的力量或在社区中广泛开展禁毒教育和宣传。然而,就目前的情形看,中国的大众传媒在禁毒教育与宣传方面做得还远远不够,相关的普及节目较为有限,对毒品知识的解读也不到位,存在内容与视角单一、缺乏科学性等问题(袁楠,2012)。此外,据西方研究表明,以社区为基础的禁毒教育是最有效的毒品使用预防方案,效果好于以学校为基础的禁毒教育项目(Cuijpers,2003)。而目前中国在社区层面进行的禁毒教育与宣传还十分不足。虽然近些年有一些非营利组织加入禁毒宣传的工作中来,但并没有大规模展开,其专业化程度也参差不齐,相关研究依然缺乏,其效果尚不得而知。

2. 禁毒教育改进与毒品知识普及

整体而言,中国的禁毒教育与宣传呈现出科学性不足、重打击的特点,而这又源自中国一直以来采取刑事司法视角(Coombs,1981)指导禁毒和戒毒工作。因此,如果想要改进禁毒教育,并且改善吸毒者被标签化和遭受社会排斥的境遇,则首先应该从改变禁毒和戒毒工作的指导视角做起。

如前文所述,医学视角就是一个被国际社会广泛采用的看待吸毒者的视角,即将吸毒者看作病人,而把对毒品的依赖视为一种疾病。基于此,我们对待吸毒者的态度就从打击和排斥转变为治疗和救助,如同我们医治其他病人那样。而以医学治疗和社会工作康复服务为主的禁毒、戒毒处理模式则较少会引发标签化和社会排斥的问题。在这一基础之上,禁毒宣传也如疾病防治教育那样变得更加客观与科学,从而改变毒品在人们观念中如同"洪水猛兽"的现状,最终影响社会的整体观念发生转变。当然若能采用以吸毒人群自身角度出发的毒品使用生涯的视角,吸毒者的毒品使用行为便不再被视为一种越轨行为,甚至不被视为一种病态,而只被看作一种生活状态的组成部分。因此,便可能不再涉及任何的标签化和社会偏见。

在实际操作层面,基于目前中国禁毒教育内容陈旧与宣传途径有限这两大不足之处,我们可从以下几个方面做出改进,以达到全面科学地普及毒品知识,预防年轻人进入毒品使用生涯。

首先,全面改进和丰富禁毒教育的内容。无论是学校、社区,抑或大众传媒提供的禁毒教育与宣传,在内容上都应秉承全面化、系统化和客观化,不简单化毒品概念。正如前文所述,禁毒教育内容和毒品知识的普及应如同健康教育或医学知识的普及一样客观而平和,不应充满过于强烈的夸张成分。虽然对毒品负面影响的过于夸张的描述会令人望而生畏,但也会令人觉得不真实、不科学,这也不利于毒品知识的传播。同时,毒品相关知识并不仅仅指使用毒品后的危害,还应包括毒品的种类、不同药物的药理特性以及各种毒品使用过后的精神和生理反应等。因此,一个系统和全面的禁毒教育内容至少应包括以下几个主要方面:(1)区别海洛因等传统阿片类毒品以及冰毒等新型非阿片类合成毒品之间的不同;(2)详细阐述两类药物的药理特性;(3)描述使用各种不同药物过后的生理和精神反应;(4)短期和长期使用某些药物之后可导致的生理或精神损害。

或许有人担心详细的毒品介绍会令年轻人过多地了解毒品,从而增加吸毒的可能。然而,我们应该知道,年轻人对待未知事物始终充满好奇,如果他们的疑问未经过正确渠道得以解答,他们必然会寻求其他途径。如前文所述,许多吸毒者都是因为对毒品"好奇"而又对其缺乏必要的了解才选择尝试毒品。正如良好的性教育不仅不会造成过早性行为或不良性行为,反而有利于减少感染性传染疾病以及更好地在性行为时做好自我保护(Gao et al.,2001;Tung et al.,2013)。正确、全面而客观的毒品知识教育理应不会引导年轻人涉足毒品的使用。相反,在满足了他们对毒品知识的需求之后,他们将不会再对毒品抱有强烈的好奇心,也不至于轻易相信朋友们的各种诸如"不上瘾""无害""有好处"等劝说之辞,从而在一定程度上降低其开始毒品使用生涯的可能。

其次,全面拓展禁毒教育的形式和禁毒宣传的渠道。具体来说,禁毒教育的形式可从以下三个方面加以改进。

第一,构建完整的学校毒品知识教育体系。依据前文的总结,西方国家,如美国、英国、日本等,均将禁毒教育的重点放在学校(房红、阮惠风、刘敬平等,2010),可见学校禁毒教育是十分重要和必要的。在学校教育的全阶段,都应设置适合该年龄层学生理解能力的禁毒教育内容。而在形式上则既可采用课程、讲座等传统形式,也可采用较为生动的动画、影片等能够引发学生兴趣的形式(刘柳、段慧娟,2017),甚至可以采用毒品知识竞赛、毒品博物馆参观、话剧表演等更加灵活的形式,激发学生学习的热情,提升禁毒教育学习效果。前人的研究也显示,学生们普遍希望学校提供的毒品知识教育能以宣传海报、观看禁毒电影等多样化的形式展开(曹洁频、陈家言、赵艳婷等,2017)。

第二,加强社区层面的毒品知识宣传。社区也是青少年活动的重要场所,尤其是对于过早离开学校的青少年来说,社区的禁毒教育尤为重要。与学校的禁毒教育相比,社区的禁毒教育可以采用禁毒纪录片、图片或闲谈漫说式的交流等更加灵活且参与性强的形式来开展。同时,我们也可在社区中设置宣传栏、公共显示屏或采用派发传单等形式向社区居民循环传播毒品相关知识。而针对社区内的青少年群体,我们要对那些离开学校较早,且对酒吧、歌舞厅等夜生活充满好奇的"高危"青少年展开较为密集和有针对性的禁毒教育。

第三,丰富大众媒体的禁毒宣传。大众媒体的禁毒宣传不仅应包括在传统媒体(如电视、广播、报纸、杂志)上的毒品知识教育,而且应包括在互联网和新媒体上建立毒品知识平台。西方国家的实践也证明,大众媒体的禁毒宣传覆盖面更广。例如,如前文所述,美国政府制作的禁毒宣传片在全美1 300余个媒体上播出,并设立有专门提供毒品资讯的网站和机构(房红、阮惠风、刘敬平等,2010),这些措施都增加了普通民众获取毒品知识的渠道。从方法上看,传统媒体受众面广,年龄层覆盖多样化,可多采用公益片、纪录片、纪实报道等形式的禁毒教育;而互联网和新媒体更受年轻人的欢迎,且运营成本更加低廉,应成为大众媒体禁毒宣传的主战场。在此种情况下,互联网的禁毒教育应将受众细化,针对不同的群体提供更加有针对性的毒品知识。同时,此类禁毒教育的内容应及时更新,以满足年轻人的阅读需要。

最后,要做好禁毒教育和毒品知识的普及工作,必须拥有一批有丰富相关知识的专业人士参与其中。例如,学校应配备禁毒教育专业师资(可由禁毒/戒毒社会工作者承担),以保证能够清晰、准确地教授学生关于毒品的各种知识。学校还应有专业的社会工作者服务于学生,帮助甄别高危群体并给予适当而及时的专业干预,从而避免其涉足毒品使用。而社区应由专业的禁毒/戒毒社会工作者安排社区的禁毒教育活动,并对重点的高危人群提供有针对性的服务。大众传媒上的毒品教育内容亦需要禁毒/戒毒社会工作者等专业人士来设计与把关,以保证其准确性、合理性与科学性。

二、高危人群的甄别和重点教育

预防重于治疗。在全面、科学地普及毒品知识的同时,我们要识别吸毒的"高危人群"并有针对性地开展重点预防教育。想要实现这一目标,最重要的便是对高危人群的识别,而这首先需要对毒友圈、毒品亚文化以及毒品行为的习得过程有一定的认识。

1. 毒友圈与毒品亚文化

在整个毒品使用生涯过程中,毒友圈的影响可谓极其重要。可以说,吸毒者毒品使用生涯的初始阶段、扩张阶段、维持阶段甚至最后的终止阶段,都在一定程度上与毒友圈以及毒品亚文化相关联（刘柳、段慧娟，2018）。他们经由毒友的介绍进入毒品的世界，并在与毒友交往的过程中逐渐建立自己的毒友圈子。浸淫在毒友圈中，吸毒者往往很快便会接受毒友圈中以毒品使用"合理化"和"常态化"为中心的毒品亚文化。

毒友圈和毒品亚文化对吸毒者毒品使用生涯的发展有重要的影响。首先，毒友的引诱、劝说与误导是引发吸毒者开启毒品使用生涯的重要原因（刘柳、段慧娟，2017）。同时，"有经验"的毒友还会承担起教授新的吸毒者毒品使用技巧的职责。其次，经由毒品亚文化的影响，吸毒者对毒品的认知和态度发生了很大的变化。与社会主流文化中毒品的有害形象不同，在毒友圈和毒品亚文化中，毒品被看作"正常"的社交和娱乐用品，是"不上瘾的"和"无害的"（刘柳、段慧娟，2018）。再次，对毒品亚文化的认同又加重了吸毒者对毒友圈的依赖程度，从而改变了吸毒者的社交生活，使其离"正常的"社交（即与非吸毒人士的交往）越来越远，身边的毒友却越来越多。最后，当吸毒者想要戒除毒瘾时，他们会发现，由于毒友圈的影响，他们的戒毒努力往往难以成功。也有一些吸毒者即使戒毒成功了，也会因为毒友圈的压力而重新开始使用毒品（刘柳、段慧娟，2017）。

可见，对于吸毒者来说，毒友圈和毒品亚文化形成了一张无形的网，并造成了一种无形的压力，促使新的吸毒者能够尽快融入"毒品的世界"以及阻止旧的吸毒者以戒毒的形式离开。对于吸毒者来说，毒品的使用绝不仅仅是个人行为，他们在每一个阶段都受到毒友圈和毒品亚文化的影响（刘柳、段慧娟，2015）。

2. 习得的吸毒技能、毒品知识与态度

从社会学习理论的角度出发，我们可以发现，吸毒者从使用毒品的"新手"和"初学者"慢慢成长为"熟练人士"是一个逐渐学习的过程。在这一过程中，他们不仅学会了毒品使用的方法和技能，同时也获取了毒品知识（尽管有些是不正确的），形成了对待毒品的观点和态度。

在毒品使用生涯的开始阶段，是吸毒者观察学习的过程。此时，他们主要关注有经验的吸毒者（即示范者）是如何使用毒品的，同时也学习他们看待毒品的态度以及理解毒品的角度。毒品使用生涯的扩张阶段则基本上是吸毒者观察学习的保持过程。此时，作为示范者的毒友可能并不在场，但他们使用毒品的方式、技巧却保持于吸毒者的脑海之中。同时,毒友圈以及毒品亚文化中关于毒品的知识和态度也逐渐在吸毒者脑中扎根。此外,观察学习再现过程也在毒品使用生涯的扩张阶段呈现。吸毒者凭借记忆中学习到的吸毒方法反复练习,通常经过几次实践,他们便能很顺利地完成吸毒的过程。并且,吸毒者也逐渐熟悉和习惯毒品亚文化中的观点和态度。最后,在毒品使用生涯的维持阶段,吸毒者完成了观察学习的强化过程。此时,吸毒者已经可以自然且"常态化"地实践吸毒行为。

在解释吸毒者的毒品使用行为时,社会学习理论是一个很有力的解释工具。从社会学习理论的角度出发,吸毒者的吸毒行为可被认为是认知、行为和环境三者共同作用的结果。吸毒者受教育程度偏低,对毒品的认识较少,如果其在生活的环境中有机会接触其他吸毒者,那么他们就很容易被毒友的吸毒行为以及言语诱惑所吸引,从而形成自己对毒品的理解与态度,并触发吸毒行为。相反,如果他们曾接受过系统化的禁毒教育,对毒品有充分的了解,或者在其生活中未曾有机会接触毒品,那么他们就不会踏上吸毒的道路。可见,对于禁毒或吸毒行为预防工作而言,做好禁毒教育以及防止毒品亚文化和毒友圈的扩散是最为关键的内容。

3. 针对涉足高危社交网络青少年群体的干预

正是因为毒友圈和毒品亚文化对青少年开启毒品使用生涯有很大影响,针对涉足高危社交网络的青少年群体进行提前干预和重点预防教育应成为预防毒品使用的重要组成部分。例如,过早辍学的青少年、有其他不良行为的青少年、朋友圈中有吸毒者存在的青少年等都可以被视为可能涉足毒品问题的高危群体。

相应的预防与教育方法应包括:教会青少年分辨特殊场景(如朋友聚会)中出现的不知名药物或饮品,明确告知其毒品的使用会导致的危害,如何应对关于毒品的好奇与迷思。为了取得较好的教育效果,社会工作者可以通过情景模拟小组等方式,以小组活动模拟青少年可能接触毒品的场景,并适时引发青少年对该问题的探讨,从而做出正确引导。同时,开展积极而多样化的课外活动(如体育运动小组)也是很好的干预和引导实践,这不仅可以强健青少年的体魄,而且可以帮助他们学习建立和谐的人际关系、拓展积极向上的生活兴趣爱好,从而降低其涉足毒品使用的可能性。

第四节　强制隔离戒毒所戒毒干预

到目前为止,强制隔离戒毒所戒毒依然是中国最主要的戒毒服务模式。吸毒者在强制隔离戒毒所中可经历生理脱毒、规整的生活安排、教育项目以及劳动和职业训练项目等多种戒毒项目,而这些项目综合形成了一个体系化的整体,对吸毒者戒除毒瘾提供帮助。然而,在肯定强制隔离戒毒所戒毒项目积极作用的同时,本研究也从吸毒者的经历与体验中发现了三个有待改进之处:其一为强制隔离戒毒所中的生理脱毒和医学治疗还较为有限,尤其缺少针对冰毒等新型非阿片类合成毒品使用者的治疗;其二为心理咨询和干预服务的缺乏,无法快速而有效地应对吸毒者的"心瘾"问题;其三,相对于劳动和职业训练项目的体系化与系统化,教育项目的安排大多缺乏系统性,且极大受制于戒毒所专业人员的配备状况(Liu & Hsiao, 2018)。基于此,本研究提出以下三项可在强制隔离戒毒所中实施的社会工作专业介入方案,以期更好地为吸毒人员服务,帮助其戒除毒瘾。

一、医疗干预和毒品依赖的评估

药物依赖首先是一个医学问题,吸毒者往往需要持续性的医疗干预来抑制和改善其对药物的渴求。中国目前使用多种医疗干预方案治疗吸毒者,其中既包括如美沙酮维持治疗在内的西医西药治疗,也包括诸如针灸在内的中医疗法。不过,这些医疗干预措施往往都是在社区或医疗戒毒机构中实施的,在强制隔离戒毒所中使用的医疗干预方案非常有限。在强制隔离戒毒所的封闭环境中,吸毒者无法获取和消费毒品,但这并不意味着他们的药物依赖可以自动消失。事实上,尚有相当一部分吸毒者在进入强制隔离戒毒所之后仍然会有生理性不适和身体戒断症状,并持续有药物依赖的状况,这都需要医疗干预加以解决。

具体而言,社会工作者首先要全面评估进入强制隔离戒毒所戒毒的吸毒者的药物渴求程度。评估可采用自答性问题,也可采用更加科学的医学指标测量,如血液、尿液等。在知晓评估结果的前提下,社会工作者便可以依据吸毒者药物依赖的程度以及所依赖的药物种类针对性地给予吸毒者相应的医疗干预和介入。当然,这种干预因涉及医药专业知识,社会工作者应与医务工作者展开密切的合作,据吸毒者的身体反应随时调整治疗和介入方案。在医疗干预的实施过程中,社会工作者还可采用认知行为疗法对吸毒者的吸毒行为进行矫正。通过一系列专业服务,找寻可引发吸毒者药物渴求水平上升的行为表现,并对其加以干预;同时,帮助其提升对自身药物渴求的应对能力,建立有效的自我应对药物渴求的策略。在医疗干预的实施过程中以及干预结束之时,我们应对干预的效果进行评估。同样,评估依然可采用自答药物渴求度量表或血液、尿液指标测量的方法进行。

二、心理干预与心理咨询服务

药物依赖不仅是生理问题,同时也是心理问题。事实上,毒品的使用,尤其是冰毒等新型非阿片类合成毒品的使用,将会导致严重的精神障碍(Anglin et al., 2000;Grella & Lovinger, 2012;Liu, Chui et al., 2018)。而其中,最主要的便是抑郁(Celentano et al., 2008;Lev-Ran et al., 2013;Marshall & Werb, 2010)。

进入强制隔离戒毒所戒毒,中断了吸毒者的吸毒行为,但其心理问题却依然存在,也需要长期的心理治疗及心理咨询服务。与此同时,吸毒者往往因被公安机关查获而被迫进入强制隔离戒毒所戒毒,其戒毒的意愿以及康复的信心普遍较低,故而也需要及时而有效的心理咨询和介入服务帮助其提升戒毒意愿和戒毒信心(Lu et al., 2008;Miller & Rollnick, 1991)。虽然近些年来中国的强制隔离戒毒所普遍意识到了心理咨询与治疗的重要性,也逐渐开始在戒毒所中配备心理咨询与治疗服务,但这些服务还处于初始和起步阶段,其专业性、系统性仍显不足,而专业人员配备也较为有限,多数吸毒者还不能得到系统化的心理康复治疗(Tang & Hao, 2007)。鉴于此,社会工作者可从以下两个方面开展有效的心理咨询与干预服务。

其一,针对戒毒意愿和信心缺乏的吸毒者,可使用如动机式访谈(刘柳,2015a;Liu & Hsiao, 2018)等专业技巧和方法提升他们的戒毒意愿;同时,也可利用小组工作方法在强制隔离戒毒所中建立支持性小组,令吸毒者相互鼓励、相互支持,共同戒毒。

其二,针对那些有严重心理疾患、精神障碍或抑郁症的吸毒者,我们需要在给予精神类疾病治疗的同时有针对性开展长期的专业干预,帮助其缓解症状。具体可包括如下步骤:(1)使用专业化工具对吸毒者进行心理问题和精神状态评估。经过测量后,社会工作者便可将吸毒者依照心理健康水平划分为不同的类型,针对不同类型的吸毒者采用不同的心理干预方案。(2)与吸毒者进行初步面谈并建立专业关系。在这一阶段,社会工作者应表明自己的身份和目的,表达对吸毒者的尊重,从而获得其信任与认可。(3)基于前期评估以及与吸毒者面谈的情况,有针对性地制定相应的社会工作介入计划。此时,社会工作者应就此计划与吸毒者沟通,并向其充分解释服务的目标、意义、时间表和具体内容等,以确定吸毒者知晓全部服务计划,并能够予以配合。(4)介入实施。社会工作者应依照之前与吸毒者共同商议确定的服务计划对其展开专业的服务。其间,可采用多种社会工作专业技能,以确保介入的有效性。例如,面对有抑郁症的吸毒者,可采用正念减压疗法(Kabat-Zinn,1982)帮助其缓解紧张情绪、减轻抑郁症状;而循序式肌肉放松法则是另一项有效的缓解抑郁症患者紧张情绪的方法(Fisher & Laschinger, 2001),也可用于对吸毒者的干预和治疗之中。(5)评估治疗结果及结案。在完成了全部既定的社会工作介入计划之后,便可对吸毒者的心理康复情况进行评估,并对比服务前的预测情况,查看治疗效果。如果效果达到预期目标,便可进行结案。此时,社会工作者亦应同吸毒者一同回顾整个治疗过程,并对其的积极改变给予表扬,帮助其树立坚持下去的信心。

三、教育项目体系化与规范化

针对目前强制隔离戒毒所中教育项目的实施缺乏系统性这一问题,从社会工作介入的角度可以做如下改善。

第一,实施个案管理。吸毒者虽然可被视为一个群体,但他们每个人又是千差万别的。因此,在对吸毒者展开戒毒服务时,应充分关注每一个个体的不同,并制定有针对性的介入方案,而这就需要社会工作者做好个案管理工作。个案管理强调以个案为中心,为了解决个案独特的需求和问题而整合各种资源以及聚合各种不同的社会工作介入方案,达到最大化服务成效的目标。具体到针对吸毒者的戒毒服务,社会工作者应认识到,每个吸毒者选择吸毒的原因不同、吸毒的历史不同,对毒品的依赖程度也不同,因此不可使用"一刀切"的办法进行"集体性"治疗,而需要在全面综合评估个体药物依赖状况以及个人问题与需求的情况下,为其提供必要的服务。例如,文化程度较低的吸毒者可能对毒品知识的了解更少,而受教育程度较高的吸毒者则可能更加相信自己对毒品的"掌控"能力。依据具体个案状况,社会工作服务可能涉及综合心理咨询、毒品知识普及、生活技能教育等多方面,也有可能侧重于某一单一方面。同时,在进行具体的某一项或多项服务时,个案管理亦可以发挥其监督与协调功能,以确保达致最大的戒毒成效。

第二,整合和规范化教育项目。目前中国强制隔离戒毒所中所实施的教育项目虽种类繁多,但大多在实施的过程中欠缺规范性与专业性。许多项目在实践过程中并没有严格的项目流程和执行周期,甚至缺乏科学化、具有操作性的评估方案。基于此,社会工作者应整合所有教育项目,并结合个案管理,提供给每位有相应需要的吸毒者。

第五节 社区戒毒与回归社会方案

毒品不仅对吸毒者的生理和心理健康有害,还引发了严重的公共健康危机(Lu & Wang,2008)。为了遏制由吸毒导致的公共问题,即预防由吸毒引发的各种传染病(包括HIV/AIDS)、越轨及犯罪行为(Liu et al., 2006;Lu et al., 2008;Tang et al., 2006;Xiao et al., 2007),中国政府在不断改进强制隔离戒毒所戒毒工作之余,为了给吸毒者提供更广泛和丰富的戒毒服务,也开始逐渐开展形式多样的社区戒毒与社区康复项目(姚建龙,2008;周文华、杨国栋,2004;Fang et al., 2006;Lu et al., 2008;Zhang & Chin, 2015)。不过,与欧美等国(如美国、英国等,详见第一章第三节)相对细致与完善的以社区为本的戒毒模式相比,中国的社区戒毒与社区康复工作尚处于起步阶段,故并未发展得十分完善。同时,与较为系统化的强制隔离戒毒所的戒毒工作相比,中国的社区戒毒与康复工作仍然需要改进。这也解释了为何本研究中的吸毒者大多陈述,除了尿检,其未曾接触到社区戒毒与社区康复服务。这也成为社会工作者应重点介入的戒毒领域。并且,相对于强制隔离戒毒所的封闭环境,在开放的社区环境里,社会工作者可开展的社会服务和专业介入更多,因此可针对性地为处于不同阶段、有不同吸毒历史和生活状态的吸毒者开展多种多样的服务项目,以帮助其戒毒。

一、社区戒毒方案

社区戒毒方案可覆盖自愿戒毒的吸毒者以及被公安机关查处并令其参加社区戒毒项目的吸毒者。目前在社区中设立的戒毒服务主要是以美沙酮维持治疗为主的药物戒毒服务。美沙酮维持治疗主要用于治疗海洛因使用者的药物依赖,也是国际上常用的毒品依赖治疗方式(McCowan et al., 2009)。美沙酮维持治疗可以显著降低吸毒者 HIV 的感染风险(Sorensen & Copeland, 2000),接受治疗者也被证明有较低的概率罹患抑郁症(Rounsaville & Kleber, 1985)。

中国最早于 2004 年开始设立美沙酮诊所,至 2011 年,全国共建有 716 家美沙酮诊所,并有超过 300 000 位海洛因使用者受益于美沙酮维持治疗项目(Liu & Chui, 2018)。然而,目前中国美沙酮维持治疗项目依然存在参与率低以及放弃率高的状况。据统计,仅有约 10% 的海洛因使用者有接触美沙酮维持治疗服务的可能(Liu & Chui, 2018;Lu et al., 2008)。而同时,美沙酮维持治疗的放弃率却很高(余菊新,2014),约为 30%~40%,甚至有研究表明,其三个月内的放弃率可高达 70%(俸卫东、韦启后、韦莉等,2007;何华先、鲍宇刚、陈连峰等,2008;Shi et al., 2007;Yu et al., 2007)。

基于此种现状,社会工作者应着力于提升美沙酮维持治疗的覆盖面,降低参与治疗者的放弃率。具体可包括以下几点。首先,应在海洛因使用者群体中普及美沙酮治疗,增进吸毒者对海洛因依赖性的了解以及美沙酮的治疗作用。其次,对于已参与治疗的吸毒者,应给予其鼓励与支持,并督促其按时服药治疗。再次,加强对美沙酮维持治疗门诊从业者的服务培训,尤其是确保其以不带偏见的态度对待吸毒者。最后,应配套性地提供综合性干预服务,帮助海洛因使用者疏解精神压力及解决生活困难(唐祥敏、刁月明、李应辉等,2016)。

不过，美沙酮维持治疗门诊仅可服务于海洛因等传统阿片类毒品使用者，而针对冰毒等新型非阿片类合成毒品使用者的社区药物及医疗戒毒服务仍然缺乏(Liu & Hsiao, 2018)。虽然目前已有一些实验性的治疗模式，如采用经颅磁刺激等形式治疗新型毒品成瘾者，但其尚处于试验阶段，并没有得以推广，其治疗的成效性和安全性也仍然在研究中。相信随着医学的进步，在不久的将来，相应的针对新型毒品的社区医学治疗模式能得以推广，届时社会工作者也可作为治疗者或治疗辅助者为吸毒者提供相应的服务。

当然，除了药物及医疗治疗方案，社区戒毒还应包括其他的社会工作介入项目。与身处强制隔离戒毒所中的吸毒者相比，参加社区戒毒项目的吸毒者大多吸毒历史较短且成瘾程度较低(Liu et al., 2016)。相对而言，社区并非封闭的环境，因而可实行的社会工作服务项目更加多样化。社会工作者在社区戒毒工作中主要可以提供如下两方面的服务。

第一，帮助吸毒者远离毒友圈，建立良性的社会交际网络。如前文所述，毒友圈在吸毒者毒品使用生涯的全阶段都有重要的影响，也成为吸毒者摆脱毒品依赖最大的障碍。在社区中参加戒毒治疗的吸毒者可以很轻易地接触"毒友"，因而也造成了戒毒的困难。正如许多参与本研究的吸毒者所叙述的那样，他们自己一个人时能"忍住不吸（毒品）"，然而和朋友在一起"便忍不住了"。社会工作者应首先帮助吸毒者摆脱既有的毒友圈，远离之前的毒友，同时，也应帮助他们建立新的社交关系，以解决其正常社会交往的需要。

第二，社会支持对于吸毒者戒除毒瘾也是十分重要的(Laudet et al., 2004)。研究证实，拥有社会支持的吸毒者更加容易达成戒毒的目标(Majer et al., 2016; Tucker et al., 2005)。其中来自家庭的支持被众多研究证实对吸毒者的康复具有很强的正面影响力(Lewandowski & Hill, 2009; Trulsson & Hedin, 2004)。因此，社会工作者应帮助吸毒者构建社会支持网络，尤其是来自家庭的支持。例如，社会工作者可依据吸毒者的家庭背景针对性地予以辅导，帮助其梳理和明晰可能遇到的家庭问题，并给予应对策略与措施。同时，社会工作者也应对吸毒者的家庭成员开展服务，令他们正视吸毒者目前所遇到的困难，取得他们的支持，以帮助吸毒者更好地实现戒毒的目标。

综合来看，正如之前的研究者提出的（钟莹、刘传龙，2011），社会工作者可以为吸毒者提供系统化的社区戒毒服务,包括:(1)制定完善的社区戒毒计划,使用个案管理等专业方法有效管理参与社区戒毒项目的吸毒者,并提高其报到率;(2)实施综合干预计划,并对计划涵盖的个人、家庭、社区制定分类的工作指标;(3)帮助吸毒者解决个人心理问题及其所遭遇的家庭冲突和人际交往障碍;(4)全面提升社区居民对毒品的认知,改变他们对吸毒者的负面态度,并致力于消除社会对戒毒人员的"歧视"。

二、回归社会方案

对于完成了强制隔离戒毒,即将重新踏入社会的吸毒者来说,如何预防其重蹈覆辙、再次回到毒品使用生涯之中便成为一项重要的议题。我们总希望吸毒者在经历完整的戒毒项目之后能够保持戒毒成效、摒弃吸毒行为、重新回归正常的社会生活,然而现实却并不如我们希望中的那样乐观。正如前文所提及的,前人的多项研究显示,吸毒者在强制隔离戒毒所中完成戒毒治疗重返社会后的复吸比率相当高(曲如杰、林霖、王文忠,2006;Hser et al., 2013)。而这不仅因吸毒者回归社会的道路崎岖,更因为专业性的重返社会项目(re-entry programs)的不足。虽然中国针对完成强制隔离戒毒的吸毒者实施了三年的社区康复计划,但目前的社区康复是由公安机关实施的,监管的意味大过支持与服务(Liu et al., 2010)。这也就是为什么在问及所经历的社区康复服务时,参与本研究的吸毒者提到的多是"尿检"。事实上,理想的重返社会项目应管理与服务并重,给予吸毒者足够的社会支持,令其有能力应对回归社会过程中遇到的各项困难,改善与家人的关系,重建健康的社会网络,开启新生活的目标。这些工作需要具备专业知识和技能的社会工作者承担。

首先,社会工作者应帮助吸毒者正确应对社会偏见与社会排斥。由于标签化的影响,吸毒者在重新进入社会时亟须面对的问题便是社会偏见。吸毒者往往由于惧怕"歧视",并不是很愿意迈出重归社会生活的这一步。前人的研究也证明,社会偏见是影响药物依赖治疗效果的重要因素(Reid & Aitken, 2009)。因此,为了保持吸毒者的戒毒成效,社会工作者可采用专业技巧,帮助吸毒者认识和面对可能的社会偏见,做好心理准备,教会吸毒者一些应对技巧,提高抗压力,增强其适应逆境的能力。除此之外,社会工作者还应花费一些精力消除社会偏见(Larney & Dolan, 2010)。例如,社会工作者可结合禁毒教育,在社区层面向民众普及毒品知识的同时,减少大家对吸毒者的偏见。

其次,对于长期的重返社会项目而言,帮助戒毒成功的吸毒者找到一个合适的工作,令其能够自食其力,也是很重要的一项内容。工作被认为是预防吸毒者戒毒后复吸的最有效条件(Machlan et al., 2005)。同前人的研究结果相仿(Allgulander, 1989;Galea et al., 2004;Peck & Plant, 1986),本研究也发现,吸毒者大多受教育程度偏低,且甚少具有工作经验和工作技能。由于这些不利因素以及社会偏见,吸毒者即便戒毒成功,也很难找到一份满意的工作(Liu et al., 2010)。因此,社会工作者应在较长一段时间内帮助吸毒者增强工作技能、链接工作机会,最终找到合适的工作。例如,社会工作者可帮助吸毒者分析自身的优势及感兴趣的工作内容,介绍其参与相应的再就业培训计划、获取职业技能证书。同时,社会工作者亦需要跟进相关的就业信息,拓展各种适合吸毒者重返社会的工作机会,和雇主建立良好的关系,消除雇主的顾虑与偏见,从而为吸毒者获得工作牵线搭桥。此外,为吸毒者提供适当的心理辅导,帮助其树立健康的求职和就职心态,也能够令其更加客观地正视自己的优势与劣势,最终找到称心的工作。

最后,改善吸毒者与其家人的关系以及帮助吸毒者重建社会交际网络也是社会工作者应完成的工作。良好的社会支持将有利于吸毒者保持戒毒成效,远离复吸的危险。社会工作者可运用家庭治疗方法,改善吸毒者与家庭成员的互动模式,强化其戒毒的动机与信心。良好的家庭环境可提供给吸毒者持续而积极的支持,促使其更好地回归和融入社会。如前文所述,吸毒者想要保持自己的戒毒成果,远离之前的毒友圈十分必要。社会工作者也应在重构社会交际网络方面给予吸毒者一定的支持和帮助。例如,社会工作者可帮助吸毒者提高社会交往技能,增强其与人交往的自信心。社会工作者亦可以根据吸毒者自身的兴趣和爱好介绍其参加相应的兴趣小组或学习班,帮助其发现自身价值,也有利于其建立新的社交圈。此外,社会工作者还可以在社区内组织一些体育或文化娱乐活动,如篮球赛、自行车骑行活动等,让吸毒者参与其中,这也是一种拓展其社交网络的方式。

第六章

禁毒/戒毒社会工作操作方法与干预技术

第一节 禁毒/戒毒社会工作方法

针对吸毒者这样一个特殊的服务对象群体,社会工作者在综合运用专业方法时要遵循一定的理论指引,也同时在工作的具体流程上也要有一定的个性化。

一、理论依据

社会工作者在从事禁毒、戒毒服务时通常会遵循以下几种常用的社会工作理论的指引:行为主义理论、认知理论、生态系统理论以及优势视角理论。

行为主义理论是以行为主义心理学为基础发展起来的一种社会工作理论(李晓凤,2017;王思佳,2011)。该理论主要关注个体所表现出来的行为,并强调人的行为是在观察学习的过程中形成的(费梅苹,2000)。人们可以在社会环境中学习新的行为,以满足自身成长和发展的需要;同时,也可以在已有的行为产生问题或者不符合社会环境要求时,学习新的行为来代替旧的行为(派恩,2008)。可见,行为主义理论应用于社会工作实践领域时,主要强调服务对象的偏差行为(如吸毒行为)是可以进行治疗和矫治的。值得关注的是,行为主义理论只关注行为,而不关注个体的主观认知和态度,因此对于行为人心理状态的理解和评估并不在其探讨的范围之内(李晓凤,2017;派恩,2008)。

而认知理论从某种程度上来说是行为主义理论的一个衍生(派恩,2008)。在认知理论看来,个体行为受到学习过程中个体对环境的观察和理解的影响,故而将重点放在人的主观意识和认知过程上;而个体不合时宜的行为被认为是缘于行为人的错误认知或者是理性思维能力的缺乏(程玲,2007;李晓凤,2017;派恩,2008)。因此,社会工作者如果希望对个体的偏差行为做出纠正,就需要改变他们的错误认知以及完善其理性思维能力。例如,在面对吸毒者时,社会工作者需要做的就是帮助其改变对毒品的不正确认知,以及引导其对自己的生活做出更加理性的分析和思考。

社会生态系统理论是生态系统理论的一个分支,主要考察个体行为与其所处的社会环境之间的交互关系(文军,2013)。该理论将人类所处的社会环境(如家庭、学校、社区等)看作社会生态系统,强调人是在一个完整的社会生态体系中生活的,注重个体与环境间的和谐互动(李晓凤,2017;文军,2013)。而在这一理论指引下,社会工作者以较为宏观的视角理解人的社会功能,强调"人在情境中",并致力于探寻个人与社会环境中各个系统间的相互作用。在禁毒、戒毒工作领域,社会工作者需要在关注吸毒者本人的同时,加强对其所处社会环境的了解,并促进其个人与环境的共同改变(李晓凤,2017)。

不同于传统社会工作理论对案主缺点或问题的关注,优势视角理论主要聚焦于案主所具备的"优点"以及发展潜能,从而实现助人自助(黄茜,2019;李晓凤,2017;文军,2013)。在对社会工作实践的指导中,优势视角理论强调社会工作者应与服务对象建立起平等、相互尊重且相互信任的合作伙伴关系,积极探寻服务对象所希望达成的目标并以此作为激励他们做出改变的动力(黄茜,2019;孟洁,2019)。同时,社会工作者应关注服务对象的优势,并基于此为其赋能,从而令服务对象能够全面把握自己的问题与困境,以及拥有改变的能力(孟洁,2019)。如此一来,服务对象在针对自身问题或困境的应对过程中便拥有了自我决定的能力,同时,他们也可以在治疗的过程中获得成长。这一理论应用于禁毒/戒毒社会工作领域时,对于吸毒者正视其毒品使用行为,并依靠自己的力量改变这一行为是很重要且有一定成效的。

二、专业方法

作为社会工作专业领域的一个重要组成部分,禁毒、戒毒领域的社会工作也同样使用社会工作的专业方法——个案工作、小组工作、社区工作。

1. 个案工作

禁毒、戒毒领域的个案工作方法,顾名思义,指社会工作者利用专业技术、依照专业流程,为服务对象提供个别化的一对一服务,以实现帮助服务对象远离毒品或者戒除毒瘾、实现康复的目标。个案工作的范围很广,可以包括:(1) 针对吸毒者的、旨在帮助其摆脱毒品依赖的个案工作服务;(2) 针对康复者的,旨在维持其戒毒成效的个案工作服务;(3) 针对涉毒高危人群的、旨在预防其接触毒品及形成毒品依赖的个案工作服务。以针对吸毒者的戒毒服务为例,个案社会工作的流程及每个流程的重点大致可以总结如下。

(1) 专业关系的建立。正如前文所述,吸毒者在社会中大多处于边缘化的位置,他们往往排斥社会主流文化,呈现出自卑、自信心不足且较为敏感等心理特点(刘柳、潘雅莉、黄静雯,2017)。在这一前提下,社会工作者在和服务对象建立专业关系的阶段应秉承社会工作专业价值观,并特别强调以平等、尊重及信任的态度对待服务对象,令他们感受到社会工作者的真诚和关爱。社会工作者在与服务对象接触和面谈时,应特别关注一些细节,如"真诚的眼神、可心的一杯热水、聆听者的专注神情、安全舒适的环境营造等"(刘柳、潘雅莉、黄静雯,2017)。

(2) 需求评估。在与服务对象建立起良好的专业关系之后,社会工作者需要全面评估服务对象的需求。这时,社会工作者需要详细了解吸毒者的吸毒经历、家庭环境、工作情况,以及生活状态。只有系统了解其生活及毒品使用状况,我们才能够对其做出较为客观而全面的评估,并详细分析其戒除毒瘾所面临的困难(刘柳、潘雅莉、黄静雯,2017)。

(3) 制定治疗计划。在完成对服务对象的需求评估的基础上,社会工作者就可以制定有针对性的治疗计划。当然,首要的治疗目标都是帮助服务对象戒除毒瘾,之后,依据每位服务对象的不同情况,治疗的目标还可以包括促进心理康复、增进社会支持网络、缓和家庭关系、找工作或者重返学校等。在制定治疗计划的过程中,社会工作者应注意和服务对象保持良好的沟通,确保服务对象完全了解并接受治疗方案。一个社会工作者单方面制定的治疗方案可能会忽略服务对象某些特殊的要求,从而导致后期实施的困难。

(4) 实施治疗服务。吸毒者的康复包括个体层面的生理与心理康复,也包括社会层面的社会功能恢复、重返社会生活(刘柳、潘雅莉、黄静雯,2017)。因此,社会工作者应在遵循治疗计划的基础上,在服务实施过程中,综合运用多种方法和技术,帮助吸毒者实现全面康复。

(5) 评估。按照治疗计划经过一段时间的戒毒治疗服务,服务对象会呈现出一定程度的改变。因此,在结束治疗之前,社会工作者需要对服务对象的变化做出评估,以判断治疗是否达到了预期目标。

2. 小组工作

与个案工作一对一的服务形式不同,小组工作在服务时面对的是一组服务对象。正因为参与者多于一人,在小组工作实施过程中,参与者不仅可以从社会工作者那里得到帮助,还可以在小组互动过程中通过与其他成员间的分享了解自己在他人眼中的形象,从而进一步认识自己。同时,小组成员间的相互支持也可以激发个体解决问题的潜力(黄耀明,2007;唐晓、孙妍、肖萍,2017)。在禁毒、戒毒领域开展的小组工作可包括多种类型,其中最主要的有教育小组、治疗小组、成长小组,以及支持小组(李晓凤,2017)。

(1) 教育小组。教育小组的核心内容是帮助小组成员学习新的知识。在禁毒、戒毒工作领域,最重要的教育小组活动就是向参与者普及和教授正确的、科学的毒品知识,包括对不同种毒品药理的解读、毒品对人的生理和精神系统的影响、毒品的健康危害以及使用毒品的社会性后果等。除此之外,教育小组还普及法律规范或者其他的教育类信息。需要特别强调的是,在教育小组开展工作的过程中,应注意知识的科学性及全面性,避免以偏概全。

(2) 治疗小组。与教育小组不同,治疗小组旨在帮助小组成员了解自身困境和问题,并针对这些问题进行治疗,从而促使其改变行为、重塑人格,以及最终转变为更好的社会成员的目的(李晓凤,2017)。治疗小组可以被用于对吸毒者的治疗,在社区以及戒毒机构中均可实施。而小组主题则包括多种内容,例如心理治疗、家庭关系改善、人际交往问题应对等。

（3）成长小组。成长小组大多被应用于学生以及各种边缘类弱势群体的干预之中（李晓凤，2017；唐晓、孙妍、肖萍，2017），旨在促进参与者的自我成长和正向改变。在禁毒、戒毒工作领域，成长小组可以被用于提升吸毒者的自信心以及个人能力，也可以帮助吸毒者养成更好的、更加健康的生活习惯和行为模式。

（4）支持小组。支持小组同治疗小组和成长小组不同，并不期待参与者有某种程度的改善与提升，而重在强调小组成员间的相互支持与鼓励。吸毒者在戒毒过程中或是戒毒之后的康复期往往需要持续不断的社会支持才能够支撑其戒除毒品依赖的努力，而支持小组就是个很好的社会支持来源。在支持小组中，小组成员的相互交流与良好关系最为重要，社会工作者应该帮助和指导小组成员达到分享、交流和支持的目标。最近较为流行针对吸毒者的"同伴小组"发展迅速（李晓凤，2017），其邀请已康复的戒毒者"现身说法"，支持和鼓励吸毒者们坚定信心。

3. 社区工作

禁毒、戒毒领域的社区工作主要指社会工作者在社区中开展的各种与禁毒和戒毒有关的活动，其中最主要的就是社区禁毒教育、社区资源整合以及引导社区居民降低对吸毒者的偏见。

（1）社区禁毒教育。在社区进行的禁毒教育可以采用多种不同的方式，常见的如社区宣传栏展示、社区公益讲座等，也可向社区居民发放毒品知识手册。针对社区中的青少年群体，社会工作者也可以开展一些趣味性强的、寓教于乐的毒品教育与防范活动，提高青少年参与活动的积极性。

（2）社区资源整合。社会工作者个人的力量是十分有限的，其所拥有的资源也并不那么丰富。社会工作者应充分组织、协调和整合所处社区中的各种人力、物力及信息资源，建立起多方协作、资源与信息共享的合作平台（李晓凤，2017），以便更加顺利地完成禁毒、戒毒服务工作。

（3）引导居民降低对吸毒者的偏见。正如前文所探讨的，吸毒者由于其行为与社会主流文化的预期相去甚远，因而极易引发社会偏见与排斥，这在一定程度上也会对吸毒者戒毒及重返正常社会生活造成负面影响。因此，社会工作者应采用多种方法致力于减少社区居民对吸毒者(尤其是正在接受戒毒治疗的或已经康复的吸毒者)的恐惧与排斥,并更好地帮助吸毒者实现回归社会的目标。

第二节 干预技术

在具体的实践过程中,社会工作者可以使用多种技术完成针对吸毒者的戒毒服务。其中最具代表性的技术包括:动机式访谈、理性情绪疗法和同伴教育。由于服务对象的特殊性,社会工作者还需要掌握应对非自愿案主的技术,以更好地完成戒毒治疗服务。

一、动机式访谈

动机式访谈(Motivational Interview, MI)在针对毒品依赖的治疗中是一种常用的且极富成效的技术手段(Jiang et al., 2017; Smedslund et al., 2011)。社会工作者在实践中常需要向服务对象灌输改变的动机,这一过程在传统的社会工作服务中通常以社会工作者或治疗师为主导,强调治疗目标的"正当性"和方法的"科学性"。然而,这种传统的治疗模式所得到的结果往往令人沮丧,伴随着社会工作者辛勤努力的往往是服务对象的无动于衷,那些苦口婆心的劝说经常会适得其反,激发服务对象的抗拒心理,反而阻碍了他们寻求改变的步伐(Miller & Rollnick, 1991)。

与传统的社会工作服务模式相比,动机式访谈为这一神秘的灌输动机的过程提供了一种新视角。它颠覆了社会工作服务的传统模式,改以服务对象为主导,而社会工作者只在服务过程中起引导和协助的作用,并不会"替代"服务对象做出任何决定。具体而言,这一由美国心理学及精神医学教授威廉·米勒(William Miller)和英国心理学家史蒂芬·罗尼克(Stephen Rollnick)开发的访谈技术,专注于服务对象的问题以及需要达成的行为改变的目标之间的差距和矛盾,有效地激发吸毒者追求改变的动机(Miller & Rollnick, 1991)。其核心理念在于:服务对象是最了解自己的,他们也具有改变自己的信心、动机与能力。

社会工作者在服务的过程中,只要能促使服务对象意识到改变目前的状态为其人生所带来的益处或者维持现状可能导致的不良后果,便能够激发出其个体寻求改变的动机;而基于此,服务对象便会主动与社会工作者合作,并更加积极地投入自我改变的历程中。正如其名称所示,动机式访谈的关键便是强调对于服务对象改变"动机"的激发,并认为动机可以极大地影响人的后续行为。已有研究证实,拥有较强的戒毒动机是吸毒者能够获得良好戒毒效果的重要影响因素(Kelly et al.,2016;Liu,Wang et al.,2018)。

动机式访谈整合了多种心理治疗、社会心理学以及动机心理学的理论与方法;它既是一个运用谈话技巧促使服务对象发现自身问题的方法,又是一种独特的与服务对象沟通的模式。具体而言,动机式访谈在实践中应遵循五个基本原则(刘柳,2005a;Miller & Rollnick,1991)。其一为找出差距,即社会工作者花费一定的时间帮助服务对象明确自己当下的局面和处境、寻找自己所期待的未来以及发现现状与期望之间的差距。其二为表达同理,指社会工作者在服务过程中应关注于服务对象的经历和看法,尊重其观点和态度,相信服务对象有能力应对并解决自己的问题。其三为避免争论,强调社会工作者在服务过程中不应采用居高临下的姿态操纵或指挥服务对象,在服务对象感到困惑或犹豫时,应给予其充分的时间思考和准备,而不是与其争论或强迫其改变。其四为处理阻抗,尽管社会工作者不可与服务对象争论,但他们还是得想办法处理服务对象的阻抗情绪和阻抗行为,从而使服务能够顺利地持续下去;而交谈的映射技术被认为是较好的应对手段,可以帮助服务对象分析并明确自己的问题并作出自我改变的决策。其五为支持自我效能,即社会工作者在服务过程中应帮助服务对象提高自信,相信自己有能力完成行为改变的目标,并为之持续努力。

在五项原则的指导下,动机式访谈又包括五种具体的实施技术(刘柳,2005a;Miller & Rollnick,1991)。第一为肯定,这是最简单也最为有效的技术,即用简单而具有正面激励效果的语言鼓励服务对象,例如"你真棒""很高兴你做到了"等。第二为反馈式倾听,即在与服务对象的交流过程中,社会工作者应对服务对象的经历、体会和看法保持浓厚的兴趣,表达应有的尊重。具体来说,反馈式倾听包括简单反馈(simple reflection,如"所以你觉得……")、感受反馈(reflection of feelings，如"听起来你……""你想知道如果……的话会怎样"）以及双面反馈（double-sided reflection，如"一方面你……，另一方面你又……"）等三种类型。第三为开放型问题，即社会工作者在与服务对象沟通时应保持尊重对方，邀请服务对象讲述自己的故事和感受，可以使用诸如"是否能告诉我……""我很想知道……"等语句作为开头进行提问，而尽量避免提出只能使用"是""否"或其他简单内容回复的封闭式问题。此外，以"为什么"为开头的问句也应尽量避免，尽管其为开放型问题，却可能因语气过于严苛和咄咄逼人而引发服务对象的抗拒心理。第四为总结，这可以算是反馈式倾听的一种特殊表现形式，主要用于整体性回顾前面探讨的内容，表达社会工作者正在仔细倾听服务对象的陈述，并且理解服务对象的困难与感受。总结可以包括过渡性总结和主要总结。过渡性总结一般由三个部分组成——扼要重述案主给出的改变的好处、扼要重述改变的坏处以及邀请案主继续提出其他利弊，而主要总结则一般用于访谈结束之时，通常可以使用"我们一起来看看我到现在为止的理解是否正确……""好的，请让我谈谈我到现在为止的理解，如果我遗漏了某些重点，请在我讲完后告诉我……"等语句作为开头。第五为引发改变性交谈，该技巧强调社会工作者应注重帮助治疗对象发现和面对他们关于改变某个行为的矛盾心理，并在其中寻找改变的动机。这里涉及多种具体的提问和探讨策略，如激发式提问、探索利和弊、要求细化、想象极端情况、展望以及回顾等。

此外，在与服务对象交谈以及互动的过程中，社会工作者应避免使用会导致倾听障碍的用语，以保证最大限度降低服务对象的对抗情绪，以更好地激发他们改变的动机与信心。可能导致倾听障碍的用语可包括以下十种类型：（1）命令、指引或控制性话语，如"不要那样说""你需要直面现实""你应该回去向她道歉"等；（2）警告或威胁性用语，如"如果你再不好好对他，你将会失去他""你最好听我的话，不然你会感到伤心的"等；（3）给予服务对象以建议、指示或者提供解决方法，如"如果是我，我会做的是……""你现在应该做的事情是……""你尝试过……吗？"等；（4）用逻辑、争辩或者教导方式来劝说服务对象，如"事实是……""是的，但是……""让我们通过……理论来解读……"等；（5）以说教、劝说的方式告诉服务对象他们"应该"做的事，如"你真的应该……"等；（6）反对、评判、批评或谴责服务对象，如"这是你自己的错误""你是如此自私""你错了"等；（7）奚落、嘲笑或贴标签,如"这真的很蠢""你要为自己感到羞愧"等;(8) 无原则的赞同、批准或赞扬,如"我认为你完全正确"等;(9) 与服务对象所探讨的事件无紧密联系的安抚、同情或安慰,如"哪里,哪里,并不是所有的都那样糟糕""我确定事情将会进展很好"等;(10) 退缩、分散注意、迎合或者改变话题,如"我听说明天天气会很好"等。

已有的实践与研究证明,与西方国家类似,动机式访谈在中国的戒毒社会工作实践中也有很重要的地位。动机式访谈也是较早被应用于戒毒实践中的专业性社会工作技能。有研究者对社会工作介入青少年戒毒进行了研究,认为动机式访谈的作用尤其值得强调;动机访谈的有效性在于促进青少年服务对象的参与度(Wood et al., 2011),强调改变是服务对象自己的责任,服务对象要对介入的进程负责(童韵、潘东海,2016)。

二、理性情绪疗法

除了动机式访谈,理性情绪疗法(Rational Emotive Therapy, RET)也是重要的通过提升吸毒人员的戒毒意愿而达致令其改变吸毒行为的戒毒服务方法。20世纪50年代,理性情绪疗法由美国临床心理学家阿尔伯特·艾利斯(Albert Ellis)创立。该疗法建立在人性复杂而可变的基础上,其理论基础为"ABC理论"。依据ABC理论,人的特定行为和情绪表达并非直接引发自某一诱发事件,而来源于个体对该事件的认知和评价所引发的信念,在特定情况下引起特定的情绪表达与行为结果(consequence)(李世虎,2010)。该理论颠覆了个体的情绪和行为是由诱发事件直接引起的这一传统观点,而强调人们对事件所持的信念、看法、解释等才是个体情绪和行为的主要诱因。人们总是从不同的角度认识和体验某一事件,有些理解是合理的,有些则是不合理的。前者导致自助性的积极行为,后者则会引起自我挫折和反社会的行为。理性情绪疗法主要关注的是合理的信念和不合理的信念,并强调通过治疗,帮助服务对象改变认知,以理性(合理)思维方式替代非理性(不合理)思维方式,以减少由于非理性信念所带来的情绪困扰和行为偏差(李世虎,2010)。

有研究表明,吸毒人员对毒品和吸毒行为的认知能够对其戒毒意愿和戒毒动机产生影响(季小天,2018)。而改变吸毒者对待毒品和吸毒行为的非理性(非合理)认知便有可能激发其戒毒动机,并促使其实践戒毒行为。事实上,在心理学家将理性情绪疗法引入对毒品依赖者的行为矫治之后,就取得了较好的效果(李世虎,2010)。

依据理性情绪疗法的理念,在戒毒服务实践中,社会工作者应关注吸毒者对于毒品和吸毒行为的非理性或非合理认知。与前人研究成果类似(陈相云,2016;季小天,2018;李世虎,2010),吸毒者常常认为某种毒品是"不上瘾"的,或者认为自己没有对毒品产生依赖,或者认为自己出于社交或工具性目的(如"醒酒""止痛""减肥"等)而使用毒品,一些吸毒者甚至还会认为使用毒品是自己的"自由",不应受到"惩罚"。这些不合理的认知令吸毒者有一种"吸毒无错"的想法。社会工作者应在关注吸毒者不合理认知的基础上,有针对性地设计后续服务和治疗方案。同时,对于吸毒者的全面了解,也有利于社会工作者理解吸毒者形成这些不合理认知的原因。

在矫治服务阶段,社会工作者可以尝试以下步骤,以达到改变吸毒者对于毒品和吸毒行为不合理认知的目标(陈相云,2016;季小天,2018):其一为帮助吸毒者正确看待毒品"成瘾"的概念;其二为引导吸毒者清楚了解使用毒品会带来的健康伤害及社会危害;其三为帮助吸毒者重建生命意义并促使其形成良好的行为习惯;其四为唤醒吸毒者的家庭责任感与社会责任感,改善其与家人的关系以及重建朋友圈。在服务过程中,社会工作者还应及时做好评估工作,确保吸毒者形成并强化"需要戒毒"这个观念。

三、同伴教育

社会工作者亦可通过开展同伴教育活动的形式令吸毒者之间形成相互促进的良好氛围以达到戒毒的目标。同伴教育作为一种在特殊人群之间开展的互助类教育服务项目,目前已经广泛应用于生殖健康、艾滋病预防、戒瘾工作、妇女能力建设、反对家庭暴力等许多社会服务领域(叶雄、张艳,2009)。同伴教育在实施时主要包括分析预估、服务计划、服务实施、总结评估、专业反思五个方面(叶雄、彭少峰,2014)。

具体而言,在戒毒工作领域中,实施同伴教育可请戒毒成功者担任教育者,以现身说法的形式帮助吸毒者戒毒。相对于其他治疗措施，同伴教育因其治疗的实施者与被治疗者背景和经历相似，因此更加能做到"感同身受"。在同伴教育治疗中，社会工作者可运用专业技能，结合同伴案例的成功经验，给吸毒者树立榜样，鼓励其更好地完成戒毒的目标。例如，在上海实践的女性戒毒沙龙便是一个成功的同伴教育案例，在女性戒毒工作中发挥了良好的作用。在女性戒毒沙龙中，社会工作者将个案工作与小组工作相结合，取长补短，强调社会资源的整合，并注重利用家庭和亲友的支持来达到良好的戒毒效果（唐斌，2008）。同时，也有学者认为，对吸毒人群开展同伴教育，首先要对同伴教育者进行有目的的培训，使其掌握一定的知识和技巧，然后由他们去影响和帮助戒毒群体，甚至向更广泛的范围传播，以达到教育的目的（费梅苹，2011）。

在同伴教育的具体实践过程中，骨干成员的寻找、培养与确立是非常关键的。社会工作者应在选择骨干成员的过程中重点关注如下问题。首先，骨干成员应与其他吸毒者有相似的经历，尤其是毒品使用经历，这样才具有"代表性"且能够获得其他吸毒者的认同；其次，骨干成员需要有较为成功的戒毒治疗成效，这样才能够"现身说法"以体现出他们参与戒毒治疗后的显著改变；再次，社会工作者应尽量挑选语言表达能力强者作为骨干成员，从而能够更好地向其他吸毒者介绍和宣传自己的经历；最后，领导力也是骨干成员应具备的重要素质，只有拥有较强的领导力，才能够组织并帮助其他戒毒伙伴完成戒毒治疗项目。

四、应对非自愿案主

服务对象是否能够积极参与治疗项目对于治疗结果具有较大的影响作用（Manning et al.，2017）。而对于非自愿案主而言，阻抗（resistance）却经常出现在治疗过程中，并严重影响其治疗效果（Hara et al.，2015）。吸毒者往往因为被警察或被家人要求而进入治疗项目中，绝大部分均可被视为非自愿案主。因此，他们也常常在治疗中表现出拒绝与社会工作者合作、拒绝参与治疗项目，甚至拒绝与社会工作者交流等阻抗行为（Liu et al.，2020）。

对于这一现象，社会工作者首先应该明确，阻抗行为并非来自服务对象的恶意，大多数时候仅说明服务对象尚未准备好改变，因为他们是"被迫"进入治疗项目中的。尽管如此,社会工作者依然可以通过若干技术手段使得这些非自愿案主意识到治疗可为他们带来的正向改变(Chui & Ho, 2006),并最终转变态度,改不合作为合作。在这些不同的技术手段中,案主中心模式被认为最为有效(Courtney & Moulding, 2014),而其中最被认可的方法即为前文提及的动机式访谈法。

除此之外,还有一些常见的社会工作技巧可以被用于处理吸毒者的阻抗行为(Liu et al., 2020),包括:(1) 表达尊重、关心与理解,即对服务对象真诚耐心、以礼相待,这有助于缓解服务对象对社会工作者的不信任,建立起良好的工作关系,这也是整个治疗能够顺利进行的首要工序;(2) 关注服务对象的需求以及情绪变化,尤其是他们的家庭和生活需求,并尽可能妥善处理,这也是一种很好的建立相互信任的治疗关系的服务技巧;(3) 善于借助吸毒者之间的友谊发展与服务对象之间的关系,鉴于吸毒者与社会工作者之间常有隔阂感,社会工作者往往需要花费大量的时间用于获取吸毒者的信任,令其能够参与治疗活动,如果在吸毒者的"朋友圈"里已经有人与社会工作者建立了良好的合作关系,他们将可以成为社会工作者与其他吸毒者之间沟通的"桥梁";(4) 善用"案主自决",增强服务对象的参与度,同时降低其的"被安排感"与"被决策感"。

第七章

总　结

第一节　重读欣的故事：分阶段综合式干预与服务

在引言中，我们看到了欣的故事，为了更好地回答从欣的故事中引发的问题——在哪个阶段给予其恰当的帮助，以及给予其何种帮助可以令其避免接触毒品、避免成瘾或顺利戒毒及回归社会？——本书已经带大家全面了解了吸毒者群体，回顾了各地的禁毒戒毒模式，对相关理论、政策以及吸毒人员的生活和毒品使用状态做了详细解读而第五章所呈现的社会工作干预模式以及第六章的干预技术是在前述理论与经验发现的基础上构建而成。行文至此，再次回看欣的故事，我们或许已经可以对引言中提出的问题给出答案——在禁毒与戒毒工作领域的分阶段综合式干预与服务，具体可如下表（表7-1）所示。

表7-1　分阶段综合式干预与服务

欣的故事发展历程	干预阶段	可选择使用的干预方法	可选择使用的干预技术
1. 结婚之前	毒品知识普及及禁毒教育	小组工作/社区工作	

(续表)

欣的故事发展历程	干预阶段	可选择使用的干预方法	可选择使用的干预技术
2. 结婚之后至接触海洛因之前	高危人群重点教育	个案工作/小组工作	
3. 刚刚接触海洛因	早期干预和社区戒毒治疗	个案工作	动机式访谈/理性情绪疗法/同伴教育/应对非自愿案主
4. 怀孕时及儿子出生	社区戒毒治疗	个案工作	动机式访谈/理性情绪疗法
5. 2000年强制戒毒	戒毒所戒毒治疗	个案工作/小组工作	动机式访谈/理性情绪疗法/应对非自愿案主
6. 强制戒毒后至2008年	社区康复服务	个案工作/小组工作/社区工作	同伴教育
7. 2008—2010年认识了新的男朋友，重新开始使用海洛因	社区戒毒治疗	个案工作	动机式访谈/理性情绪疗法/同伴教育/应对非自愿案主
8. 2010年以后用冰毒"戒"海洛因	较为深度的毒品教育/社区戒毒治疗	个案工作	同伴教育
9. 进入强制隔离戒毒所戒毒	戒毒所戒毒治疗	个案工作/小组工作	动机式访谈/理性情绪疗法/应对非自愿案主
10. 完成强制隔离戒毒，重返社会	社区康复服务	个案工作/小组工作/社区工作	同伴教育

如表7-1所示，欣的毒品使用生涯历程大致可分为十个阶段，每个阶段都可以有不同的社会工作介入方案和技术，具体解读如下。

第一阶段：结婚之前。此时，欣没有接受过专业而科学的禁毒教育，因而对于毒品几乎是不了解的。在这一阶段的社会工作干预属于毒品知识普及及禁毒教育阶段，干预可在社区中开展。主要的干预方法为社区预防宣传，例如开展毒品知识普及讲座、发放宣传册等。此外，也可以针对性地开展一些教育型的小组工作。

第二阶段:结婚之后至接触海洛因之前。我们从欣的故事中得知,她的老公是"在外面玩"的,认识很多"混社会"的朋友,这使得欣生活在一个高危险的社交环境中。因此,在这一阶段社会工作者应启动针对高危人群的重点教育。此时,既可以使用个案工作,也可以招募有类似情况的高危人群组成小组,实施小组工作。同时,在这一阶段,我们也应特别关注案主与家人以及朋友之间的关系,并给予必要的干预与支持。

第三阶段:刚刚接触海洛因。此时欣在丈夫的影响下开始接触海洛因,虽然这个过程并不是她自愿的,但她最后也选择了继续使用,并开始其毒品使用生涯。由于其尚处于毒品使用生涯的早期,社会工作者可对其进行早期干预。此时的干预应以个案工作为主,在充分了解和评估其状况的前提下综合运用不同种类的干预技术——如动机式访谈、理性情绪疗法、同伴教育以及应对非自愿案主——对其进行治疗。

第四阶段:怀孕时及儿子出生。怀孕对于女性吸毒者而言是很好的戒除毒瘾的契机。因此社会工作者可采用个案工作方法利用这一时机开展有针对性的戒毒治疗。此时的干预技术主要以动机式访谈和理性情绪疗法等方法为主,重在调动其戒毒的主观意愿、增强其戒毒的信心。

第五阶段:2000年强制戒毒。此时,社会工作者可采用多种方式(如药物依赖状况评估、心理干预等)开展戒毒所内的戒毒治疗。在这一阶段,个案工作和小组工作都是可以开展的,可综合应用动机式访谈和理性情绪疗法令其坚定戒毒目标,同时,考虑到欣是被强制戒毒的,应对非自愿案主也应是被采用的干预技术。

第六阶段:强制戒毒后至2008年。按照欣的自述,她在2000年强制戒毒结束后至2008年间,都没有再使用过海洛因。而这期间,她经历了离婚的生活变化。在这个阶段,社会工作者可给予的干预主要是基于社区的康复服务。此时,可采用个案工作针对其个人开展跟踪服务,同时,将社区中的戒毒康复者组织起来形成支持性互助康复小组也可起到一定的效果。同伴教育亦是个不错的选择,一些长期保持戒断状态的戒毒者也是这些新戒毒者的榜样。在这一过程中,社会工作者还可以做一些社区层面的努力,引导其所在社区的居民降低对吸毒者的偏见,从而更好地帮助其回归正常的社会生活。

第七阶段:2008—2010年认识了新的男朋友,重新开始使用海洛因。戒除了毒瘾,又有了新男朋友,欣本来打算重新开始新的生活,不料却发现这个男朋友也是个吸毒者。在欣重新开始使用海洛因的这个阶段,社会工作者可以重新启动社区戒毒方案。此时仍然以个案工作方法为主,可综合使用美沙酮诊所等医疗服务为其提供治疗。同时,社会工作者仍然要综合运用多种专业技术,如动机式访谈、理性情绪疗法、同伴教育及应对非自愿案主。

第八阶段:2010年以后用冰毒"戒"海洛因。此时的欣已经有较强的戒除海洛因的决心,然而却找不到好方法,于是她在朋友的劝说下,尝试了使用冰毒"戒"海洛因,并且取得了"成功"。当然,代价就是,她又成为冰毒的使用者。在这个阶段,社会工作者可做的事情很多。首先,应再次对其进行细致化的禁毒教育,全面讲解不同种毒品会引起的生理和心理反应以及健康危害,从而打消其"以冰戒粉"的计划。其次,社会工作者可以帮助她采用更加合适的方法戒毒,例如可以使用美沙酮替代疗法。最后,帮助欣远离对其造成不良影响的高危社交网络也十分必要。总体而言,该阶段的治疗依然可以以个案方法为主,亦可以辅助利用同伴教育的技术。

第九阶段:强制隔离戒毒所戒毒。这一次,欣进戒毒所戒毒是因为冰毒的使用。此时社会工作者的戒毒干预服务又一次进入到戒毒所戒毒阶段。由于欣是从海洛因使用过渡到冰毒的使用这一状况,社会工作者可在进行个案服务时多关注其在使用海洛因和冰毒两个阶段的不同体验;同时,也可以利用小组工作将有类似经历的吸毒者组织起来并分享使用冰毒所造成的健康问题。在这一基础上,社会工作者也可以继续使用动机式访谈和理性情绪疗法令其形成戒毒意愿和树立戒毒信心。同时,应对非自愿案主也应再次被考虑作为干预技术。

第十阶段:完成强制隔离戒毒,重返社会。虽然在欣参与本研究时,她还在强制隔离戒毒所中接受戒毒治疗,但从其的叙述中可以获知,她的治疗已接近尾声,而她很快也将重返社会。欣有自己的憧憬和计划。社会工作者此时需要做的便是重新启动社区康复服务,帮助欣成功回归社会。同样,个案工作和小组工作都可以作为这一阶段的服务方法,也可以继续使用同伴教育技术。此外,帮助欣寻找一份合适的工作、重新安排有爱的家庭生活以及新建良性的社会交际网络也是社会工作者应该考虑的方向。促进社区资源整合以及降低社区层面对吸毒者的偏见亦是社会工作者所应该做的。

第二节　增加专业人员配置及提升专业化水平

社会工作介入计划不仅应覆盖吸毒者毒品使用生涯的全过程，同时还应针对社会大众进行系统性的禁毒教育。在服务中，社会工作者应根据具体的工作事项和服务目标，有针对性地选择专业技巧和服务方式，以期达到最好的服务效果。而达致这一目标的前提便是，有更多、更加专业的社会工作者加入禁毒、戒毒的工作，而这又有赖于政府在社会工作人才培养及专业化提升方面的投入。诚然，目前中国投入在反毒品运动以及矫治吸毒者上的人力、物力、财力并不算少，但具体到戒毒社会工作这一领域却仍然有可提升的空间。与西方国家配备有大量的专业社会工作者服务于吸毒者相比，中国在此方面尚显不足。如要进一步促进禁毒/戒毒社会工作的发展以及从业者专业素养的提升，则应在以下三方面加大政府的投入与支持。

首先，增加专业禁毒/戒毒社会工作者的配备。社会工作者应全面进入强制隔离戒毒所为戒毒人员提供服务，这可以令强制隔离戒毒所中的教育项目实施的专业化和标准化得到明显改善。拥有专业资质和技能的社会工作者不仅可以有效提升吸毒者的戒毒意愿，还可以为其提供专业的心理咨询与治疗服务，令现有的教育项目实施得更加系统化，且与个案管理相配合而更加具有针对性(Liu & Hsiao, 2018)。此外，如前文所述，中国实施社区戒毒服务已经超过十年，然而直到现在，其发展水平依然十分有限，大多数吸毒者无法在社区中获取专业的戒毒与康复服务。造成这个问题的很大一部分原因便在于在社区从事禁毒、戒毒的工作人员数量十分有限，远远不能满足现实需求。此外，这些工作人员大多没有受过专业的禁毒/戒毒社会工作训练，无法提供专业化的戒毒与康复服务。因此，大多数进入社区戒毒、社区康复流程的吸毒者无法得到系统而有效的专业社会工作服务(Liu & Hsiao, 2018)，缺乏改变的动机与戒毒的积极性。同时，这些吸毒者也无法获取其他的社会帮助与社会支持，以解决其生活中遇到的困难，如就业问题、家庭问题、社交问题等(王蕊，2015)。因此，已经有研究者提出，政府应更多地支持和购买专业的禁毒/戒毒社会工作服务，只有这样才能够促进禁毒及戒毒专业服务在社区中的有效供给(赵雪莲,2016)。

其次,可增加在禁毒/戒毒社会工作方面的投入,包括增加对专门从事禁毒、戒毒服务的社会工作机构的支持,提高专业禁毒/戒毒社会工作者的薪资待遇。事实上,目前中国整个社会工作行业的薪资待遇都相对偏低,这严重影响了社会工作专业学生进入该行业就职的意愿,从而在一定程度上造成了该行业专业化程度较难提升的局面。目前,中国开设有社会工作专业的高校(各层次)超过400所,而每年仅有不足三成的社会工作专业毕业生选择在社会工作领域供职(韩舒,2008),这与欧美等国家的社会工作毕业生普遍超过八成的社会工作行业就业率相比相距甚远(刘柳,2015b)。究其原因,工资低、待遇差是一个绕不开的主要因素(陆飞杰,2011)。因此,作为社会主义和谐社会建设中非常重要的一群专业人士,专业社会工作者的薪资待遇应予以提升,这样才有可能吸引优秀的人才进入该领域工作。而具体到禁毒/戒毒社会工作领域,也只有在薪资待遇得以解决的基础上,才可能实现人才的专业化。

最后,为了增强从业者的专业技能,从社会工作教育的角度,应增设及强化禁毒、戒毒方向的社会工作相关专业,培养能够从事禁毒、戒毒工作的社会工作专门人才。这对高校的社会工作专业师资和专业化教育提出了更高的要求。如前所述,虽然目前中国开设有社会工作专业的各类高校有400余所,然而因该专业发展时间较短,社会工作师资依然欠缺,教师的专业化背景也参差不齐。因此,我们也应在此方面加大投入,一方面提高中国各社会工作院系对专业师资的吸引力,另一方面对现有的社会工作专业师资开展在职培训。只有提升社会工作专业的师资力量,才有可能教育出优秀的社会工作专业人才,从而更好地服务于禁毒、戒毒事业。

第三节 结论,但尚未终结

吸毒者在整个中国的人口中虽然只占很小一部分,然而这一群体仍然是值得我们关注的。毒品的使用会造成非常严重的社会健康危机和众多的社会问题,甚至会与严重的犯罪行为相关联。然而,随着中国国际化程度的加深,以及经济的持续增长和社会的不断发展,许多年轻人因为各种各样的原因开始其毒品使用生涯。因此,我们的社会亟须重视吸毒,尤其是年轻人吸毒的问题。

秉承全面分析中国毒品问题及帮助吸毒者有效摆脱毒品依赖的目标,本书不仅探寻了中国吸毒人群的毒品使用经历以及与之相关的生活状态的改变,同时也提出了相应的戒毒模式、方案与技术手段。具体而言,本书的价值主要包括以下三个方面。

首先,本书致力于从吸毒人群的视角出发,详细描述中国吸毒者的吸毒历程。这打破了传统的研究吸毒人群的刑事司法视角和医学视角,而选择采用从吸毒者自身角度出发,分析中国吸毒者群体的吸毒行为和毒品使用经历。相较于本领域现有的研究,本书提供了一个新的研究视角。

其次,本书基于中国吸毒人群的毒品使用经历,结合相关理论进行讨论,并提出相应的政策建议和社会工作介入计划。戒毒政策和戒毒项目的研究虽然很多,但大多采用"居高临下"的架构和思维模式,因而所探讨之政策和项目并不一定符合吸毒者的需求。而本书是在探讨了吸毒者群体毒品使用经历的前提下,充分分析吸毒者的真实需求,进而提出相应的戒毒政策和戒毒项目建议。戒毒项目是服务于吸毒者的,只有在充分探讨吸毒者的真正需求的前提下,才有可能设计出真正有针对性和有效的戒毒方案。相信本书可以为戒毒政策制定者、戒毒实务部门和具体的实务工作者提供一系列完整的、有理论和事实依据的且具有很强操作性的戒毒政策和社会工作介入方案。这对于帮助吸毒人群这一社会弱势群体具有非常重要的现实意义,从而为创建社会主义和谐社会作出贡献。

最后,本书的发现亦可以在一定程度上丰富民众对吸毒者群体的认识,引发相关领域学者对吸毒者这一社会弱势群体的研究兴趣。在中国,吸毒人群的数量虽然并不算少,但普通民众对于其了解并不多。这在一定程度上造成了社会对其的偏见与排斥。通过本书的描述与分析,可使大众对吸毒者群体有一个全面而细致的了解,相信这也可以在一定程度上使其减轻或消除对吸毒者这一弱势群体的偏见。同时,对于期待进入毒品或吸毒者研究领域的研究者而言,本研究亦可成为一个全面的关于中国吸毒人群生活和毒品使用经历的介绍,从而为这些新的研究者们进入或拓展本领域做一个铺垫。

在此，仅希望本书成为一个起点，起到抛砖引玉的作用，引发更多学者在此领域做出更多优秀的研究，并为中国的禁毒事业做出贡献。

后 记

　　2013年夏指导学生在某女子强制隔离戒毒所进行社会工作专业实习可以算是我开启毒品问题研究历程的一个起点。不过,彼时我对吸毒者并没有太多的了解,对毒品问题的理解也十分浅薄。促使我真正对毒品问题产生研究兴趣的是美国南加州大学社会工作学院的 Charles Kaplan 教授。他是一位睿智的毒品问题研究专家。在与他的多次交流中,我逐渐意识到,毒品依赖并不仅仅是一个医学或公共健康议题,它还是当今世界非常重要的一个社会问题。于是,在2014年申请国家社会科学基金项目时,我便选择了"社会工作与吸毒人群矫治研究"这一主题,并幸运地获得了立项。在完成"社会工作与吸毒人群矫治研究"项目的过程中,我听到了无数吸毒者的故事,对他们的毒品使用行为有了一定的认识,并且,在这一基础上,我也对毒品问题有了自己的思考与理解。在完成了项目的结项工作之后,我对结项报告进行了修改,最终完成了本书。

　　关于毒品问题的研究在中国学术界仍然是个非常小众的领域。在小众领域中摸索的研究者感到最艰难的莫过于缺乏"学术圈子"以及向"同道中人"学习的机会,这也使得原本就孤独的研究旅程更增添了几分寂寞。当然,有失也有得。小众领域研究者较少,这往往意味着未开辟的领域较多,有较大的施展空间。因此,我也十分感激国家社会科学基金项目的立项给了我这个在小众的毒品研究领域内开疆辟土的机会,同时也希望本书的出版能够为中国的毒品研究领域添砖加瓦。当然,我也要感谢所有曾经参与过本研究的吸毒者,是他们对于自己经历和生活的回顾与分享奠定了本书的研究基础。同时,本书的完成也和众多师长以及朋友们的关心和帮助是分不开的。最后,我想感谢我的父母,是他们无私的爱、关心和鼓励,使我能够顺利地完成这一研究项目,并使本书最终得以出版。

刘　柳

2023 年 12 月 8 日

参考文献

2016 年中国毒品形势报告[R]. 中国国家禁毒委员会办公室,2017.

2017 年中国毒品形势报告[R]. 中国国家禁毒委员会办公室,2018.

巴伯. 戒瘾社会工作[M]. 上海:华东理工大学出版社,2008.

斯蒂芬·E. 巴坎. 犯罪学:社会学的理解[M]. 秦晨,等译. 上海:上海人民出版社,2011.

白延智,张宪武. 海洛因依赖的危害及美沙酮维持治疗概述[J]. 内蒙古医科大学学报,2014,1:167–170.

霍华德·S. 贝克尔. 局外人:越轨的社会学研究[M]. 张默雪,译. 南京:南京大学出版社,2011.

戴维. 波普诺. 社会学[M]. 北京:中国人民大学出版社,2007.

曹洁频,陈家言,赵艳婷,等. 中职生毒品预防教育需求情况及其影响因素分析[J]. 中国药物依赖性杂志,2017,3:195–199.

曹霞. "小组社会工作"方法在本土禁毒社会工作中的应用:嘉定"亲子平行小组"的例子[J]. 中国药物依赖性杂志,2007,5:395–398.

车茂娟. 基于艾森克问卷探析吸毒人群的人格特征[J]. 统计研究,2009,1:103–107.

陈君,姜晓明,黄建平. 强制戒毒的海洛因依赖者康复期转变动机的调查[J]. 中国药物依赖性杂志,2004,2:127–129.

陈沙麦,朱萍. 社会转型期福建省女性吸毒的调查报告[J]. 福州大学学报:哲学社会科学版,2008,4:41-49.

陈相云.理性情绪疗法视角下社会工作介入青少年吸毒矫正:基于广州市D戒毒所的实务研究[J].青少年学刊,2016,4:39-42.

陈小方.美国"禁毒战争"屡战屡败[N].法制日报,2019-09-09.

陈寅卿,蔡志基,蒋家雄,等.西德、瑞典药物依赖性监测工作[J].中国药物依赖性杂志,1989,2:5-11.

陈宇,刘芬芬.社会工作视角下政府购买社区戒毒服务模式的运用浅析:以广州市Q机构"C服务计划"为例[J].社会工作,2014,6:36-41.

陈彧.问题与启示:标签理论视野下的戒毒工作[J].中国药物滥用防治杂志,2008,3:185-187.

程玲.社会认知理论及其在社会工作中的运用[J].长沙民政职业技术学院学报,2007,1:21-24.

程艺萍,张鹏,陈国幸.强制戒毒所心理治疗理论及方法[J].中国药物依赖性杂志,2003,3:235-237.

邓奇坚,李晓娟,廖艳辉,等.海洛因依赖者的精神病性症状调查分析[J].中国药物滥用防治杂志,2011,3:135-137.

邓小娥,刘伟,于丽,等.348例海洛因依赖者健康状况调查分析[J].应用预防医学,2013,5:298-299.

董海晓,杨晓菲.527例冰毒依赖者情况调查分析[J].中国药物滥用防治杂志.2010,4:238-241.

厄里怀恩.成瘾障碍的心理治疗[M].张珂娃,包燕,池培莲,译.北京:中国轻工业出版社,2012.

范志海,焦志勇,战奕霖.禁毒社会工作的本土化经验及其反思:以上海为例[J].华东理工大学学报:社会科学版,2011,5:36-40,104.

范志海,吕伟.上海禁毒社会工作经验及其反思[J].中国药物依赖性杂志,2005,5:388-391.

范志海,吕伟,余金喜.社区戒毒康复模式的初步探索:以上海禁毒社会工作为例[J]中国药物依赖性杂志,2009,2:152-154.

房红,阮惠风,刘敬平,等.国外禁吸戒毒模式述评[J].云南警官学院学报,2010,1:

51-59.

费梅苹.行为主义理论及其研究范式[J].华东理工大学学报:社会科学版,2000,4: 61-65,60.

费梅苹.意义建构:戒毒社会工作服务的实践研究:以上海社区戒毒康复服务中的同伴教育为例[J].华东理工大学学报:社会科学版,2011,2:24-29.

冯先灵.弱势群体的社会政策模式探析[J].中共郑州市委党校学报,2006,6:96-97.

俸卫东,韦启后,韦莉,等.柳州市566例吸毒者美沙酮维持治疗效果分析[J].公共卫生与预防医学,2007,4:31-33.

高巍.社会工作介入强制隔离戒毒领域的重要意义[J].中国司法,2014,9:75-79.

高颖.全球毒品走私犯罪活动综述[J].国际研究参考,2003,11:30-37.

高政.社会排斥理论视角下流动儿童教育问题研究[J].教育探索,2011,12:15-17.

格伦伯格.人人有工作:社会发展高峰之后我们学会了什么[J].国际社会科学:中文版,2000,4:67-76.

葛道顺.社会工作制度建构:内涵、设置与嵌入[J].学习与实践,2012,10:81-89.

耿柳娜,孟红艳.减轻大学生对吸毒人群的艾滋病污名:基于观点采择的研究证据[J].中国特殊教育,2014,12:79-85.

弓姗姗.建构主义视角下吸毒成瘾原因的分析[D].华东师范大学,2015.

顾慰萍,刘志民主编.毒品预防与管制[M].北京:经济科学出版社,1997.

郭崧.美沙酮维持治疗方案[J].中国药物依赖性杂志,2001,3:91-94.

国际麻醉品管制局年度报告(2011年)[R].国际麻醉品管理局,2012.

韩美芳,李桂松,侯峰,等.吸毒者社会支持、认知和心理压力相关性研究[J].中国药物依赖性杂志,2011,6:451-454.

韩舒.社会工作"春天"背后的就业尴尬[J]观察与思考,2008,10:46-47.

何华先,鲍宇刚,陈连峰,等.美沙酮维持治疗对预防吸毒者中HIV传播的效果评价[J].中国艾滋病性病,2008,2:124-126.

何鸣,张慧,唐江平,等.海洛因依赖者的自尊与孤独感研究[J].中华行为医学与脑科学杂志,1995,4:170-173.

何志雄,罗伟导,丘志文,等.对吸毒原因的调查与分析[J].中国药物滥用防治杂志,2004,1:20-23.

胡金野.对我国毒品治理问题的深层思考:从社会问题的特点说起[J].科学经济社会,2005,3:67-69.

黄匡时,嘎日达.社会融合理论研究综述[J].新视野,2010,6:66-68.

黄敏.标签理论视角下的戒毒康复研究[J].云南警官学院学报,2012,2:26-28.

黄啟洋,段炼,王达平,等.家庭综合服务中心介入社区戒毒服务模式的思考[J].中国药物滥用防治杂志,2015,5:273-275.

黄茜.优势视角理论及其在社区矫正工作中的应用[J].法制博览,2019,14:119-120.

黄耀明.小组工作治疗模式在强制戒毒群体中的应用[J].中国药物依赖性杂志,2007,6:476-478.

黄勇.标签理论与青少年犯罪团伙的形成[J].理论界,2009,10:167-168.

黄永青,陈沙麦.戒毒的社会工作探讨[J].中国社会医学杂志,2008,5:309-311.

吉登斯.社会学[M].赵旭东,齐心,王兵,等译.北京:北京大学出版社,2003.

季小天.理性情绪疗法干预青少年吸毒认知的研究:以武汉H未成年人强制隔离戒毒所L为个案[J].中国青年研究,2018,1:25-32.

冀开运.伊朗毒品问题透视[J].西亚非洲,2007,12:58-60.

江山河.犯罪学理论[M].上海:格致出版社,2008.

姜微微,李治民,张卫.自愿戒毒者MMPI个性调查及其因子分析结果[J].中国药物依赖性,2007,2:118-123.

焦莹,李峰,刘洋.中医药戒毒的理论与临床研究进展[J].中国药物依赖性杂志,2008,3:165-168.

焦震衡.毒品问题与拉美的反腐败斗争[J].拉丁美洲研究,1994,4:28-31.

戒毒条例[Z].中华人民共和国国务院令第597号,2011.

金莲.澳大利亚毒品法庭研究[J].云南警官学院学报,2015,2:23-28.

景晓芬."社会排斥"理论研究综述[J].甘肃理论学刊,2004,2:20-24.

克雷默,陶晓阳.缅甸禁毒政策现状与毒品问题改革争议[J].南洋资料译丛,2015,3:77-86.

库恩,斯沃茨韦德,威尔逊,等.致命药瘾:让人沉迷的食品与药物[M].林慧珍,关莹,译.北京:生活·读书·新知三联书店,2016.

来海军.循证矫正视野下强制隔离戒毒工作思考[J].中国司法,2013,12:88-91.

李骏.吸毒人员的群体特征:海洛因和新型毒品的比较分析[J].青年研究,2009,1:19-29.

李萌,尚德良.拉美的毒品问题[J].国际研究参考,2001,4:24-28.

李明.日本预防毒品犯罪对策的重点及其启示[J].犯罪研究,2011,3:105-108,11.

李明琪,杨磐.犯罪学标签理论的应然走向[J].中国人民公安大学学报:社会科学版,2012,3:133-139.

李鹏程.吸毒者自尊水平、应对方式与吸毒行为的相关研究[J].中国社会医学杂志,2006,4:234-237.

李强.美国南辕北辙的"毒品战争"[N].人民日报,2019-08-13.

李世虎.理性—情绪疗法在戒毒工作中的应用及评价[J].云南警官学院学报,2010,5:54-58.

李文君,聂鹏.毒品文化辐射研究[J].中国人民公安大学学报:社会科学版,2008,1:122-127.

李霞.女性吸毒人员回归社会问题透析[J].云南警官学院学报,2010,6:48-52.

李晓东,麦创富,杨群,等.312例海洛因依赖者的心电图分析[J].中国药物滥用防治杂志,2006,3:138-140.

李晓凤.禁毒社会工作的"精细化"标准研究:以珠江三角洲地区为例[M].北京:中国社会出版社,2017.

李一黎,万长智,郑明,等.英国禁毒戒毒法律制度及启示[J].中国司法,2012,9:102-108.

厉济民,傅鹏鸣.以人为本戒毒帮教服务模式的实践与探索[J].禁毒研究,2012,2:205-208.

梁鑫,郑永红.当前我国青少年禁毒宣传教育问题及对策研究[J].卫生职业教育,2015,8:21-23.

廖龙辉.当前青少年吸毒行为现状及其成因的社会学分析[J].青年探索,2001,4:48-52.

林森.缅甸概况与毒品问题研究[J].卷宗,2015,5:576-576.

林洋.论青少年吸毒原因及预防措施[J].青少年犯罪问题,2016,2:53-61.

刘建宏.新禁毒全书:外国禁毒法律概览[M].北京:人民出版社,2015.

刘柳.帮助药物成瘾者实现自我转变:论动机式访谈法在社会工作教学与实践中的运用[J].南京医科大学学报:社会科学版,2015a,4:261-265.

刘柳.预防女性弱势群体犯罪:基于福利三角理论的社会政策研究[J].中国行政管理,2015b,11:105-109.

刘柳,段慧娟.关于中国女性吸毒者维持毒品使用行为的研究[J].人口与发展,2015,4:74-81.

刘柳,段慧娟.中国女性吸毒者的群体异同研究[J].江苏社会科学,2017,4:57-65.

刘柳,段慧娟.毒友圈与圈子亚文化:青年女性之吸毒生涯扩张期探析[J].中国青年研究,2018,1:11-17.

刘柳,潘雅莉,黄静雯.阿强康复:戒毒个案社会工作案例[M]//彭华民,肖萍编.能力为本的社会工作:从理论到实务的整合.北京:社会科学文献出版社,2017:184-198.

刘柳,王盛.吸毒人群心理体验的质性分析:基于标签理论的视角[J].河南警察学院学报,2019,5:5-11.

刘娜.我国社会政策运行机制存在的问题及其对策[J].理论学刊,2012,2:78-82.

刘能,宋庆宇.吸毒人群增量的社会结构因素研究[J].华中科技大学学报,2015,4:96-102.

刘仁菲.论美国戒毒模式的经验和启示[J].云南警官学院学报,2016,3:8-11.

刘婉妮,梁雪韵.强制隔离戒毒中的社会工作介入模式探究[N].4版.中国禁毒报,2017-9.

刘伟兵.日本的毒品现状及相关对策[J].北京人民警察学院学报,2005,4:59-60.

刘锡钧.药物滥用与戒毒[J].海峡药学,1998,3:59-64.

刘小瑜,王倩.深圳市海洛因滥用者的流行病学特征分析[J].中国药物依赖性杂志,2012,5:375-378.

刘昕.从社会学的角度看毒品亚文化[J].大江周刊:论坛,2010,9:114.

刘延磊.金三角毒品问题对我国安全的影响及对策[J].云南警官学院学报,2015,1:20-23.

刘玉梅.家庭教养方式对海南省青少年吸毒行为的影响[J].海南医学院学报,2009,11:1468-1471.

刘志民."新型毒品"及其危害[J].药物不良反应杂志,2005,4:272-274.

刘稚."金三角"毒品形势的变化与国际禁毒合作[J].当代亚太,2001,5:41-45.

刘忠成,江红义,何阳.青少年吸毒行为的影响因素分析:基于海南省的实证调查[J].中国青年研究,2012,11:68-74,92.

陆飞杰.上海社会工作者的离职原因探析:基于50位社工的访谈[J].社会工作,2011,6:82-84,60.

罗剑春,赵远伦,凡云章,等.美、加、澳、丹、瑞五国禁毒政策概述(译文)[J].云南警官学院学报,2005,2:48-50.

罗旭,刘雄文.系统脱敏疗法在强制隔离戒毒中的运用[J].湖南警察学院学报,2017,2:27-32.

马广海.社会排斥与弱势群体[J].中国海洋大学学报:社会科学版,2004,4:81-85.

马俊岭,郭海英,潘燕君.毒品的危害及戒毒方法[J].淮海医疗,2010,1:92-94.

马敏艾,张霞.世界主要国家的禁毒合作经验可鉴[J].云南公安高等专科学校学报,2001,3:53-57.

马雪琴,金志刚,胡德荣.珍爱生命拒绝毒品[J].首都师范大学报:自然科学版,2003,3:45.

马伊里,吴铎.社会工作案例精选[M].上海:华东理工大学出版社,2007.

马忠红.澳大利亚的"控制下交付"[J].云南警官学院学报,2003,3:21-22.

孟登迎."亚文化"概念形成史浅析[J].外国文学,2008,6:93-102.

孟洁.社会工作优势视角理论内涵探究[J].华东理工大学学报:社会科学版,2019,1:55-64.

孟向京,王丹瑕.吸毒、贩毒对人口发展的影响[J].人口研究,2000,3:63-68.

倪娜.社会工作介入戒毒的理论与实践探索[J].法制与社会,2009,26:330-331.

欧阳涛,柯良栋.吸毒、贩毒现状分析[J].社会学研究,1993,3:62-68.

马尔科姆.派恩.现代社会工作理论[M].冯亚丽,叶鹏飞,译.北京:中国人民大学出版,2008.

彭华民.社会排斥概念之解析[M]//王思斌主编.中国社会工作研究 第二辑.北京:社会科学文献出版社,2004.

彭华民.西方社会福利理论前沿[M].北京:中国社会出版社,2009.

皮艺军.越轨社会学概论[M].北京:中国政法大学出版社,2004.

齐霁,李珏曦.建国前后中国共产党领导的禁毒斗争及其历史经验[J].云南行政学院学报,2008,5:151-155.

秦总根,任克勤.新型毒品的种类及其对人体的危害[J].辽宁警专学报,2006,6:38-41.

曲如杰,林霖,王文忠.吸毒者心理健康状况及与复吸原因的关系[J].中国临床心理学杂志,2006,1:55-57.

任旭林,赵建明.吸毒人群与正常人群自尊的对比研究[J].中国健康心理学杂志,2002,5:375-377.

沈黎.支持与应对:家庭为本的青少年戒毒社会工作模式研究[J].中国青年研究,2009,3:43-46.

石萍,许骏,刘聪,等.吸毒人群接受艾滋病预防干预服务现状分析[J].中国社会医学杂志,2010,2:118-120.

时正新.中国社会救助体系研究[M].北京:中国社会科学出版社,2002.

苏海,向德平.中国弱势群体社会政策的演变动因及发展趋势[J].中州学刊,2013,11:69-74.

孙宝华.女性吸毒的社会家庭原因及对策探究:以女性强戒人员调查为视角[J].中国市场,2016,4:60-62.

孙秀娟,李遵清,张蕊.吸毒者心理控制源与自动思维的相关性研究[J]中华行为医学与脑科学杂志,2014,6:522-523.

孙秀兰.戒毒所的社会工作介入方式研究:以Y强制隔离戒毒所为例[J].社会工作与管理,2016,5:35-39.

索斯.毒品、酒精与犯罪[M]//刘君,译.牛津犯罪学指南.北京:中国人民公安大学出版社,2012.

谭洁.公益广告中存在的问题:以禁毒广告为例[J].新媒体研究,2016,18:74-75.

谭湘颖.戒毒康复中心工作困境与社会工作介入路径分析[J]现代商贸工业,2016,13:67-69.

汤有贤,邵昭明,梁自勉,等.佛山市禅城区120例吸毒者美沙酮维持治疗综合干预效果评价[J].广东医学,2013,22:3447-3449.

唐斌.国内外禁毒研究的路径分析[J].江西公安专科学校学报,2008,3:89-92.

唐祥敏,刁月明,李应辉,等.吸毒患者对美沙酮维持治疗的依从性及其影响因素探讨[J].中国医院用药评价与分析,2016,6:843-845.

唐晓,孙妍,肖萍.健康有道:大学女生成长小组[M]//彭华民,肖萍编.能力为本的社会工作:从理论到实务的整合.北京:社会科学文献出版社,2017:143-159.

陶颖,张金山.巴基斯坦和阿富汗的毒品政治[J].南亚研究季刊,2000,1:66-70.

童韵,潘东海.社会工作介入青少年社区戒毒探索与实践[J].中国药物依赖性杂志,2016,5:454-458.

王春华.美国持续40年的社区反毒行动[J].社区,2006,5:33-34.

王丹.中外社区戒毒模式比较研究[J].云南警官学院学报,2010,5:43-46.

王昊鹏,杨静静,邓小昭,等.中国大陆吸毒人群HIV、HBV、HCV感染状况及其相关因素的meta分析[J].中华疾病控制杂志,2010,4:300-304.

王嘉顺,林少真.社会排斥与另类的生活空间:青年吸毒行为的影响机制分析[J].东南学术,2014,4:165-174.

王垒,罗黎辉,赵建新,等.吸毒者心理社会生活质量分析[J].心理科学,2004,2:284-286.

王蕊.我国社区戒毒现状的研究[J].法制博览,2015,3:142-143.

王瑞鸿.戒毒社会工作:理念、原则及其方法[J].华东理工大学学报,2006,4:12-15.

王守田.对吸毒人员的社会评价和相应对策的思考[J].中国人民公安大学学报:社会科学版,2006,5:88-91.

王思斌.改革中弱势群体的政策支持[J].北京大学学报:哲学社会科学版,2003,6:83-91.

王思斌.社会政策实施与社会工作的发展[J].江苏社会科学,2006,2:49-54.

王思佳.浅析认知行为理论在社会工作实践中的应用[J].人口·社会·法制研究,

2011,1:247-252.

王新建.东南亚金三角毒品威胁及其对策[J].福建公安高等专科学校学报,2001,4:47-53.

王艳芬,刘志民.我国"新型毒品"的滥用特征及其危害[J].中国药物滥用防治杂志,2007,2:63-66.

韦先泽,梁春香."金三角"地区新型毒品制贩态势及对策研究[J].广西警官高等专科学校学报,2016,5:71-75.

文军.西方社会工作理论[M].北京:高等教育出版社,2013.

邬江.试析老挝刑法对毒品犯罪的惩治[J].云南警官学院学报,2006,2:36-39.

吴大华.美国社区戒毒立法及其借鉴[J].贵州师范学院学报,2012,10:20-23.

吴红霞.浅析当前毒品"合法化"问题的发展趋势及其危害[J].公安大学学报,2002,5:62-67.

吴良发.非阿片类物质滥用戒毒人员情况分析[J].中国药物滥用防治杂志,2006,4:219-221.

吴明葵,梅洁琼,黄志文.结构性嵌入:社会治理视域下强制隔离戒毒"民警+社工"工作模式研究[J].法制与社会,2016,30:173-174.

吴然."金新月"和伊朗反毒品斗争[J].瞭望周刊,1990,37:39-40.

吴宗宪.犯罪亚文化理论概述[J].比较法研究.1989,3:80-85.

夏国美,杨秀石.需从人类安全视角关注的领域:娱乐服务业中的艾滋病高危现象及社会干预研究[J].社会科学,2004,4:64-73.

向朝阳.国际禁毒概览[M].成都:四川人民出版社,1997.

向玉琼.社会正义的实现:从"排斥"走向"包容性政策"[J].南京农业大学学报:社会科学版,2012,4:27-33.

肖保根.哥伦比亚禁毒之道[J].中国青年,2015,14:46-47.

肖特.消除贫困与社会整合:英国的立场[J].国际社会科学:中文版,2000,4:49-55.

谢久明,封蕴,李璨.毒品滥用者92例心理及社会因素调查[J].中国临床康复,2005,9:228.

徐玲.标签理论及其对教育"问题青少年"的启示[J].社会,2000,10:46-47.

徐小良.强制隔离戒毒人员吸食新型毒品相关情况调查分析与对策[J].中国药物依赖性杂志,2012,1:54-57.

许书萍.强制隔离戒毒的治理理念纠偏及创新:基于社会工作与强制隔离戒毒相融入的视角[J].政法学刊,2014,3:96-100.

杨黎华.当前禁毒宣传教育工作存在的问题及对策[J].湖北警官学院学报,2012,1:180-181.

杨西.拉丁美洲毒品问题与美拉关系[J].拉丁美洲研究,1990,6:25-28.

杨细桂.中英两国戒毒模式对比[J].特区实践与理论,2014,2:61-64.

杨学峰.社会治安综合治理背景下的情境犯罪预防[J].法治研究,2011,8:77-82.

杨阳,李孟景阳.美墨禁毒合作的成效评价及启示[J].拉丁美洲研究,2015,3:42-47.

杨兆军.对吸毒人员既是违法者又是病人和受害者的思考与对策[J].禁毒论坛,2004,4:137-138.

姚大学,赵宇欣.阿富汗毒品问题的历史考察[J].史学集刊,2011,4:89-95.

姚建龙.禁毒法与我国戒毒体系之重构:风险预估与对策建议[J].中国人民公安大学学报:社会科学版,2008,2:39-44.

姚建平.病人、违法者与公民:吸毒者的社会救助研究[J].中国药物依赖性杂志,2005,6:456-460.

叶雄,彭少峰.从"受助者"到"助人者"的美丽蜕变:上海社区戒毒"涅槃重生同伴教育小组"的案例分析[J].社会工作与管理,2014,3:73-78.

叶雄,张艳.同伴教育在社区戒毒康复中的应用[J].中国药物依赖性杂志,2009,3:235-238.

易法建.咨客中心疗法[M]//心理医生.重庆:重庆大学出版社,2003:242-253.

阴家宝.新中国犯罪学研究综述(1949-1995)[M].北京:中国民主法制出版社,1997.

余菊新.吸毒人群美沙酮维持治疗的研究进展[J].当代医学,2014,13:15-17.

俞国良.社会心理学[M].北京:北京师范大学出版社,2010.

袁楠.从健康传播角度看我国电视媒介吸毒报道的议题建构:以中央电视台为例[D].陕西师范大学,2012.

袁忠民.对毒品问题的公共政策选择[J].浙江警察学院学报,2009,3:54-58.

云南省第二轮防治艾滋病人民战争联合评估组.云南省第二轮防治艾滋病人民战争评估方案(2008—2010年)[R].昆明:云南省防艾局,2011.

詹复亮.关于我国毒品犯罪刑事政策现代化若干问题的思考[J].天津滨海法学,2015,1:27-33.

张皓,易静.感染HIV的吸毒劳教人员心理健康状况、应对方式及相关研究[J].四川师范大学学报:自然科学版,2011,6:922-926.

张景云,丁蕾.美沙酮维持治疗联合心理护理对戒毒患者生存质量的影响[J].中国药物依赖性杂志,2009,4:315-317.

张昆.日益加剧的"金新月"地区毒品渗透态势及对策研究[J].犯罪研究,2011,3:74-80,95.

张良民.近年来老挝的禁毒工作[J].东南亚,2002,1:52-56.

张晴.利用戒毒康复场所开展社区戒毒方法探析:以云南省保山市新雨社区为例[J].云南警官学院学报,2015,4:20-23.

张晴,张义平,王建伟,等.中外戒毒资源配置比较[J].云南警官学院学报,2014,2:25-30.

张绍民,石竣淏,张翔鹰.禁毒大视角:中国禁毒历史概况[M].北京:中国人民公安大学出版社,2004.

张胜康.论亚文化群体对青少年毒品使用行为的影响[J].青年探索,2002,2:50-53.

张淑琴,胡秀香,汪鸿声.集体疗法在海洛因依赖者戒毒康复期中的应用研究[J]临床护理杂志,2007,2:6-8.

张永礼,陈林林.日本禁毒执法体制刍议[J].甘肃警察职业学院学报,2016,3:44-49.

张永礼,李强."金三角"毒品问题浅议[J].法制与社会,2014,34:195-196.

张勇安.荷兰禁毒政策的源起与流变:以"咖啡馆体制"为中心[J].欧洲研究,2006a,2:119-134.

张勇安.美国与墨西哥禁毒合作中的不对称性:以"百草枯喷洒项目"为中心(1971-1981)[J].南京大学学报,2006b,4:57-67.

赵芳. 社区戒毒社会工作模式的探索与实践[J]. 社会工作与管理,2015,5:5-13.

赵环,孙国权. 刍议个案管理模式在禁毒社会工作中的运用[J]. 社会工作,2008,16:4-7.

赵敏,张锐敏. 戒毒社会工作基础[M]. 北京:军事医学科学出版社,2011.

赵新培. 烧毁毒瘾细胞核患者性情可能大变[N]. 北京青年报,2003-7-21.

赵雪莲. 社区戒毒的困境与政府购买禁毒社工服务的路径探索:以四川省为例[J]. 中国药物依赖性杂志,2016,6:566-570.

郑高鑫,吕繁. 吸毒人群的行为干预策略探讨[J]. 中国性病艾滋病防治,2002,3:191-194.

郑杭生. 社会学概论新修[M]. 北京:中国人民大学出版社,2003.

郑晓边,朱明慧. 女性吸毒人员的心理调查与研究[J]. 妇女研究论丛,2005,3:20-23.

中华人民共和国宪法[Z]. 1982.

中华人民共和国禁毒法[Z]. 2008.

钟莹. 女性戒毒群体的社会支持状况与社会福利服务需求[J]. 河南社会科学,2007,6:164-166.

钟莹,刘传龙.《禁毒法》背景下的社区戒毒工作与社会工作介入[J]. 江西师范大学学报:哲学社会科学版,2011,3:109-113.

钟莹,莫艳虹. 建立社会工作专业戒毒辅导网站的可行性研究[J]. 社会工作,2008,4:14-17.

周国韬,云龙河. 班杜拉的社会学习理论再探[J]. 教育评论,1989,2:73-77.

周林刚. 社会排斥理论与残疾人问题研究[J]. 青年研究,2003,5:32-38.

周文华,杨国栋. 我国禁毒面临的挑战和对策[J]. 中国药物滥用防治杂志,2004,1:1-2.

周小琳,杨碧. 导致吸毒的因素探析[J]. 法制与社会,2011,17:171-172.

周晓春. 社会排斥、社会工作与艾滋病防治[J]. 中国青年政治学院学报,2005,3:6-9.

朱海燕,沈模卫,殷素梅. 不同康复时相戒除者对海洛因相关线索的注意偏向[J]. 应用心理学,2005,4:297-301.

朱晓东,陶丽丽,窦正毅. 社会心理学视角下我国吸毒者吸毒成因问题综述[J]. 中国卫生事业管理,2014,9:697-698.

ABOLGHASEMI A, RAJABI S. The role of self-regulation and affective control in predicting interpersonal reactivity of drug addicts [J]. International journal of high risk behaviors and addiction, 2013, 2(1): 28-33.

AKLIN W M, WONG C J, HAMPTON J, et al. A therapeutic workplace for the long-term treatment of drug addiction and unemployment: Eight-year outcomes of a social business intervention [J]. Journal of substance abuse treatment, 2014, 47(5): 329-338.

ALLGULANDER C. Psychoactive drug use in a general population sample, Sweden: Correlates with perceived health, psychiatric diagnoses, and mortality in an automated record-linkage study [J]. American journal of public health, 1989, 79(8): 1006-1010.

AMBEKAR A, RAO R, AGRAWAL A, et al. Pattern of drug use and associated behaviors among female injecting drug users from northeast India: A multi-centric, cross-sectional, comparative study [J]. Substance use & misuse, 2015, 50(10): 1332-1340.

AMNESTY INTERNATIONAL. Addicted to death: Executions for drugs offences in Iran [R]. 2011. Retrieve from: http://www.refworld.org/docid/4ee9d6e12.html

AMON J J, PEARSHOUSE R, COHEN J E, et al. Compulsory drug detention in East and Southeast Asia: Evolving government, UN and donor responses [J]. International journal of drug policy, 2014, 25(1): 13-20.

ANDERSON T, LEVY J A. Marginality among older injectors in today's illicit drug culture: Assessing the impact of ageing [J]. Addiction, 2003, 98(6): 761-770.

ANDERSSON B, NILSSON K, TUNVING K. Drug careers in perspective [J]. Acta psychiatrica scandinavica, 1983, 67(4): 249-257.

ANGLIN M D, BURKE C, PERROCHET B, et al. History of the

methamphetamine problem [J]. Journal of psychoactive drugs, 2000, 32(2): 137-141.

AYRES R M, EVESON L, INGRAM J, et al. Treatment experience and needs of older drug users in Bristol, UK [J]. Journal of substance use, 2012, 17(1): 19-31.

BAKER T B, PIPER M E, MC CARTHY D E, et al. Addiction motivation reformulated: an affective processing model of negative reinforcement [J]. Psychological review, 2004, 111(1): 33-51.

BALTIERI D A. Predictors of drug use in prison among women convicted of violent crimes [J]. Criminal behaviour and mental health, 2014, 24(2): 113-128.

BANDURA A. Self-efficacy: the exercise of control [M]. New York, NY: W. H. Freeman, 1997.

BARRETT M, PERNGPARN U. Rapid assessment and response: Preparation for the scale-up of comprehensive harm reduction services in Thailand: Bangkok Province [R]. Chiangmai, Thailand: Asian Harm Reduction Network, 2010.

BECKER H S. Outsiders: Studies in the sociology of deviance [M]. New York, NY: The Free Press, 1963.

BECKER H S, STRAUSSA L. Careers, personality, and adult socialization [J]. American journal of sociology, 1956, 62(3): 253-63.

BELANOFF J K, SUND B, KOOPMAN C. A randomized trial of the efficacy of group therapy in changing viral load and CD4 counts in individuals living with HIV infection [J]. International journal of psychiatry in medicine, 2005, 35(4): 349-362.

BENNETT T, HOLLOWAY K, FARRINGTON D. The statistical association between drug misuse and crime: A meta-analysis [J]. Aggression and violent behavior, 2008, 13(2): 107-118.

BLACKSON T C, TARTER R E, MARTIN C S, et al. Temperament mediates the effects of family history of substance abuse on externalizing and internalizing child behavior [J]. American journal on addictions, 1994, 3(1):

58 - 66.

BLUMSTEIN A, BECK A. Population growth in U. S. prisons, 1980—1996 [M]//TONRY, M H, PETERSILIA J. (eds.) Prisons. Chicago, IL: University of Chicago Press, 1999: 17 - 62.

BLUTHENTHAL R N, KRAL A H, GEE L, et al. The effect of syringe exchange use on high-risk injection drug users: A cohort study [J]. AIDS, 2000, 14(5): 605 - 611.

BRECHT M-L, GREENWELL L, ANGLIN M D. Substance use pathways to methamphetamine use among treated users [J]. Addictive behaviors, 2007, 32(1): 24 - 38.

BROWN S A. Standardized measures for substance use stigma [J]. Drug and alcohol dependence, 2011, 116(1 - 3): 137 - 141.

BRY B H. Predicting drug abuse: Review and reformulation [J]. International journal of the addictions, 1983, 18(2): 223 - 232.

BRYANT J, BRENER L, HULL P, et al. Needle sharing in regular sexual relationships: An examination of serodiscordance, drug using practices, and the gendered character of injecting [J]. Drug and alcohol dependence, 2010, 107(2 - 3): 182 - 187.

BUCHANAN J. Understanding problematic drug use: A medical matter or a social issue? [J]. British journal of community justice, 2006, 4(2): 387 - 397.

BUXTON J. Narcotics: Production, consumption and global markets [M]. New York, NY: Zed Books, 2006.

CARBONE-LOPEZ K, OWENS J G, MILLER J. Women's "storylines" of methamphetamine initiation in the Midwest [J]. Journal of drug issues, 2012, 42(3): 226 - 246.

CARTIER J, FARABEE D, PRENDERGAST M L. Methamphetamine use, self-reported violent crime, and recidivism among offenders in California who abuse substances [J]. Journal of interpersonal violence, 2006, 21(4): 435 - 445.

CATALANO R F, MORRISON D M, WELLS E A, et al. Ethnic differences in family factors related to early drug initiation [J]. Journal of studies on alcohol, 1992, 53(3): 208-217.

CELENTANO D D, ARAMRATTANA A, SUTCLIFFE C G, et al. Associations of substance abuse and sexual risks with self-reported depressive symptoms in young adults in northern Thailand [J]. Journal of addiction medicine, 2008, 2(2): 66-73.

CHASSIN L, PILLOW D R, CURRAN P J, et al. Relation of parental alcoholism to early adolescent substance use: A test of three mediating mechanisms [J]. Journal of abnormal psychology, 1993, 102(1): 3-19.

CHATTERJEE S K. Drugs and the young: Some legal issues [J]. Bulletin on narcotics, 1985, 37(2-3): 157-168.

CHUI W H, HO K M. Working with involuntary clients: Perceptions and experiences of outreach social workers in Hong Kong [J]. Journal of social work practice: psychotherapeutic approaches in health, welfare and the community, 2006, 20(2): 205-222.

CLARKE R V. Situational crime prevention: Successful case studies [M] 2nd ed. Albany: Harrow and Heston, 1997.

CLEMENT-JONES V, LOWRY P J, MCLOUGHLIN L, et al. Acupuncture in heroin addicts: Changes in met-enkephalin and beta-endorphin in blood and cerebrospinal fluid [J]. Lancet, 1979, 314(8139): 380-383.

COHEN A K. Delinquent boys: The culture of the gang [M]. New York, NY: Free Press, 1995.

COOK P, D'AMANDA C, BENCIAVENGO E. Intake and diagnosis of drug dependent women [M]//BESCHNER G M, REED B G, MONDANARO J. (eds.) Treatment services for drug dependent women. Rockville, MD: National Institute on Drug Abuse, 1981, Vol.1: 52-108.

COOMBS R H. Drug abuse as career [J]. Journal of drug issues, 1981, 11(4): 369-387.

COPELAND A L, SORENSEN J L. Differences between methamphetamine users and cocaine users in treatment [J]. Drug and alcohol dependence, 2001, 62 (1): 91 – 95.

COPELAND J, HOWARD J, KEOGH T, et al. Patterns and correlates of alcohol and other drug use among juvenile detainees in New South Wales 1989—1999 [J]. Drug and alcohol review, 2003, 22(1): 15 – 20.

COURTNEY M, MOULDING N T. Beyond balancing competing needs: Embedding involuntary treatment within a recovery approach to mental health social work[J]. Australian Social Work, 2014, 67(2): 214 – 226.

CRETZMEYER M, SARRAZIN M V, HUBER D L, et al. Treatment of methamphetamine abuse: Research findings and clinical directions [J]. Journal of substance abuse treatment, 2003, 24(3): 267 – 277.

CUIJPERS P. Three decades of drug prevention research [J]. Drugs: Education, prevention and policy, 2003, 10(1): 7 – 20.

DARK S, ROSS J. Suicide among heroin users: Rates, risk factors and methods [J]. Addiction, 2002, 97(11): 1383 – 1394.

DE HAAN A. Social exclusion: Enriching the understanding of deprivation [J]. Studies in social and political thought, 2000, 2(2): 22 – 40.

DENG Y, LI X, LIU L, et al. Suicide attempts and perceived social support among Chinese drug users: The mediating role of self-esteem and depression [J]. International journal of environmental research and public health, 2021, 18 (1): 208.

DENNIS M, SCOTT C K. Managing addiction as a chronic condition [J]. Addiction science & clinical practice, 2007, 4(1): 45 – 55.

DONOVAN J E, JESSOR R. Structure of problem behavior in adolescence and young adulthood [J]. Journal of consulting and clinical psychology, 1985, 53 (6): 890 – 904.

DUBERSTEIN LINDBERG L, BOGGESS S, WILLIAMS S. Multiple threats: The co-occurrence of teen health risk behaviors [R]. Washington, DC: Office of the Assistant Secretary for Planning and Evaluation (DHHS), 2000.

Retrieved from https://www. urban. org/sites/default/files/publication/62731/410248-Multiple-Threats-The-Co-Occurence-of-Teen-Health-Risk-Behaviors. PDF.

DUNCAN L, MCCRYSTAL P. School exclusion and adolescent drug use in Northern Ireland: A problem being addressed? [M]. Child care in practice, 2002, 8(3): 176 – 186.

FAIRBAIRN N, HAYASHI K, KAPLAN K, et al. Factors associated with methadone treatment among injection drug users in Bangkok, Thailand [J]. Journal of substance abuse treatment, 2012, 43(1): 108 – 113.

FANG Y X, WANG Y B, SHI J, et al. Recent trends in drug abuse in China [J]. Acta pharmacologica sinica, 2006, 27(2): 140 – 144.

FARRELL A D, DANISH S J. Peer drug associations and emotional restraint: Causes or consequences of adolescents' drug use? [J]. Journal of consulting and clinical psychology, 1993, 61(2): 327 – 334.

FIELD G D. Historical trends of drug treatment in the criminal justice system [M] // LEUKEFELD C G, TIMMS F, FARABEE D. (eds.) Treatment of drug offenders: Policies and issues. Springer Pub Co., 2002: 9 – 12.

FISCHER B, ROBERTS J V, KIRST M. Compulsory drug treatment in Canada: Historical origins and recent developments [J]. European addiction research, 2002, 8(2): 61 – 68.

FISHER P A, LASCHINGER H S. A relaxation training program to increase self-efficacy for anxiety control in Alzheimer family caregivers [J]. Holistic nursing practice, 2001, 15(2): 47 – 58.

FOOTE N N. The movement from jobs to careers in American industry [A]. Transactions of the third world congress of sociology, International sociological association, 1956, 2: 30 – 40.

FORD J D, GELERNTER J, DEVOE J S, et al. Association of psychiatric and substance use disorder comorbidity with cocaine dependence severity and treatment utilization in cocaine-dependent individuals [J]. Drug and alcohol dependence, 2009, 99(1-3): 193-203.

FORTH-FINEGAN J. (1991). Sugar and spice and everything nice: Gender socialization and women's addiction—A literature review [M] // BEPKO C. (ed.) Feminism and addiction. New York, NY: Haworth Press, 1991: 19-48.

FRYKHOLM B. Termination of the drug career: An interview study of 58 ex-addicts [J]. Acta psychiatrica scandinavica, 1979, 59(4): 370-80.

FRYKHOLM B, GUNNE L. Studies of the drug career [J]. Acta psychiatrica supplementum, 1980, 284(s284): 42-51.

GALAI N, SAFAEIAN M, VLAHOV D, et al. Longitudinal patterns of drug injection behavior in the ALIVE Study cohort, 1988—2000: Description and determinants [J]. American journal of epidemiology, 2003, 158(7): 695-704.

GALEA S, NANDI A, VIAHOV D. The social epidemiology of substance use [J]. Epidemiologic reviews, 2004, 2(1): 36-52.

GALVANI S, HUGHES N. Working with alcohol and drug use: Exploring the knowledge and attitudes of social work students [J]. British journal of social work, 2010, 40(3): 946-962.

GAO Y, LU Z, SHI R, et al. AIDS and sex education for young people in China [J]. Reproduction, fertility and development, 2001, 13(8): 729-737.

GARCIA M E, COLLINS C L, MANSELL P W A. The acquired immune deficiency syndrome: Nutritional complications and assessment of body weight status [J]. Nutrition in Clinical Practice, 1987, 2(3): 108-111.

GASSMAN R A, WEISNER C. Community providers' views of alcohol problems and drug problems [J]. Journal of social work practice in the addiction, 2005, 5(4): 101-115.

GLASS J E, MOWBRAY O P, LINK B G, et al. Alcohol stigma and persistence of alcohol and other psychiatric disorders: A modified labeling theory approach [J]. Drug and alcohol dependence, 2013, 133(2): 685-692.

GLIKSMAN L, LA PRAIRIE C, ERICKSON P, et al. The Toronto Drug Treatment Court: A one-year summary, December 1, 1998 to December 31, 1999 [R]. Toronto, Centre for Addiction and Mental Health, 2000.

GÖLZ J. Differences between the course of the drug addict's HIV infection and that of other HIV-infected patients [J]. Forensic science international, 1993, 62(1-2): 95-99.

GOMEZ-SIRVENT J L, SANTOLARIA-FERNANDEZ F J, GONZALEZ-REIMERS C E, et al. Nutritional assessment of drug addicts: Relation with HIV infection in early stages [J]. Clinical nutrition, 1993, 12(2): 75-80.

GOTTFREDSON D C, KEARLEY B W, BUSHWAY S D. Substance use, drug treatment, and crime: An examination of intra-individual variation in a drug court population [J]. Journal of drug issues, 2008, 38(2): 601-630.

GRANN M, FAZEL S. Substance misuse and violent crime: Swedish population study [J]. BMJ, 2004, 328: 1233-1234.

GRELLA C E, LOVINGER K. Gender differences in physical and mental health outcomes among an aging cohort of individuals with a history of heroin dependence [J]. Addictive behaviors, 2012, 37(3): 306-312.

HALLSTONE M. An exploratory investigation of marijuana and other drug careers [J]. Journal of psychoactive drugs, 2006, 38(1): 65-75.

HAN B, GFROERER J C, COLLIVER J D. Associations between duration of illicit drug use and health conditions: Results from the 2005 to 2007 National Surveys on Drug Use and Health [J]. Annals of epidemiology, 2010, 20(4): 289-297.

HANLON T E, NURCO D N, KINLOCK T W, et al. Trends in criminal activity and drug use over an addiction career [J]. American journal of drug & alcohol abuse, 2015, 16(3-4): 223-238.

HARA K M, WESTRA H A, AVIRAM A, et al. Therapist awareness of client resistance in cognitive behavioral therapy for generalized anxiety disorder [J]. Cognitive Behaviour Therapy, 2015, 44(2): 162-174.

HARRELL P T, MANCHA B E, PETRAS H, et al. Latent classes of heroin and cocaine users predict unique HIV/HCV risk factors [J]. Drug and alcohol dependence, 2012, 122(3): 220–227.

HARRIS E C, BARRACLOUGH B. Suicide as an outcome for mental disorders: A meta-analysis [J]. British journal of psychiatry, 1997, 170(3): 205–228.

HARRISON P M, BECKA J. Prison and jail inmates at midyear 2004 (NJC208801) [R]. Washington, DC: U.S. Department of Justice, Office of Justice Programs, Bureau of Justice Statistics, 2004.

HARTZ D T, FREDERICK-OSBORNE S L, GALLOWAY G P. Craving predicts use during treatment for methamphetamine dependence: Prospective, repeated-measures, within-subject analysis [J]. Drug and alcohol dependence, 2001, 63(3): 269–276.

HENRY J D, MAZUR M, RENDELL P G. Social-cognitive difficulties in former users of methamphetamine [J]. The British psychological society, 2009, 48(3): 323–327.

HERRINGTON R, JACOBSON G, BENGERD. Alcohol and drug abuse handbook [M]. St. Louis, MO: Warren H. Green, 1987.

HOLMBERG M B. Longitudinal studies of drug abuse in a fifteen-year-old population: 1. Drug career [J]. Acta psychiatrica scandinavica, 1985, 71(1): 201–203.

HSER Y-I, ANGLIN M D, MCGLOTHLIN W. Sex differences in addict careers: 1. Initiation of use [J]. American journal of drug and alcohol abuse, 1987, 13(1–2): 33–57.

HSER Y-I, FU L M, WU F, et al. Pilot trial of a recovery management intervention for heroin addicts released from compulsory rehabilitation in China [J]. Journal of substance abuse treatment, 2013, 44(1): 78–83.

HUANG K, ZHANG L, LIU J. Drug problems in contemporary China: A profile of Chinese drug users in a metropolitan area [J]. The international journal of drug policy, 2011, 22(2): 128–132.

ILIKA F, JAMSHIDIMANESH M, HOSEINI M, et al. An evaluation of high-risk behaviors among female drug users based on health belief model [J]. Journal of medicine and life, 2015, 8(Spec. Iss. 3): 36 – 43.

INL. International narcotics control strategy report 2012 [R]. Washington, DC: US Department of State, 2012.

ISLAM S K N, HOSSAIN K J, KAMAL M, et al. Prevalence of HIV infection in the drug addicts of Bangladesh: Drug habit, sexual practice and lifestyle [J]. International journal of STD & AIDS, 2003, 14(11): 762 – 764.

JIANG S, WU L, GAO X. Beyond face-to-face individual counseling: A systematic review on alternative modes of motivational interviewing in substance abuse treatment and prevention [J]. Addictive behaviors, 2017, 73: 216 – 235.

JOHNSON B D, GOLUB A, FAGAN J. Careers in crack, drug use, drug distribution, and nondrug criminality [J]. Crime & delinquency, 1995, 41 (3): 275 – 295.

JOHNSON F K, WESTMAN J C. The teenager and drug abuse [J]. Journal of school health, 1968, 38(10): 646 – 654.

JOSEPH H, STANELIFF S, LANGROD J. Methadone maintenance treatment (MMT): A review of historical and clinical issues [J]. Mount Sinai journal of medicine, 2000, 67(5/6): 347 – 364.

KABAT-ZINN J. An outpatient program in behavioral medicine for chronic pain patients based on the practice of mindfulness meditation: Theoretical considerations and preliminary results [J]. General hospital psychiatry, 1982, 4(1): 33 – 47.

KANFER F H. Implications of a self-regulation model of therapy for treatment of addictive behaviors [M] // MILLER W R, HEATHER N H. (eds.) Treating addictive behaviors: Processes of change. New York: Plenum Press, 1988: 128 – 145.

KAUFMAN R, ISRALOWITZ R, REZNIK A. Food insecurity among drug addicts in Israel: Implications for social work practice [J]. Journal of social work practice in the addictions, 2005, 5(3): 21 – 32.

KELLY P J, LEUNG J, DEANE F P, et al. Predicting client attendance at further treatment following drug and alcohol detoxification: Theory of planned behavior and implementation intentions [J]. Drug and alcohol review, 2016, 35(6): 678–685.

KING K M, CHASSIN L. A prospective study of the effects of age of initiation of alcohol and drug use on young adult substance dependence [J]. Journal of studies on alcohol & drugs, 2007, 68(2): 256–265.

KIRKWOOD S. Evidencing the impact of criminal justice services on re-offending, Edinburgh: SACRO [R]. 2008. Retrieved from www.cjscotland.co.uk/wp-content/uploads/011/01/acroreconviction pdf.

KOTLER D P, GAETZ H P, LANGE M, et al. Enteropathy associated with the acquired immunodeficiency syndrome [J]. Annals of internal medicine, 1984, 101(4): 421–428.

KWIATKOWSKI C F, BOOTH R E. HIV risk behaviors among older American drug users [J]. Journal of acquired immune deficiency syndromes, 2003, 33(suppl.2): S131–S137.

LAIDLER K A J. The rise of club drugs in a heroin society: The case of Hong Kong [J]. Substance use & misuse, 2005, 40(9–10): 1257–1278.

LARNEY S, DOLAN K. Compulsory detoxification is a major challenge to harm reduction in China [J]. International journal of drug policy, 2010, 21(3): 165–166.

LATKIN C, DAVEY-ROTHWELL M, YANG J-Y, et al. The relationship between drug user stigma and depression among inner-city drug users in Baltimore, MD [J]. Journal of urban health: Bulletin of the New York Academy of Medicine, 2012, 90(1): 147–156.

LAUDET A B, CLELAND C M, MAGURA S, et al. Social support mediates the effects of dual-focus mutual aid groups on abstinence from substance use [J]. American journal of community psychology, 2004, 34(3–4): 175–185.

LEE J A B. (ed.) Group work with the poor and oppressed [M]. New York, NY:

Haworth Press, 1989.

LEMERT E M. Social pathology: A systematic approach to the theory of sociopathic behavior. New York, NY: McGraw-Hill, 1951.

LEMIEUX C M, SCHROEDER J. Seminar on addictive disorders: An exploration of students' knowledge, attitudes and behavior [J]. Journal of social work practice in the addiction, 2004, 4(1): 3–21.

LENIHAN M W. Morning support group: Use of a triweekly support group in outpatient treatment of chemical dependence [J]. Social work, 1995, 40(1): 127–131.

LENNINGS C J, COPELAND J, HOWARD J. Substance use patterns of young offenders and violent crime [J]. Aggressive behavior, 2003, 29(5): 414–422.

LEV-RAN S, ROERECKE M, LE FOLL B, et al. The association between cannabis use and depression: A systematic review and meta-analysis of longitudinal studies [J]. Psychological medicine, 2013, 44(4): 797–810.

LEVY C S. Labeling: The social worker's responsibility [J]. Social casework, 1981, 62(6): 332–342.

LEVY J A, ANDERSON T. The drug career of the older injector [J]. Addiction research & theory, 2005, 13(3): 245–258.

LEWANDOWSKI C A, HILL T J. The impact of emotional and material social support on women's drug treatment completion [J]. Health & social work, 2009, 34(3): 213–221.

LI J, HA T H, ZHANG C, et al. The Chinese government's response to drug use and HIV/AIDS: A review of policies and programs [J]. Harm reduction journal, 2010, 7(4): 4.

LI L, MOORE D. Disability and illicit drug use: An application of labeling theory [J]. Deviant behavior, 2001, 22(1): 1–21.

LI Z, XU N J, WU C F, et al. Pseudoginsenoside-F11 attenuates morphine-induced signalling in Chinese hamster ovary-mu cells [J]. Neuroreport, 2001,

12(7): 1453 – 1456.

LIU C. Personality characteristics and psychological correction of addicts under treatment [J]. Chinese journal of clinical rehabilitation, 2006, 10(10): 155 – 157.

LIU L, CHAI X. Pleasure and risk: A qualitative study of sexual behaviors among Chinese methamphetamine users [J]. The journal of sex research, 2020, 57 (1): 119 – 128.

LIU L, CHUI W H. Rehabilitation policy for drug addicted offenders in China: Current trends, patterns, and practice implications [J]. Asia pacific journal of social work and development, 2018, 28(3): 192 – 204.

LIU L, CHUI W H, CHEN Y. Violent and non-violent criminal behavior among Chinese drug users: A mixed methods study [J]. International journal of environmental research and public health, 2018, 15(3): e15030432.

LIU L, CHUI W H, DENG Y, et al. Dealing with resistance: Working with involuntary clients in community-based drug treatment programmes in China [J]. Australian social work, 2020, 73(3): 309 – 320.

LIU L, HSIAO S C. Chinese female drug users' experiences and attitudes with institutional drug treatment [J]. International journal of offender therapy and comparative criminology, 2018, 62(13): 4221 – 4235.

LIU L, LI X. An exploratory study of women who use and sell drugs in China [J]. International Journal of Drug Policy, 2021, 97:103408.

LIU L, HSIAO S C. KAPLAN C. Drug initiation of female detainees in a compulsory drug treatment institution in China [J]. Journal of journal of psychoactive drugs, 2016, 48(5), 393 – 401.

LIU L, WANG H, CHUI W H, et al. Chinese drug users' abstinence intentions: The role of perceived social support [J]. Journal of drug issues, 2018, 48(4): 519 – 535.

LIU Y, LIANG J, ZHAO C, et al. Looking for a solution for drug addiction in China: Exploring the challenges and opportunities in the way of China's new

Drug Control Law [J]. International journal of drug policy, 2010, 21(3): 149-154.

LIU Z, LIAN Z, ZHAO C. Drug use and HIV/AIDS in China [J]. Drug and alcohol review, 2006, 25(2): 173-175.

LO C C. Sociodemographic factors, drug abuse, and other crimes: How they vary among male and female arrestees [J]. Journal of criminal justice, 2004, 32(5): 399-409.

LU L, WANG X. Drug addiction in China [J]. Annals of the New York Academy of Sciences, 2008, 114(1): 304-317.

LU L, FANG Y, WANG X. Drug abuse in China: Past, present and future [J]. Cellular and molecular neurobiology, 2008, 28, 479-490.

MACHLAN B, BROSTRAND H L, BENSHOFF J J. Vocational rehabilitation in substance abuse treatment programs [J]. Journal of teaching in the addictions, 2005, 3(1): 71-80.

MADDUX J F, DESMOND D P. Careers of opioid users [M]. New York, NY: Praeger, 1981.

MAHESHWARI K, SHARMA D B. Personality characteristics of alcoholics and drug addicts versus non-alcoholics & non-drug addicts: A comparative study [J]. Indian journal of health and wellbeing, 2016, 7(3): 353-356.

MAJER J M, PLAZA C, JASON L A. Abstinence social support among ex-prisoners with substance use disorders [J]. The prison journal, 2016, 96(6): 814-827.

MANHAL-BAUGUS M. The self-in-relation theory and women for sobriety: Female-specific theory and mutual help group for chemically dependent women [J]. Journal of addictions & offender counseling, 1998, 18(2): 78-85.

MANNING V, GARFIELD J B B, BEST D, et al. Substance use outcomes following treatment: Findings from the Australian patient pathways study [J]. Australian and New Zealand journal of psychiatry, 2017, 51(2): 177-189.

MARSHALL B D L, WERB D. Health outcomes associated with methamphetamine use among young people: A systematic review [J]. Addiction, 2010, 105(6): 991-1002.

MATSUEDA R L. Labeling theory: Historical roots, implications, and recent development [M] // PATERNOSTER R, BACHMAN R. (eds.) Explaining criminals and crime: Essays in contemporary criminological theory. Los Angeless, CA: Roxbury Publishing Company, 2001: 223-241.

MATANO R A, YALOM I D. Approaches to chemical dependency: Chemical dependency and interactive group therapy - A synthesis [J]. International journal of psychotherapy, 1991, 41(3): 269-293.

MCCOWAN C, KIDD B, FAHEY T. Factors associated with mortality in Scottish patients receiving methadone in primary care: Retrospective cohort study [J]. British medical journal, 2009, 338(7710): 1548-1551.

MEDHI G K, MAHANTA J, KERMODE M, et al. Factors associated with history of drug use among female sex workers (FSW) in a high HIV prevalence state of India [J]. BMC public health, 2012, 12: 273-280.

MESHESHA L Z, TSUI J I, LIEBSCHUTZ J M, et al. Days of heroin use predict poor self-reported health in hospitalized heroin users [J]. Addictive behaviors, 2013, 38(12): 2884-2887.

MILLER J M, MILLER H V, BARNES J C. Outcome evaluation of a family-based jail reentry program for substance abusing offenders [J]. Prison journal, 2016, 96(1): 53-78.

MILLER W, ROLLNICK S. Motivational interviewing: Preparing people to change addictive behavior [M]. New York, NY: Guilford Press, 1991.

MOKRI A, SCHOTTENFELD R. Drug abuse and HIV transmission in Iran: Responding to the public health challenges [M] // CELENTANO D D, BEYRER C. (eds.) Public health aspects of HIV/AIDS in low and middle income countries. New York: Springer, 2009: 583-599.

MONAHAN K C, RHEW I C, HAWKINS D, et al. Adolescent pathways to co-occurring problem behavior: The effects of peer delinquency and peer substance use [J]. Journal of adolescence, 2014, 24(4): 630-645.

MONTAZERI K, FARAHNAKIAN M, SAGHAEI M. The effect of acupuncture on the acute withdrawal symptoms from rapid opiate detoxification [J]. Acta Anaesthesiologica Sinica, 2002, 40(4): 173-177.

MOOS R H, MERTENS J R, BRENNAN P L. Program characteristics and readmission among older substance abuse patients: Comparisons with middle-aged and younger patients [J]. Journal of mental health administration, 1995, 22(4): 332-345.

MOSCICKI E. Identification of suicide risk factors using epidemiologic studies [J]. Psychiatric clinics of North America, 1997, 20(3): 499-517.

NIDA. Preventing drug use among children and adolescents: A research-based guide for parents, educators, and community leaders [R]. 2nd ed. Washington, DC: U. S. Department of Health and Human Services, 2003.

NELSON A. Social work with substance users [M]. London: Sage, 2012.

NELSON-ZLUPKO L, KAUFFMAN E, DORE M M. Gender differences in drug addiction and treatment: Implications for social work intervention with substance-abusing women [J]. Social work, 1995, 40(1): 45-54.

NGUYEN A T, NGUYEN T H, PHAM K C, et al. Intravenous drug use among street-based sex workers: A high-risk behavior for HIV transmission [J]. Sexually Transmitted Diseases, 2004, 31(1): 15-19.

ONDCP. National drug control strategy: FY 2003 budget summary [R]. Washington. DC: The White House, 2002.

PARSONS J T, KELLY B C, WEISER J D. Initiation into methamphetamine use for young gay and bisexual men [J]. Drug and alcohol dependence, 2007, 90 (2-3): 135-144.

PECK D F, PLANT M A. Unemployment and illegal drug use: Concordant evidence from a prospective study and national trends [J]. British medical journal, 1986, 293: 929-932.

PINKHAM S, MALINOWSKA-SEMPRUCH K. Women, harm reduction and HIV [J]. Reproductive health matters, 2008, 16(31), 168-181.

PROCHASKA J O, DICLEMENTE C C. Toward a comprehensive model of change [M] // MILLER W R, HEATHER N H. Treating addictive behaviors: Processes of change. New York: Plenum Press, 1988: 46-73.

RADCLIFFE P. Motherhood, pregnancy, and the negotiation of identity: The moral career of drug treatment [J]. Social science & medicine, 2011, 72(6): 984-991.

REID G, AITKEN C. Advocacy for harm reduction in China: A new era dawns [J]. International journal of drug policy, 2009, 20(4): 365-370.

REID L W, ELIFSON K W, STERK C E. Ecstasy and gateway drugs: Initiating the use of ecstasy and other drugs [J]. Annals of epidemiology, 2007, 17(1): 74-80.

RICHARD A J, BELL D C, MONTOYA I D. Age and HIV risk in a national sample of injection drug and crack cocaine users [J]. Substance use & misuse, 2000, 35(10): 1385-1404.

RICHARDSON G A, LARKBY C, GOLDSCHMIDT L, et al. Adolescent initiation of drug use: Effects of prenatal cocaine exposure [J]. Journal of the American academy of child & adolescent psychiatry, 2013, 52(1): 37-46.

RICHERT T, JOHNSON B. Illicit use of methadone and buprenorphine among adolescents and young adults in Sweden. Harm reduction journal, 2013, 10(1): 27-36.

ROSENBAUM M. Women on heroin [M]. New Brunswick, NJ: Rutgers University Press, 1981.

ROSENBAUM M, MURPHY S. Women and addiction: Process, treatment and outcome [R]. Washington, DC: U.S. Government Printing Office, 1990.

ROSENBLUM A, MAGURA S, KAYMAN D J. Motivationally enhanced group counseling for substance users in a soup kitchen: A randomized clinical trial [J]. Drug and alcohol dependence, 2005, 80(1): 91-103.

ROUNSAVILLE B J, KLEBER H. Untreated opiate addicts: How do they differ from those seeking treatment? [J]. Archives of general psychiatry, 1985, 42(1): 1072-1077.

ROY A. Characteristics of cocaine dependent patients who attempt suicide [J]. American journal of psychiatry, 2001, 158(8): 1215-1219.

ROY A. Characteristics of opiate dependent patients who attempt suicide [J]. Journal of clinical psychiatry, 2002, 63(5): 403-407.

ROY A. Characteristics of drug addicts who attempt suicide [J]. Journal of psychiatry research, 2003, 121(1): 99-103.

SHERIDAN J, BUTLER R, WHEELER A. Initiation into methamphetamine use: Qualitative findings from an exploration of first time use among a group of New Zealand users [J]. Journal of psychoactive drugs, 2009, 41(1): 11-17.

SHERMAN S G, GERMAN D, SIRIROJN B, et al. Initiation of methamphetamine use among young Thai drug users: A qualitative study [J]. The journal of adolescent health, 2008, 42(1): 36-42.

SHI J, LIU Y L, FANG Y X, et al. Traditional Chinese medicine in treatment of opiate addiction: A review [J]. Acta pharmacologica sinica, 2006, 27(10): 1303-1308.

SHI J, ZHAO L Y, EPSTEIN D H, et al. Long-term methadone maintenance reduces protracted symptoms of heroin abstinence and cue-induced craving in Chinese heroin abusers [J]. Pharmacology biochemistry and behavior, 2007, 87(1): 141-145.

SHICHOR D, SECHREST D. Introduction: Special issue on drug courts [J]. Journal of drug issues, 2001, 31(1): 1-6.

SMEDSLUND G, BERG R C, HAMMERSTRØM K T, et al. Motivational interviewing for substance abuse [J]. Campbell systematic reviews, 2011, 7(11): 1-126.

SILVER H. Three paradigms of social exclusion [M] // RODGERS G, CORE C, FIGUEIREDO J B. (eds.) Social exclusion: Rhetoric, reality, responses.

Geneva: International Institute for Labor Studies, 1995.

SOMMERS I, BASKIN D. Methamphetamine use and violence [J]. Journal of drug issues, 2006, 36(1): 77-96.

SORENSEN J L, COPELANDA L. Drug abuse treatment as an HIV prevention strategy: A review [J]. Drug and alcohol dependence, 2000, 59(1): 17-31.

STEADMAN H, MULVEY E, MONAHAN J, et al. Violence by people discharged from acute psychiatric inpatient facilities and by others in the same neighborhoods [J]. Archives of General Psychiatry, 1998, 55(5): 393-401.

STRATHDEE S A, VAN AMEIJDEN E J C, MESQUITA F, et al. Can HIV epidemics among injection drug users be prevented? [J]. AIDS, 1998, 12 (SupplA): s71-79.

STRAUSSNER S L A. Clinical treatment of substance abusers: Past, present and future [J]. Clinical social work, 2012, 40(2): 127-133.

STUART G W, SUNDEEN S J. Principles and practices of psychiatric nursing [M]. 5th ed. St. Louis, MO: C. V. Mosby, 1995.

SUSSMAN S. A lifespan developmental-stage approach to tobacco and other drug abuse prevention [J]. International scholarly research notices, 2013, Artical ID 745783.

TANG Y-I, ZHAO D, ZHAO C, et al. Opiate addiction in China: Current situation and treatments [J]. Addiction, 2006, 101(5): 657-665.

TANG Y-L, HAO W. Improving drug addiction treatment in China [J]. Addiction, 2007, 102(7): 1057-1063.

TENNANT JR. F S, DETELS R. Relationship of alcohol, cigarette, and drug abuse in adulthood with alcohol, cigarette, coffee consumption in childhood [J]. Preventive medicine, 1976, 5(1): 70-77.

TIFFANY S T, CARTER B L, SINGLETON E G. Challenges in the manipulation, assessment and interpretation of craving relevant variables [J]. Addiction, 2000, 95(Suppl 2): S177-187.

TONRY M, WILSON J Q. Drugs and crime [M]. Chicago, IL: The University of

Chicago Press, 1990.

TRULSSON K, HEDIN U-C. The role of social support when giving up drug abuse: A female perspective [J]. International journal of social welfare, 2004, 13(2): 145–157.

TUCKER J S, D'AMICO E J, WENZEL S L, et al. A prospective study of risk and protective factors for substance use among impoverished women living in temporary shelter settings in Los Angeles County [J]. Drug and alcohol dependence, 2005, 80(1): 35–43.

TUNG W-C, LU M, COOK D M. HIV/AIDS knowledge and attitudes among Chinese college students in the US [J]. Journal of immigrant minority health, 2013, 15(4): 788–795.

TYUSE S W, LINBORST D M. Drug courts and mental health courts: Implications for social work [J]. Health & social work, 2005, 30(3): 233–240.

UNODC. Afghanistan opium survey 2011 summary findings [R]. 2011. Retrieved from http://www.unodc.org/documents/crop-monitoring/Afghanistan/Afghanistan_opium_survey_2011_web.pdf

VAKHARIA S P, LITTLE J. Starting where the client is: Harm reduction guidelines for clinical social work practice [J]. Clinical social work journal, 2017, 45(1): 65–76.

VEILLEUX J C, COLVIN P J, ANDERSON J, et al. A review of opioid dependence treatment: Pharmacological and psychosocial interventions to treat opioid addiction [J]. Clinical psychology review, 2010, 30(2): 155–166.

VUONG T, NGUYEN N, LE G, et al. The political and scientific challenges in evaluating compulsory drug treatment centers in Southeast Asia [J]. Harm reduction journal, 2017, 14: Article 2.

WALDORF D. Careers in dope [M]. Englewood Cliffs, NJ: Prentice Hall, 1973.

WASHINGTON O G M, MOXLEY D P. Group interventions with low-income African American women recovering from chemical dependency [J]. Health &

social work, 2003, 28(2): 146 - 156.

WATANABE H. Candidates for cognitive enhancer extracted from medicinal plants: Paeoniflorin and tetramethylpyrazine [J]. Behavioural brain research, 1997, 83(1 - 2): 135 - 141.

WERB D, KAMARULZAMAN A, MEACHAM M C, et al. The effectiveness of compulsory drug treatment: A systematic review [J]. International journal of drug policy, 2016, 28: 1 - 9.

WEST S L. The utilization of vocational rehabilitation services in substance abuse treatment facilities in the U. S. [J]. Journal of vocational rehabilitation, 2008, 29(2): 71 - 75.

WHO. ATLAS on substance use (2010)—resources for the prevention and treatment of substance use disorders [R]. Geneva, Switzerland: WHO, 2010.

WHO. Global health risks: Mortality and burden of disease attributable to selected major risks [R]. Geneva, Switzerland: WHO, 2009.

WILSNACK S C. Alcohol abuse and alcoholism in women [M] // PATTISON E M, KAUFFMAN E. (Eds.) Encyclopedia handbook of alcoholism. New York, NY: Gardner Press, 1982: 718 - 725.

WINICK C. Some aspects of careers of chronic heroin users [M]. New York, NY: Wiley, 1974.

WINTERS K C, BOTZET A, DITTEL C, et al. Can parents provide brief intervention services to their drug-abusing teenager? [J]. Journal of child & adolescent substance abuse, 2015, 24(3): 134 - 141.

WOOD A R, AGER R D, WOOD R J. Motivational interviewing: A qualitative examination of factors impacting adoption and implementation in a community-wide setting [J]. Journal of social work practice in the addictions, 2011, 11 (4): 336 - 351.

WOODHOUSE L D. An exploratory study of the use of life history methods to determine treatment needs for female substance abusers [J]. Response to the victimization of women and children, 1990, 13(3): 12‒15.

WOODY, G. Form theory to practice: The planned treatment of drug users [J]. International journal of the addictions, 1989, 24(6): 527‒608.

XIAO Y, KRISTENSEN S, SUN J, et al. Expansion of HIV/AIDS in China: Lessons from Yunnan province [J]. Social science & medicine, 2007, 64(3): 665‒675.

YAQUB F. Pakistan's drug problem [J]. Lancet, 2013, 381(9884): 2153‒2154.

YU J, ZHANG X, EPSTEIN D H, et al. Gender and stimulus difference in cue-induced responses in abstinent heroin users [J]. Pharmacology biochemistry and behavior, 2007, 86(3): 485‒492.

ZHANG S X, CHIN L. A people's war: China's struggle to contain its illicit drug problem [R]. Washington, DC: Brookings Institution, 2015. Retrieved on 2018-6-10 from https://www.brookings.edu/wp-content/uploads/2016/07/A-Peoples-War-final.pdf.

ZHANG Y, FENG B, GENG W, et al. "Overconfidence" versus "helplessness": A qualitative study on abstinence self-efficacy of drug users in a male compulsory drug detention center in China [J]. Substance abuse treatment, prevention, and policy, 2016, 11: Article 29.

ZOCCATELLI G. "It was fun, it was dangerous": Heroin, young urbanities and opening reforms in China's borderlands [J]. International journal of drug policy, 2014, 25(4): 762‒768.